발달장애와 직업진로상담

Developmental Disabilities & Career Counseling

발달장애와 직업진로상담

주은하·이미나·김동일 공저

DEVELOPMENTAL DISABILITIES AND CAREER COUNSELING

동문사

머리말

'제 삶은 이상하고 별나지만, 가치 있고 아름답습니다' 드라마 우영우의 대사이다. 장애는 몸과 마음의 부분이고 동행하고 공유하면서 살아가는 소중한 자원이다. 이에 국가 및 지방자치단체는 특수교육대상자에게 적절한 교육을 제공하기 위하여 장애인에 대한 특수교육종합계획의 수립, 특수교육대상자의 조기발견, 특수교육대상자의 취학지도, 특수교육교원의 양성 및 연수, 특수교육에 필요한 교재·교구의 연구·개발 및 보급, 특수교육대상자에 대한 진로 및 직업교육 방안을 강구하고 있다. 또한, 장애인에 대한 고등교육 및 평생교육 방안의 강구, 특수교육대상자에 대한 특수교육 관련 서비스 지원방안의 강구, 그 밖에 특수교육의 발전을 위하여 필요하다고 인정하는 사항에 관한 업무를 수행하고 있다.

건강하고 행복한 사회구현을 위해서는 장애인과 비장애인 모두 수용과 공감하는 사회가 되어야 하며, 이를 지원하기 위한 다양한 서비스가 필요하다. 이러한 측면에서 개별화교육은 각급학교의 장이 특수교육대상자 개인의 능력에 따라 장애유형 및 장애특성에 적합한 교육목표·방법·내용·관련 서비스 등이 포함된 계획을 수립하여 실시하여야 한다. 특히 특수교육대상자의 교육적 요구와 사회적응에 적합한 개별화교육은 보호자, 특수교육교원, 진로 및 직업교육 담당자 및 상담 관련 서비스 지원 인력 등이 개별 맞춤형으로 구조화된 서비스계획이 필요하다. 이러한 교육은 취학 전에 시작하여 평생 실시되어야 하며 진로교육은 가정, 학교, 지역사회가 상호 긴밀한 연계 속에서 계획되어야 한다. 「장애인 등에 대한 특수교육법」에서는 특수교육 대상자가 학교에서 사회로 원활한 적응을 하도록 관련 기관의 협력을 통하여 직업평가·직업교육·고용지원·사후관리 등의 직업재활 훈련과 사회적응 훈련 등의 자립생활 훈련이 필요할 것이다. 또한, 진로상담은 진학이나 직업적 선택, 그리고 여가 활동을 포함하여 생애 전반에 대한 문제를 내담자 스스로 해결할 수 있는 능력을 키워 진로 직업발달을 촉진하고 사회적, 직업적 자기실현을 이루도록 도와야 한다. 즉, 직업진로상담은 진로발달을 위한 진로계획, 진로선택, 직업적응을 도와주는 활동이며, 일과 생활에 관련된 전 생애적인 전문상담과 교육이다.

발달장애와 진로상담은 첫째, 자신에 대하여 충분히 이해가 필요하다. 즉, 자아개념, 성격, 흥미, 가치관, 능력, 적성 등에 따라 개인의 문제를 해결하고 자신이 원하는 진로를 선택하고 잘 적응할 수 있도록 돕는다. 둘째, 진로와 직업환경을 이해하고 바람직한 진로를 선택한다. 셋째, 미래 생활에 대한 관심을 통하여 학업과 생활, 직업 및 진로상담에 대한 지원을 받을 수 있다.

장애자녀를 둔 부모는 자녀가 가정생활, 학교생활, 사회 및 직업생활에 누구보다 잘 적응하기를 바란다. 비장애자녀를 둔 부모의 마음과도 같을 것이다. 발달장애인과 가족의 안녕, 복지를 위해 선행되어야 할 것은 가족 및 사회의 기능을 강화, 활성화하여 문제 발생을 최소화하고 문제가 발생하였다 하더라도 스스로 극복할 수 있는 능력을 갖출 수 있는 강점을 가진 가족구성이 되도록 돕는 것이다. 발달장애인 성장과정에서 나타나는 다양한 문제 및 갈등요인을 어떻게 해결하느냐에 따라 발달장애 가족의 삶이 달라질 수 있다. 가족구성원 간의 관심, 격려, 이해, 지지 등이 뒷받침된다면 가족 간 갈등 및 제반 문제가 지혜롭게 극복될 수 있다.

이 책의 구성은 다음과 같다. 본 구성은 총 15장이며, 제1장은 발달장애 이해, 제2장에서는 발달장애와 가족, 제3장은 발달장애와 학교, 제4장에서는 직무 분석 및 직무 개발, 제5장은 발달장애와 교육지원, 제6장에서는 발달장애와 복지서비스, 제7장은 발달장애와 진로 · 직업, 제8장은 발달장애와 지원고용, 제9장은 발달장애와 가족상담, 제10장은 발달장애와 미술치료, 제11장은 발달장애와 언어발달, 제12장은 발달장애인을 위한 음악치료, 제13장은 발달장애와 놀이치료, 제14장은 발달장애와 모래놀이치료, 제15장에서는 발달장애와 심리지원서비스로 구성되었다.

본 내용이 대학과 대학원에서의 발달장애와 진로교육 및 상담을 공부하는 전공자에게 '발달장애와 진로상담'이라는 과목으로 활용될 뿐 아니라 발달장애 및 진로상담에 관해 연구하는 분들에게 도움이 되기를 기대한다.

끝으로 본 교재가 나오기까지 도와주시고 격려하여 주신 모든 분에게 감사를 드리고자 한다. 그리고 출판을 흔쾌히 허락하고 모든 지원을 해주신 동문사 이중수 사장님과 편집부에 정중하게 감사의 말을 전한다.

2023년 9월

저자 일동

차례

제1장

발달장애 이해

1. 발달장애의 개념

발달은 성장에 따른 기능적 발전 과정을 말하는데 대개 일정하고 예측할 수 있는 양상으로 진행되는 역동적 과정이다. 발달장애(Developmental Disability)란 어느 특정 질환 또는 장애를 지칭하는 것이 아니라, 해당하는 나이에 이루어져야 할 발달이 성취되지 않은 상태로, 발달 선별검사에서 해당 연령의 평균 기대치보다 25%가 뒤처져 있는 경우를 말한다. 전반적 발달지연(global developmental delay)은 대운동(gross motor), 미세운동(fine motor)과 인지, 언어, 사회성과 일상생활 중 두 가지 이상이 지연된 경우로 정의한다(네이버 지식백과, 2023).

장애의 개념은 크게 협의의 개념과 광의의 개념으로 나누기도 한다. 신체 또는 정신의 기능저하, 이상, 상실 또는 신체 일부의 훼손 등을 지칭하는 의학적 수준에서의 개념은 협의의 개념이다. 그리고 세계보건기구에서 규정한 손상 또는 기능장애, 능력장애, 사회적 분리의 분류와 같이 세 가지 측면을 모두 포함하는 개념은 광의의 개념이라 할 수 있다.

발달장애(developmental disability)라는 개념은 특정 장애의 명칭인 자폐증, 지적장애, 과잉행동장애, 학습장애, 주의력결핍장애 등의 명칭에서 느껴지는 부정적인 어감에 비해 긍정적이고 포괄적인 의미를 담고 있기에 일반적으로 선호되는 용어의 목적에 따라 사전적, 법적, 의학적, 특수교육학적, 사회복지학적 등으로 다양하게 사용되고 있으며 역사적으로도 그 정의와 분류 기준이 변화되었다.

의학적으로 발달장애란 단일한 진단이 아니며 인지적 및 신체발달의 다양한 문제에 대한 복합적인 진단으로 그 증상과 지체의 강도가 고려되어야 한다. 미국 정신의학협회에서 발간한 것으로 정신의학적 진단의 보편적 권위를 가지는 정신질환진단 및 통계편람 5차 개정판 DSM-5에는 '신경발달장애'의 7가지 항목 중에 지적장애(intellectual disabilities)가 포함되는데 이는 또다시 지적장애/지적 발달장애, 전반적 발달지연, 기타 지적장애로 분류된다. 이 가운데 지적장애/지적 발달장애(intellectual disability/intellectual developmental disorder)의 기본적 특성은 다음과 같다.

첫째, '지적기능의 결손', '적응기능의 결함', '발달기에 발현'이라는 세 가지 요건을 충족하여야 한다(APA, 2013). 여기에서 지적기능이란 추리, 문제해결, 계획, 추상적 사고, 판단, 학습, 경험을 통한 학습, 실용적 이해 등이 포함되며 개별적이고 표준화된 지능검사와 임상적 평가를 통해 진단된다. 적응기능이란 자립능력과 사회적 책임감에 필요한 발달과 사회문화적 기준에 도달 여부를 의미하며 이러한 기능에 결함이 있다는 것은 지속적인 도움 없이는 가정, 학교, 직장, 여가생활 전반에 걸쳐 의사소통, 사회적 참여, 독립적 생활 등 일상적 활동 중 하나 이상의 기능이 제한됨을 뜻한다. 이러한 움직임을 반영하듯 미국 국립보건원에서는 발달장애가 지적장애를 아우르는 용어이지만 신체적 장애를 포함할 수 있음을 명시하여, 선천적 시각장애처럼 신체적 장애와 다운증후군, 태아 알코올 증후군 등 유전적 혹은 다른 원인에 따른 신체적·지적 장애도 포함한다고 밝히고 있다.

둘째, 제도적으로 발달장애란 장애의 진단을 받은 사람에게 법률적, 행정적, 재정적, 교육적으로 유리한 제언을 할 수 있도록 사용되는 용어이다(추연구, 2011). 1960년대 미국에서는 그동안 사회적으로 소외되었던 이들을 제도적으로 보호하기 위하여 '정신지체' 관련 법안을 만들기 시작하여, 1970년 '발달장애 서비스 및 시설건축법(the Developmental Disabilities Services and Facilities Construction Amendment)'에서 최초로 '발달장애'라는 용어를 도입하면서 정신 지체장애인뿐 아니라 뇌성마비, 간질, 18세 이전에 발현한 기타 신경학적 증상을 가진 사람들을 포함하였다. 1975년 '발달장애 지원 및 권리장전법(Developmental Disabilities Assistance and Bill of Rights Act)'에서 발달장애 정의를 18세 이전에 발현하여 지속될 것으로 여겨지는 정신지체, 뇌성마비, 간질, 자폐, 난독증을 포함해 범주를 확장하였으며, 적절한 치료, 서비스, 최소 제한 주거환경의 권리를 명시하였다. 1978년 미국 의회는 재활에 관한 폭넓은 개정이 이루어진 것은 포괄적 서비스, 재활 범위, 발달장애 등에 관한 내용이 확충된 1978년 개정 재활법에서 발달장애의 발현 연령을 18세에서 22세로 높이고, 기존 법에서 명시하였던 구체적인 증상 대신 보다 일반적인 기능상의 정의로 대체하였다. 즉 정신적, 신체적 손상이 원인이 되어 무기한 지속되는 심각한 만성적 장애로, 자기관리, 의사소통, 학습, 이동, 자기선택, 독립된 생활능력, 경제적 자급자족 중 세 가지 이상의 영역에 어려움을 겪는다고 발달장애를 정의하였다. 2000년 발달장애인 가족정책의 근원인 발달장애인 원조 및 권리 보장법(Developmental Disabilities Assistance and Bill of Right Act of 2000) 등에서 발달장애를 정신적, 신체적 손상 혹은 정신적, 신체적 손상이 원인이 되어, 만 22세 이전에 발현하며, 무기한 지속될 것으로 보이고, 자기관리, 언어이해 및 표현, 학습, 이동, 자기결정력, 독립된 생활능력, 경제적 자급자족 등 주된 생활 활동영역에서 세 가지 이상의 기능적으로 제한되어 평생 또는 상당한 기간 개별적으로 맞춤 서비스가 필요한 사람으로 정의하였으며, 생후 만 9세 이전에 위의 항목 중 세 가지 미만에 해당하더라도 적절한 서비스와 지원이 없이는 향후 위 기준을 충족할 가능성이 높은 사람 역시 발달장애에 포함함으로써 발달장애인에 대한 제도적 지원의 범위를 확장하였다.

국내에서는 1999년 장애인복지법이 전문 개정을 통해 발달장애를 장애의 범주에 포함하는 것을 시작으로, 2013년 개정된 현재 장애인복지법에 따르면 발달장애는 정신적 장애의 범주에 속하게 되었다. 발달장애인을 위한 광범위하고 체계적인 정의와 분류를 바탕으로 다양한 연구를 살펴보면 발달장애인의 특징을 다섯 가지로 요약할 수 있다.

첫째, 발달장애인은 선천적으로 혹은 발달기 중에 후천적으로 발생한 신체적, 정신적 손상이 원인이 되어 발생하는 장애이다. 발달장애는 정적인 뇌 질환, 즉 산소 부족 등으로 인한 뇌 손상 또는 뇌 상해가 뇌에 의해 통제되는 하나 또는 그 이상의 기능에 심각한 결함 또는 제한을 가져오는 것이 원인이다(여광응, 김광섭, 2002). 따라서 김정은 등(1995)은 발달장애는 재활을 통해 효과적으로 극복할 수 있는 장애와 18세 이후에 일어난 장애는 포함하지 않는다고 명시한다.

둘째, 발달장애인은 인지 기능에 어려움을 보인다. 이러한 이유로 발달장애가 중요한 연구 분야로 자리 잡은 특수교육학에서는 지적장애인이 겪는 가장 큰 어려움으로 주의력과 기억력, 특히 작업 기억력, 그리고 언어를 꼽는다

(Hallahan, Pullen, Ward, 2014). 발달장애인은 94%가 학습장애, 언어장애, 지적장애, 중증 정서장애의 네 가지 영역에 해당한다는 보고가 있다(이소현, 1995).

셋째, 발달장애인은 신경계통의 문제로 인해 감각 정보를 처리하는 어려움을 겪는다. 감각 처리의 곤란으로 인해 발달장애인은 발달단계의 과제를 제시기에 이행하지 못함으로써 장애 부위에 의한 일차적 문제에 더하여 장애로 파생된 이차적 문제점을 안고 살아갈 가능성이 커지게 된다.

넷째, 발달장애인은 인지기능과 적응행동의 어려움을 겪는다. 적응행동이란 IQ 수치로는 나타나지 않는 일상생활 기술로, 지하철을 이용하고 작업을 수행하는 등의 능력을 고려한 개념이다(미국지적장애 및 발달장애협회, 2016).

발달장애인은 개인의 맞춤형 프로그램을 접목한 교육과 지원을 통해 인지기능과 신체기능이 향상될 수 있다. 발달장애아동의 발달과정은 인지하는 속도와 신체활동으로 표현하는 숙지과정의 차이는 있으나 비장애아동의 과정을 그대로 따라가기보다는 조금 쉬운 프로그램을 접목 활용하여 발달기와 그 이후에 걸쳐 지속적인 교육과 지원이 효과적이며 중요하다고 할 수 있다. 발달장애의 개념을 살펴보면 우선 미국의 발달장애인 원조 및 권리보장법(Developmental disabilities Assistance and Bill of Right Act of 1990)에서 발달장애를 정신적 혹은 신체적 손상으로 야기되고, 만 22세 이전에 나타나며, 영구히 지속성이 있고, 주요 일상생활영역, 즉 자기관리, 수용·표현 언어, 학습, 이동, 자기지도(self-direction), 독립생활능력, 경제적 자족 영역 중 세 가지 혹은 그 이상의 영역에서 본질적으로 기능이 제한되며, 일생 또는 장기간 개별적으로 계획, 조정되는 특수교육, 학제 간 협력, 전반적 보살핌과 치료 또는 관련 서비스들의 일련의 연계해야 하는 개인의 특수한 요구가 있음을 의미하는 것으로 정의한다.

우리나라의 경우 단 하나의 장애 명칭을 의미하는 것이 아니라 장애의 진단을 받은 사람에게 법률적, 행정적, 재정적, 교육적으로 유리한 제안을 할 수 있도록 하기 위해 사용되는 제도적 용어라고 정의한다(추연구, 2011). 자폐성 장애로 주로 인식되어 오던 발달장애는 2007년 10월 15일 장애인복지법 시행령 전면 개정에 따라 명칭이 발달장애에서 자폐성 장애로, 정신지체에서 지적장애로 각각 변화되면서 개념의 변화함에 따라 발달장애가 자폐성 장애와 지적 장애를 포괄하는 개념으로 인식되기 시작했다. 개정된 장애인복지법에서 제시하는 발달장애의 개념을 기본으로 하고, 2010년 1월 시행된 장애등급 판정 기준에서 분류한 정신적 장애 중 발달장애의 범주에 속하는 지적장애와 자폐성 장애를 발달장애로 정의하였다.

우리나라는 「장애인복지법」상 장애인은 신체적, 정신적 장애로 인해 오랫동안 일상생활이나 사회생활에서 상당한 제약을 받는 자를 말한다. 장애 분류는 제2조 장애인의 정의 등에 규정되어 있듯이 신체적 장애와 정신적 장애로 크게 분류되며, 신체적 장애 및 정신적 장애의 대분류 밑에 중분류, 소분류, 세분류로 구분된다. 장애 정도와 특성에 따라 장애 유형은 15가지로 분류되는데 「장애인복지법」에 따른 장애의 분류와 범주를 정리하면 장애 유형 분류와 같다.

〈표 1-1〉 장애 유형 분류

대분류	중분류	소분류	세분류
신체적 장애	외부 신체 기능의 장애	지체장애	절단장애, 관절장애, 지체지능장애, 변형 등의 장애
		뇌병변장애	중추 신경의 손상으로 인한 복합적인 장애
		시각장애	시력장애, 시야결손장애
		청각장애	청력장애, 평형기능장애
		언어장애	언어장애, 음성장애, 구어장애
		안면장애	안면부의 추상, 함몰, 비후 등 변형으로 인한 장애
	내부 기관의 장애	신장장애	투석치료 중이거나 신장을 이식받은 경우
		심장장애	일상생활이 현저히 제한되는 심장 기능 이상
		간장애	일상생활이 현저히 제한되는 만성 중증의 간 기능 이상
		호흡기장애	일상생활이 현저히 제한되는 만성 중증의 호흡기 기능 이상
		장루요루장애	일상생활이 현저히 제한되는 장루 요루
		뇌전증장애	일상생활이 현저히 제한되는 만성 중증의 뇌전증
정신적 장애	지적장애		지능지수가 70 이하인 경우
	정신장애		정신분열병, 분열형 정동장애, 양극성 정동장애, 반복성 우울장애
	자폐성 장애		소아자폐 등 자폐성 장애

출처: 보건복지부(2017). 2017 장애인실태조사. 세종: 보건복지부.

발달장애에 대한 용어는 1963년 미국 「정신지체 시설 및 지역사회정신건강센터 건축법」(Mental Retardation Facilities and Community Mental Health Centers Construction Act of 1963)에서 소개되기 시작하였으며, 이 법에서는 정신지체 뇌성마비, 간질 또는 18세 이전에 발생하는 기타 여러 신경학적 장애를 의미하는 것으로 비교적 항구적으로 증상이 나타날 수 있다고 정의하였다. 1984년 「발달장애인법」에서는 정신지체, 뇌성마비 등의 특정 장애의 명칭을 표현하지 않았으며 22세 이전에 나타나는 것으로 변경하였고, 발달장애인법에 따른 주요 7가지, 일상생활 자기관리(self-care), 수용 및 표현 언어(receptive and expressive language), 학습(learning), 이동(mobility), 자기지시(self-direction), 독립생활 능력(capacity for independent living), 경제직 자족(economic sufficiency) 중 세 가지 이상의 기능에서 명백한 제한이 비교적 영구적이고 장기간 나타나야 한다고 명시하고 있다. 우리나라 「장애인복지법」 제2조 제1항의 정의에 의하면 지적장애인과 자폐성 장애인은 특별하지 아니하고 예사로운 발달이 나타나지 아니하거나 크게 지연되어 일상생활이나 사회생활에 상당한 제약을 받는 사람을 말한다. 「장애인 등에 대한 특수교육법」 제15조에서는 특수교육대상자 선정기준을 정의하였고 동법 시행령 제10조에서 지적장애는 '지적지능과 적응행동의 어려움으로 교육적 성취의 어려움이 있는 사람으로, 자폐성 장애는 상호작용과 의사소통의 결정과 제한적, 반복적 행동으로 일상적용에 도움이 필요한 사람'으로 규정하였다(성명진, 2019). 발달장애인의 정의는 〈표 1-2〉와 같다.

〈표 1-2〉 발달장애인의 정의

장애	장애인복지법	장애인 등에 대한 특수교육법
지적 장애	정신발육이 항구적으로 지체되어 지적 능력의 발달이 불충분하거나 불완전하고 자신의 일을 처리하는 것과 사회생활에 적응하는 것이 상당히 곤란한 사람	지적 기능과 적응행동상의 어려움이 함께 존재하여 교육적 성취에 어려움이 있는 사람
자폐성 장애	소아기 자폐증, 비전형적 자폐증에 다른 언어 · 신체표현 · 자기조절 · 사회적 기능 및 능력의 장애로 인해 일상생활이나 사회생활에 상당한 제약을 받아 다른 사람의 도움이 필요한 사람	사회적 상호작용과 의사소통에 무관심한 활동을 보임으로써 교육적 성취 및 일상생활 적응에 도움이 필요한 사람

출처: 장애인복지 시행령(2022). 장애인 등에 대한 특수교육법 시행령. www.moleg.go.kr.

〈표 1-2〉에서 지적장애를 장애인복지법에서는 정신발육이 영구적으로 지체되어 지적 능력의 발달이 불충분하거나 불완전하고 자신의 일을 처리하는 것과 사회생활에 적응하는 것이 상당히 곤란한 사람을 의미하며, 자폐성 장애를 소아기 자폐증, 비전형적 자폐증에 따른 언어, 신체표현, 자기조절, 사회적 기능 및 능력의 장애로 인해 일상생활이나 사회생활에 상당한 제약을 받아 다른 사람의 도움이 필요한 사람으로 정의하고 있다.

「장애인 등에 대한 특수교육법」에서 자폐성 장애는 지적 기능과 적응행동상의 어려움이 함께 존재하여 교육적 성취에 어려움이 있는 사람과 사회적 상호작용과 의사소통에 관심이 없는 활동을 보임으로써 교육적 성취 및 일상생활 적응에 도움이 필요한 사람이라고 말한다.

특수교육 용어 사전에서는 발달장애를 '일반적으로 발달이 평균으로부터 유의미하게 일탈하여 신체적, 정신적 또는 두 가지 영역에서 모두 심각하고 만성적인 장애가 지속될 가능성이 있는 장애'라고 정의하고 있다(국립특수교육원, 2018). 발달장애인 개념을 보면 발달장애는 지적장애와 자폐성 장애뿐 아니라 학습 및 행동장애, 언어장애, 정서장애 등을 모두 포괄하는 개념으로 인식하는 것이 타당하다. 발달장애를 아동이 출생 후 밟게 되는 평균적인 발달이 지체 또는 지연되는 것이다. 이에 법령과 기존 학자의 개념에 규정하여 발달장애인이란 생애 전반에 걸쳐 습득하고 성장해야 하는 과정에서 인지 및 사회화의 발달이 지연 또는 지체되어 신체적, 정서적 일상생활 기능이 제한적이며 사회적 상호작용의 제약으로 전 생애에 걸쳐 포괄적이고 개별적인 도움이 필요한 사람이다.

2. 발달장애의 특성

발달장애는 다른 장애와 다르게 부적절한 행동과 사회성 결여로 인한 부모의 양육 부담이 가중되고 있으나 그간 국내에 제대로 알려지지 않았고 우리나라에서는 2000년에 와서야 장애 유형에 포함될 정도로 복지 사각지대로 밀려나 있었다. 발달장애아동의 특성에 대해 살펴보면 다음과 같다.

1) 자폐성 장애아동의 특성

발달지연의 한 유형으로 알려진 자폐스펙트럼장애는 행동조절 능력, 학습, 사회적 상호작용 및 의사소통을 담당하는 뇌의 중요 기능의 발달에 영향을 주는 신경학적 장애이다. 미국정신의학협회(American Psychiatric Association: APA)의 진단 자료집 「DSM-Ⅳ-TR」(Diagnostic and Statistical Manual of Mental Disorders, 4th ed)에서 제시하는 진단적 특성으로는 첫째, 사회적 상호작용의 질적 결함, 둘째, 의사소통의 질적 결함, 셋째, 제한적이고 반복적인 상동 행동적 특성을 보이는 행동, 관심, 활동, 넷째, 사회적 의사소통을 위한 언어와 사회적 상호작용, 상징놀이나 상상 놀이 중 한 가지 이상의 영역에서 3세 이전에 발달지체나 비정상적인 상태가 나타나는 것 등이다. 자폐스펙트럼장애의 출현율은 점차 증가하는 추세이며, 그중에서도 지적장애를 수반하지 않는 자폐스펙트럼장애의 출현율이 두드러진다(Ehlers, Gillberg & Wing, 1999). 최근에는 자폐스펙트럼장애아동의 여러 문제 중 사회적 의사소통(social communication)과 더불어 상호작용 장애가 이들의 특징적인 문제인 것으로 알려졌다. 사회적 의사소통의 중요한 요소들은 정서적 상호교류(affective reciprocity), 공동 주의하기(joint attention), 마음의 이론(theory of mind) 등 세 가지로 자폐스펙트럼장애아동에게 결여되어 있는 중요한 기능으로 보고 있다.

(1) 언어 및 사회적 의사소통의 손상

자폐스펙트럼장애아동의 언어발달은 일반 아동보다 양적으로뿐만 아니라 질적으로도 지체된다. 언어발달의 특징으로는 비구어적 의사소통의 결함, 무언증, 반향어, 기계적인 음성과 톤, 주제를 끝까지 이어가지 못함, 문법적 결격 요소 등이 포함된다(양문봉, 2000). 즉, 자폐스펙트럼장애아동은 대화가 가능하더라도 대화 과정에서 어떤 사건이나 사람에 대해 이야기할 때 불필요한 날

짜와 연령 등과 같은 세부항목 또는 특정 주제에 집착하거나 다른 사람의 의도를 무시하는 것과 새로운 주제로 부적절하게 옮겨가는 것 등의 특징을 나타낸다. 또한 듣는 사람과 말하는 사람 간의 대화 규칙을 모르며, 구체적으로 자신과 다른 사람이 서로 다른 관점을 가지고 있다는 것을 이해하는 데 어려움이 있다. 자폐스펙트럼장애아동이 갖는 의사소통의 결함은 이후 언어발달 자체에 대해 좋지 않은 요인으로 작용할 뿐 아니라 의사소통의 실패로 인한 좌절, 분노, 감정 폭발, 자아 학대와 같은 부정적인 경험을 한다. 사회적 의사소통 능력은 두 명 이상이 단어나 문장, 몸짓, 장난감, 혹은 물건들을 직접적으로 교환하는 행동으로서 사회적 상호작용을 촉진하는 기술이라 정의된다(Goldstein, Morgan, 2002). 일반적으로 또래로부터 거부되거나 수용되는 장애아동의 특성은 거의 모두 사회적 상호작용이나 의사소통기술의 실패와 관련된다. 사회적 의사소통은 단지 말을 주고받는 것을 넘어서 사용되는 단어에 대한 이해는 물론 화자의 마음 상태, 표정, 목소리 억양, 대화가 일어나는 맥락, 의사소통에서의 사회적 규칙에 대해 이해해야 하며 이러한 이해는 마음이론과 밀접한 관련이 있다(서경희, 2002). 자폐스펙트럼장애아동이 가지는 사회적 의사소통의 장애는 단순한 언어지체로 인한 장애뿐 아니라 사회성 장애가 결합한 독특한 형태로 나타나며, 가장 분명하고 심각하게 손상된 것은 언어능력보다는 사회적 의사소통 능력이다.

또한, 자폐스펙트럼장애 청소년이 나타내는 대화 특성을 대화 과정 중의 행동특성과 대화 시도행동의 특성으로 나누어 볼 수 있는데 대화 시도행동의 특성으로는 상대방에 대한 마음 읽기에 대한 부족과 전체적 상황을 파악하지 못하여 적절한 상황이 아님에도 대화 시도하기, 자신이 몰두하고 있는 특정 주제로만 대화 시도하기를 들었다. 대화 과정 중의 행동특성으로는 무응답, 간결한 답변, 특정 단서에 근거한 답변, 관용어를 이해하지 못한 답변, 무례한 반응, 상대가 한 말에 대해 재차 물었을 때 초보적 수준의 명료화 요구 등으로 나타났다. 갑작스럽게 주제를 전환하며, 자기중심적인 내용과 혼잣말을 반복하는 것으로 나타났다.

(2) 사회적 상호작용의 결핍

자폐스펙트럼장애의 큰 특징 중 하나는 사회적 행동에서 나타나는 기능장애이다. 생애 초기부터 보이는 사회적 상호작용의 비정상성과 정서적 이해의 어려움은 자폐를 결정짓는 주요한 핵심 요인으로 인식되고 있다(America Psychiatric Association, 2000). 자폐스펙트럼장애아동은 신체적인 접촉을 꺼리고 잘 안기려고 하지 않는 특정한 애착행동 발달의 지연을 보이며, 타인을 시각적, 공간적으로는 지각하나 타인의 감정과 반응에 대한 감정이입 부족으로 그들의 마음을 읽지 못한다. 따라서 의사소통의 초기 형태 중 하나인 상호적 모방 능력도 또래들보다 제한되어 나타난다. 환경의 변화를 싫어하고 사회적 환경에 대해 무감각하고 행동 모방이 자연스럽지 않고 사회적 기술 관련 주요 행동을 습득하는 데 어려움을 겪는다. 또한, 자발적인 모방을 표현적이거나 상호 교환적인 기능을 지닐 때 더욱 큰 결함을 보이기 때문에, 자폐스펙트럼장애아동들의 모방 기술 결함이 사회적인 측면에서 일탈과 관계가 깊다고 할 수 있다. 자폐스펙트럼장애아동은 효과적인 사회적 상호작용을 촉진하는 언어적·비언어적 의사소통 체제의 자발적 사용도 결핍되어, 언어적 의사소통의 손상 및 얼굴 단서와 같은 비언어적 의사소통 정보의 사용능력에서 결함을 보인다(Week & Hobson, 1987). 자폐스펙트럼장애아동은 사회적 상호작용에서 질적으로 결함이 있거나 양적으로 결핍된 무관심(social aloofness)으로 특징된다(방명애, 1999). 자폐스펙트럼장애아동들이 갖는 사회적 상호작용의 문제는 사회적 회피, 사회적 무관심, 사회적 어색함과 같은 세 가지 범주로 분류될 수 있다. 그 중 사회적 회피의 특징은 사실상 자폐아동들의 사회 상호작용의 표현 양식으로 설명된다(여문환, 2008). 마틴 루터(Martin Luther)는 세 가지로 자폐스펙트럼장애아동의 사회적 행동문제와 또래와의 관계 형성의 어려움을 연결하여 설명한 바 있는데, 다음과 같다.

첫째, 친구들과 협동적으로 행하는 사회적인 기술의 결함이 있다.

둘째, 타인과의 접촉을 피하는 것이다.

셋째, 친구관계가 거의 없다.

이러한 자폐스펙트럼장애아동의 사회적 행동문제는 또래와의 관계에서 또래에 의해 거절되고 사회적 고립을 일으켜 또래와의 사회적 상호작용을 어렵게 만들고, 평균 또래와 사회적 상호작용으로부터 얻을 수 있는 발달의 기회가 감소한다.

2) 지적 장애아동의 특성

미국정신지체협회(American Association of Mental Retardation: AAMR, 2002)에서 지적장애란 지능수치가 70~75 이하이고 적응기술 영역, 즉 의사소통, 가정생활, 사회성 기술, 지역사회 활용, 자기 주도적 지시, 건강과 안전, 기능적 학업 교과 지식 활용, 여가 선용, 직업기술의 적응영역 중 2개 이상의 영역에서 자기 연령에 적응 행동 결함을 보이는 18세 이전의 발달장애를 말한다. 이 새로운 정의를 적용하기 위하여 미국정신지체협회는 다음과 같은 다섯 가지 필수적인 가정을 제시하였다(최중옥, 박희찬, 김진희, 2004).

첫째, 현재 기능상의 제한은 반드시 개인의 또래 연령집단과 개인이 속한 문화적 배경을 포함한 지역사회 환경의 맥락 안에서 고려되어야 한다.

둘째, 타당한 평가는 문화적 언어적 다양성뿐 아니라 의사소통, 감각, 운동, 행동상의 차이점도 고려하여야 한다.

셋째, 개인이 지닌 제한점은 흔히 강점과 함께 나타난다.

넷째, 개인이 지닌 제한점을 묘사하는 목적은 필요한 지원의 프로파일을 개발하기 위함이다.

다섯째, 적절한 개별적 지원을 지속해서 제공하면 정신지체인의 삶의 기능이 전반적으로 향상될 것이다.

우리나라의 보건복지부(2019)에 따르면 지적장애는 청년기(18세) 이전에 시작되는 발달장애로, 지능을 포함한 지적 및 인지 능력과 심리적, 사회적 적응 능력이 부족하여 독립적인 일상생활이 어려운 상태를 말한다. 지능검사에서 IQ 70 이하로 유의하게 저조하며 의사소통, 사회활동 참여 및 가정생활, 학교, 직장 등 일상생활에서 독립적이고 책임 있는 역할 수행 등에 어려움을 겪는다고 밝히고 있다.

미국정신지체협회는 2007년부터 협회 이름을 미국지적장애 및 발달장애협회(America Association on Intellectual Disability and Development: AAIDD)로 개칭하였다. 이에 우리나라도 2007년 10월 12일에 개정된 「장애인복지법」에 따라 예전의 정신박약, 정신지체의 용어에서 지적장애란 명칭으로 바뀌었다. 이는 과거 지적장애를 정의하는 개념이 의학적인 원인의 기능 중심에서 벗어나 일상생활의 수행 기술을 강조하는 것으로 변화한다고 할 수 있다. 이후 2015년 11월부터 「발달장애인 권리보장 및 지원에 관한 법률」이 시행되었는데, 이 법에서의 발달장애인은 '지적장애인'과 '자폐성 장애인'을 지칭하고 있다. 따라서 지적장애란 '정신발육이 항구적으로 지체되어 지적능력의 발달이 불충분하거나 불완전하고 자기 일을 처리하는 것과 사회생활에 적응하는 것이 상당히 곤란한 사람'으로 정의하고 있다(장애인복지법 시행령. 개정 2018.12.31. 장애의 종류 및 기준에 따른 장애인. 제2조). 장애수준장애인에 대한 등급은 2019년 7월에 「장애인복지법 시행령 및 시행규칙」에 개정안이 발표되었는데 기존의 장애인은 1등급부터 6등급을 부여받았으나 앞으로는 장애의 정도가 심한 장애인(종전 1~3급)과 장애의 정도가 심하지 않은 장애인(종전 4급~6급)으로 단순화하여 구분된다. 장애인복지법 시행규칙에 따라 장애인복지법상 지적장애분류와 지적장애인의 장애 등급 장애 수준은 다음의 〈표 1-3〉과 같다.

이중 지적장애 청소년은 중·고등학교 시기에 해당하는 만 13세 이상에서 18세 미만의 청소년을 말하지만, 장애의 특성을 고려해야 한다는 차원에서 「청소년기본법」에 따르며, 「장애인복지법」의 규정을 바탕으로 9세 이상 24세 미만으로 장기간에 걸쳐 사회생활 또는 일상생활에서 상당한 제약을 받는 지적장애 청소년을 말한다.

〈표 1-3〉 지적장애 등급 구분

장애등급	지능지수	장애 정도
1등급	35 미만	• 독립적인 생활 불가능 • 일상생활과 사회생활의 적응이 현저하게 곤란하며 전 생애에 걸쳐 타인의 보호가 필요함 • 성인이 되어서도 스스로 의사결정이 어렵고 만 3세 수준의 정신연령에 머무름
2등급	35 이상 50 미만	• 일상생활의 단순한 행동은 훈련으로 가능하지만, 특수한 기술은 수행 불가능 • 어느 정도의 감독과 도움을 받으면 반복적이고 단순한 업무는 수행 가능함 • 성인이 되면 만 6세 정도의 정신연령에 머무름
3등급	50 이상 70 미만	• 지적장애 중 가장 많은 비율 • 교육을 통해 사회생활과 직업적 업무를 수행할 수 있고 가정을 가지고 유지하는 것도 가능함 • 경도 지적장애라고 불리며 성인이 되면 9세에서 12세 사이의 정신연령으로 살아감

출처: 법제처(2022.12.20). 장애인복지법 시행규칙. www.law.go.kr.

(1) 신체적 특성

지적장애아는 발육이 부진하고 영양에 문제가 있으며 운동기능이 부족하고 감각장애나 언어장애를 수반하는 경우가 많다. 선천적으로 치아와 구강이 약하고 선천성 신장 및 심장장애를 가지고 있는 경우도 많다. 일반적으로 경도 지적장애아동의 경우 비장애아동과 비교하면 키, 몸무게, 골격의 성숙이 비교적 평균 이하이며, 모든 운동 분야에서 또래의 비장애아동보다 상당 부분 저조하게 나타난다. 특히 민첩하고 기술적인 동작을 요구하는 부분에 있어서는 지체되고, 소근육 발달에서도 중추신경계 이상이나, 손상을 입은 아동들이 많기 때문에 협응력, 걸음걸이, 소근육의 운동 기능에서 상당히 지체되는 문제를 가지고 있다. 하지만, 장애로 인한 차이점에 초점을 둘 것이 아니라 일반아동과의 유사한 발달 및 행동 특성들을 지니고 있다(국립재활원 장애인 건강 및 재활 정보포털, 2023).

(2) 인지적 특성

지적장애아동은 집중력, 기억력, 자기조절능력, 언어발달, 사회적 발달, 동기유발 등 인지 전반에 어려움을 겪는다. 인지적인 제한성은 자아개념과 자아존중감에도 부정적인 영향을 미치게 된다.

낮은 기억력, 느린 학습속도, 주의집중의 문제, 배운 내용을 다른 영역에 적용할 수 있는 일반화 능력의 부족, 동기 결함 등을 보인 특성을 보인다. 지적장애아동은 대체로 주의가 산만하고 주의 집중 시간이 짧으며, 선택적 주의집중 능력이 부족하고, 비효율적인 시연전략을 사용하고, 학습기술의 능력이 떨어지고, 모방학습 능력 부족 등으로 인하여 기억에 많은 문제를 나타낸다. 결과적으로 모방학습이나 우발(우연)학습 능력이 부족하고 사고과정에 대한 사고능력이 떨어져서 학업을 할 때 학습전략, 추상적 사고, 고차원적 사고 능력을 사용하는 데 어려움이 있다.

3) 지적장애와 동반하는 정신과적 장애

지적장애는 단순히 지능이 낮고 적응능력이 결여되는 것에서 끝나는 것이 아니라 다른 장애와 동반하여 나타나기도 한다. 가장 흔한 것은 주의력결핍 및 과잉행동장애, 상동행동, 자해, 공격적 혹은 반사회적 행동, 자폐증 등이다.

(1) 뇌병변장애(child with brain lesion) 아동의 특성

뇌병변장애의 판정에는 뇌성마비, 외상성 뇌손상, 뇌졸중 등 뇌의 기질적 병변으로 인한 경우이다. 장애의 진단은 주된 증상인 마비의 정도 및 범위, 불수의 운동 유무 등에 따른 팔·다리의 기능저하로 인한 앉기, 서기, 걷기 등의 이동능력과 활동(동작)의 수행능력을 기초로 한 전체 기능장애 정도를 말한다(한신영, 2009).

뇌병변장애아동은 보건복지부의 「장애인복지법」 제29조의 규정에 의거 뇌병변장애 1급 판정을 받은 아동으로서 뇌성마비로 인해 보행이 불가능하고 주위의 전적인 도움이 없으면 일상생활이 불가능한 상태를 말한다. 우리나라에서는 1999년 장애인복지법을 개정하여 장애범주를 5종에서 10종으로 확대하여 시행하고 있다. 2003년 5월 1일 장애인복지법이 개정되어 뇌성마비가 대부분의 지체장애의 대부분을 차지하고 있던 것을 지체장애와 뇌병변장애로 세분화하여 용어를 정리하였다(보건복지부, 2003). 뇌병변장애는 뇌성마비, 뇌졸중, 뇌손상, 기타 기질적 뇌병변에 의한 것으로 이 가운데 신경장애가 원인인 뇌성마비는 뇌손상에 의한 마비를 뜻한다. 뇌에 장애를 받은 결과로 근 긴장, 운동, 자세 이상을 초래한 상태를 말하며 뇌손상의 위치와 정도에 따라 정신지체나 경련, 언어장애, 학습장애, 시력 및 청력 문제를 동반할 수 있다. 뇌병변장애의 주된 증상인 마비의 정도와 범위, 불수의 운동형의 유무 등에 따른 팔, 다리의 기능저하로 인한 앉기, 서기, 걷기 등의 이동능력(보행상의 장애 정도) 그리고 일상생활 활동의 수행능력에 기초하여 판정이 이루어지는데, 뇌병변장애아동의 운동장애로는 경직성마비(가장 많음, 50~75%), 불수의운동성마비(20~25%), 운동실조, 저긴장형, 혼합형이 있다. 진단으로는 신경증상(자세반사나 운동반응), 병유형 진단(경직성, 무정위형) 등이 행해지고 있다. 이 외에 발달 진단, 합병장애(간질, 지능장애, 시각장애, 청각장애) 등을 포함해서 종합적으로 평가한다(한신영, 2009). 최근에는 의학 발달과 함께 조산아의 생존율 증가로 인하여 장애아동의 수가 더 많아지고 있지만 치료·양육이 국가의 책임하에 이루어져 사회적으로 많은 지지를 받는 선진국들과는 달리 우리나라에서는 이들에 대한 국가나 사회단체의 도움이 매우 미미하며, 거의 개인의 문제로 여겨지기 때문에 그 가족은 너무나 큰 심리적·정신적 부담이 있다.

특히 뇌병변장애아동은 비장애아동과 동일한 욕구를 가지고 있음에도 불구하고 신체와 표현기능의 부자유로 인하여 욕구가 저지되거나 좌절되기도 하며 이로 인한 불만이나 부적응의 문제가 야기될 수 있어 사회적인 면에서 열등한 평가로 인해 성격 형성에도 영향을 끼치게 된다(이은경, 2002). 기본적인 성격특성으로는 과동성(hyperactivity), 전도성(distractivity), 고집성(perseveration)을 들 수 있고 심리적 특성으로는 정서불안, 과민, 자발성 결함, 자신감 상실, 열등감 등을 지적하고 있다(안병즙, 1978). 뇌병변장애의 판정은 의료기관의 재활의학과·신경외과·신경과·소아청소년과(신경분과) 전문의에 의해 판정하고 장애진단을 하는 전문의는 원인 질환 등에 대하여 6개월 이상의 충분한 치료 후에도 장애가 고착되었음을 진단서, 소견서, 진료기록 등으로 확인하여야 한다(필요시 환자에게 타 병원 진료기록 등을 제출하게 함). 소아청소년은 만 1세 이상부터 장애판정 가능하며, 뇌병변은 최초 판정 후 2년 이후 재판정해야 하며, 소아는 만 6세 이상부터 만 12세 미만에서 재판정해야 한다(만 6세 이상부터 만 12세 미만에서 최초 판정받은 경우 만 12세 이상부터 만 18세 미만 사이에 재판정받아야 함). 장애인복지법 제2조 및 같은 법 시행규칙 제2조 제2항의 규정에 의하여 〈표 1-4〉와 같이 고시하고 있다.

〈표 1-4〉 뇌병변장애 정도 기준

장애정도	장애상태
장애의 정도가 심한 장애인	1. 독립적인 보행이 불가능하여 보행에 전적으로 타인의 도움이 필요한 사람 2. 양쪽 팔의 마비로 이를 이용한 일상생활 적응을 거의 할 수 없어, 전적으로 타인의 도움이 필요한 사람 3. 한쪽 팔과 한쪽 다리의 마비로 일상생활 동작을 거의 할 수 없어, 전적으로 타인의 도움이 필요한 사람 4. 보행과 모든 일상생활 동작의 수행에 전적으로 타인의 도움이 필요하며, 수정바델지수가 32점 이하인 사람 6. 마비와 관절구축으로 양쪽 팔의 모든 손가락 사용이 불가능하여, 이를 이용한 일상생활 동작의 수행에 전적으로 타인의 도움이 필요한 사람 7. 보행과 모든 일상생활 동작의 수행에 대부분 타인의 도움이 필요하며, 수정바델지수[1]가 33~53점인 사람 8. 마비와 관절구축으로 한쪽 팔의 모든 손가락 사용이 불가능하여, 이를 이용한 일상생활 동작의 수행에 전적으로 타인의 도움이 필요한 사람 9. 한쪽 다리의 마비로 이를 이용한 보행이 불가능하여, 보행에 대부분 타인의 도움이 필요한 사람 10. 보행과 모든 일상생활 동작의 독립적 수행이 어려워, 부분적으로 타인의 도움이 필요하며, 수정바델지수가 54~69점인 사람
장애의 정도가 심하지 않은 장애인	1. 보행과 대부분의 일상생활 동작은 자신이 수행하나 간헐적으로 타인의 도움이 필요하며, 수정바델지수가 70~80점인 사람 2. 보행과 대부분의 일상생활 동작을 타인의 도움 없이 자신이 수행하나 완벽하게 수행하지 못하는 때가 있음 수정바델지수가 81~89점인 사람 3. 보행과 대부분의 일상생활 동작을 자신이 완벽하게 수행하나 간혹 수행 시간이 느리거나 양상이 비정상적인 때가 있으며 수정바델지수가 90~96점인 사람

출처: 보건복지부(2021). 2021년 장애등록심사 관련 법령 및 규정집.

1) MBI(Modified Barthel Index) 수정바델지수는 피검사자가 일상생활 동작을 얼마만큼 독립적으로 수행할 수 있는지를 점수화하는 것. 수정바델지수 점수가 낮을수록 장애정도가 심하다.

(2) 인지능력(cognitive ability)

인지기능은 지각, 사고, 이해, 기억, 판단, 학습, 주의, 추론, 상상, 언어 등과 같은 정신적 과정을 포함하며, 사람들이 외부 사물을 인식하고 정보를 처리하는 과정을 말한다(임승주, 박은영, 2013). 뇌성마비는 신체 부위를 조절하는 데 어려움이 있을 뿐만 아니라 인지능력에도 큰 영향을 미친다. 인지능력의 결여는 뇌성마비 아동이 갖게 되는 흔한 합병증으로 대부분의 뇌성마비 아동은 정신 연령이 또래보다 낮고 인지기능 장애를 동반하고 있다(Bottcher, 2010). 지각 및 청각적 능력 역시 일반아동만큼 민감하지 않기 때문에 이로 인해 뇌성마비 아동은 사물을 이해하고 받아들이는 부분에 큰 어려움이 있게 된다(이주은, 2012). 뇌성마비 아동과 청소년의 약 70%는 지적장애, 인지기능 장애를 앓고 있으며, 그중 50%~60%의 뇌성마비 아동은 중등도의 인지장애 및 지적장애아동이며, 상당수의 뇌성마비 아동은 과도한 활동, 집중력 장애, 반응 장애 등의 비정상적인 행동을 동반한다. 연령이 높아짐에 따라 신경 손상으로 인한 지적장애 및 학습장애가 좀 더 명확히 드러나게 되는데, 인지능력의 결여로 부모와 교사의 의도를 파악하지 못해 점점 학습 동기를 잃게 되거나 학습무력감, 학습장애, 자기결정 능력의 결여 등 직접적인 삶과 사회 적응능력에 영향을 준다. 뇌성마비 아동과 청소년은 집중력의 저하, 느린 기억 속도, 반응장애 등의 행동을 보이는데 이는 아동의 삶의 질에 지대한 영향을 미치게 된다. 그리고 인지장애가 심할수록 재활 효과는 떨어지는 것으로 나타났다(Liptak & Accardo, 2004).

평균 발달을 하는 아동들에 비해 뇌성마비 아동은 외부 사물을 인지하고 인식하는 능력이 낮고 외부환경에 대한 변화를 인지하는 능력도 낮다. 이러한 신체적 한계와 더불어 공간 지각, 방향 지각, 시공간 기능은 성장 후에도 부족함을 나타낸다. 중추신경계 기능장애로 인해 뇌성마비 아동은 주변 환경에 쉽게 영향을 받을 수 있다. 동시에 인지할 수 있는 자극의 수는 일반 아동에 비해 적고 필요한 것에 집중하는 시간은 주의력의 범위가 좁기 때문에 주변 환경에 적응하고 자극을 파악하는 데 많은 시간을 할애하게 된다. 일반 아동과 마찬가지로 뇌성마비 아동은 일상생활의 경험을 통해 인지와 학습 능력이 발달하게 된다. 그러나 뇌성마비 아동의 경우 외부환경과의 접촉이 적고, 활동 범위가 극히 제한되어 있기 때문에 주변 환경을 자유롭게 탐색할 수 없으며 충분한 자극을 얻지 못해 외부 정보를 받는 데 어려움을 겪게 되면서 결국 전반적 학습 능력의 결여를 가져온다(이주은, 2012).

중증 이상의 뇌성마비 아동은 심각한 신체적 장애와 의사소통 장애로 인해 일반 학교나 특수학교에 들어가지 못하므로 교육을 받을 기회를 잃어 결국 인지 발달에 큰 어려움을 겪고 있었다(Bottcher, 2010). 뇌성마비 아동은 교육받을 기회가 적고, 부모가 아동을 교육하는 방법을 모르거나 신체 재활과 교육 재활 등을 소홀히 하는 등의 원인으로 인지발달의 중요한 시기를 놓쳐 버리는 경우가 많게 된다. 연구자들은 대부분 인지기능을 평가하기 위해 아동 지능 평가를 사용하고 있으며 보편적으로 사용되는 통일된 인지기능 평가 도구는 없는 상태이다(Schlaug et al., 2005).

뇌성마비가 아동 및 청소년의 인지발달에 있어 가장 큰 어려움은 인지발달에 필요한 환경과 정보의 부족, 상호작용할 수 있는 대상의 결여, 생활상에서의 경험 부족, 자유로운 활동 참여 기회의 부족이다(박순길, 2005). 뇌성마비 아동의 인지발달은 매우 중요하며 재활 훈련과 좋은 교육이 그들에게 제공되어야 하며 이것은 아동의 회복을 촉진시킬 수 있을 것이다.

(3) 운동능력(motor ability)

운동이란 사람이 건강을 위하여 몸을 움직이는 일을 일컫는 것과 몸을 단련시켜 팔, 다리, 복부 같은 몸의 큰 근육들의 사용을 해야 하는 대운동(gross motor) 능력과 작고 세밀한 운동을 조절할 수 있게 하는 미세운동(fine motor) 능력을 말한다. 운동능력은 양손과 눈-손의 협응능력과 서기, 다리 들기, 풍선 불기를 포함하여 뇌병변장애 판정에 있어서 MBI(수정바델지수) 지표가 되는 개인위생, 목욕, 식사, 용변, 계단 오르내리기, 착·탈의, 대변조절, 소변조절, 보행, 휠체어 이동, 이동을 포함한다.

뇌병변장애의 특징은 출생 전, 출생 시, 출생 후에 뇌에 손상을 입음으로써 신체 여러 부위에 마비와 자세 및 운동능력 장애를 가지게 되는 것을 말한다.

한쪽 팔이나 다리에만 마비가 있을 수 있고, 사지가 모두 마비되는 수도 있다. 운동장애의 유형도 근육이 뻣뻣해져서 잘 움직이지 못하는 경우(경직성)와 너무 흔들흔들해서 의도한 동작을 잘할 수 없는 불수의 운동형으로 나뉜다. 국제기능장애인 건강분류(International Classification of Functioning Disability & Health: ICF)의 정의에 따르면 뇌성마비는 대뇌피질 및 신경 손상에 의해 보행 장애, 관절, 뼈, 근력 및 운동 조절과 같은 일상생활 동작의 제한 등이 생기는 복합적인 장애이다(Arnould et al., 2008). 이러한 운동 기능의 문제는 뇌성마비 아동이 갖고 있는 주요 증상이다. 비장애아동에 비해 뇌성마비 아동은 운동 반응속도, 자세조절, 신전기능 및 유동적 움직임에 조절 능력이 떨어진다. 뇌성마비 아동이 앉은 상태로 양팔을 사용해 일상생활을 하고 다양한 활동에 참여할 수 있게 하는 것은 매우 중요하다. 손 기능의 발달은 태어날 때부터 시작되어 9세까지 복잡하고 세부적인 조작 능력으로 점차 발달해 나간다. 손을 뻗고, 사물을 가리키고, 물건을 잡고, 놓고, 다양한 물건을 조작하는 것과 같은 손을 사용하는 능력은 일상생활에서 매우 중요한 부분이다. 뇌성마비가 있는 소아의 경우 감각장애, 근 긴장의 이상, 근력의 감소, 수동적 관절 범위운동 및 수동 관절 범위운동의 감소로 점차 기본적 기능들이 퇴화하게 된다. 상지장애의 임상적 증상에는 비정상적인 움직임과 자세(어깨 내부 회전, 팔꿈치 굴곡, 팔뚝내전, 손목 및 손가락 굴곡과 신전, 손가락 관절 손바닥 굴곡, 엄지 내전) 및 기타 증상이 포함되며, 대략 50~60%가 상지 기능에 문제점을 보인다(Chin et al., 2005). 상지 기능에 문제가 있는 아동과 청소년은 일상생활에서 손을 자연스럽게 사용하는 경우가 거의 없다.

뇌성마비 근육 운동에 대한 파일럿 연구에서 손훈희(2000)는 상지 마비가 눈과 손의 불협응을 유발할 수 있으며, 뇌성마비 소아의 근육 경련 상태를 변화시키는 것이 뇌성마비 임상 치료의 주요 초점이라고 주장하였다. 팔 기능장애는 대부분의 뇌성마비 아동이 직면하는 주요 문제이며 뇌성마비 아동의 소근육 운동기능과 장악력의 속도는 일반아동보다 매우 느린 것으로 나타났다(Arnould et al., 2008). 그동안 많은 학자들은 뇌성마비 아동과 청소년의 삶의 질 연구를 통해 하지운동보다 상지운동의 효과가 높기 때문에 상지운동이 더 필요하다고 하였다.

뇌성마비 아동·청소년의 언어 운동기능과 관련해서는 상당수가 신경병증, 언어와 관련된 근육 감각 및 운동기능 장애로 인한 언어 장애인 구음장애를 앓고 있다. 호흡을 조절하지 못하여 발생하는 구음장애, 턱, 입술, 혀와 같은 구음의 마비로 인한 운동성 구음장애, 뇌 기능장애로 인한 언어발달지연 등이 포함된다(Havstam et al., 2011). 뇌성마비 아동의 언어장애는 호흡, 발성, 공명, 조음, 말하기의 다섯 가지 측면으로 나타날 수 있다. 뇌성마비 아동의 운동 발달 능력은 일반아동보다 2~4세 정도 뒤처지는데(공남호, 2004), 재활치료의 효과를 극대화하기 위해서는 성장에 영향을 미칠 수 있는 성장 적정 시기에 재활해야 한다. 재활치료의 시기를 놓치게 되면 뼈와 근육의 수축 및 기형을 유발하여 소근육 운동능력과 기타 성장 발달에 영향을 미치게 된다(이윤진, 2007). 손 기능은 일상생활에서 매우 중요한 위치를 차지하며 뇌성마비 아동은 일반적인 신체 활동 경험이 부족하여 비대칭적인 손의 움직임을 보인다. 우리는 일상생활에서 종종 환측(기능 원활하지 않음)보다는 건측(기능이 원활함)에 집중하는 경향이 있어 환측(기능 원활하지 않음) 재활을 쉽게 소홀히 하게 된다. 이러한 상지기능 사용의 소홀함은 이후 물건 쥐기, 물건 잡고 이동하기, 옮기기 등의 손 조작 기능의 손실과 어려움을 야기하게 된다.

상지는 일상적 생활 수행 시 큰 영향을 미칠 수 있기 때문에 매우 중요하며 인지 신경학적 연구에 따르면 인간 뇌의 구조와 기능은 다른 동물보다 복잡하며 학습, 훈련, 경험 및 기타 요인의 영향으로 대뇌피질의 구조와 기능이 재조직되고 변화하게 되는 신경 가소성을 갖고 있다(Zerr, Berg, Nelson, Fishell, Savalia, McDermott, 2018). 상지 기능 운동의 주된 목표는 손과 손가락의 활용도 및 장악력을 회복시키는 것이다. 반복적인 운동을 통해 근육 활동을 강화하고 신경 회복을 자극하여 근육의 안정성과 신체 여러 부분의 협력을 증가시켜 궁극적으로 일상생활의 불편함을 줄이는 것일 수 있다는 점에서 뇌성마비 아동의 상지 기능장애 치료는 매우 중요한 의미를 가진다.

발달 중 뇌 중추신경계가 손상되면 뇌성마비 아동 하지의 비대칭 자세와 이상 보행의 보행 패턴을 나타내고(Woollacott & Shumway-Cook, 2002), 척추측만증과 골반 기형으로 인해 발목, 무릎 및 고관절이 손상될 수 있다(Mahaudens et al.,

2005). 뇌성마비 아동에 팔꿈치 관절의 굴곡과 어깨 관절의 외전 자세는 보행 균형 감각에 영향을 미칠 수 있는데, 짧은 보행 거리, 느린 보행속도, 좁은 보폭 등의 보행적 특성으로 쉽게 넘어질 수 있기(Kurz et al., 2012) 때문에 대부분의 시간을 앉아서 보내게 된다. 이러한 문제는 뇌성마비 아동의 불안정한 보행 패턴을 반영하여 보행 중의 균형 감각을 쉽게 잃어버리게 한다(박경옥, 2011). 뇌 손상이 계속 악화하지는 않지만, 장기간의 불균형 자세로 인해 근골격 손상 정도가 누적되어 보행속도가 더 느려지고 보폭이 짧아지며 보행 중에 불필요한 움직임도 늘어나게 되면서 보행에 방해를 가져온다(Abel & Damiano, 1996).

제2장

발달장애와 가족

1. 가족의 의미

자녀의 출생은 한 가정에 있어서 큰 변화를 가져오는 사건이다. 장애자녀의 출생은 가족 전체에 많은 영향을 주게 되어 다양성과 복잡성이 훨씬 더 커지게 되고, 일반 가정의 기능에 더하여 장애아동을 둔 가정만의 독특한 기능을 요구하게 된다. 특히 장애아동의 가족구성원 중 부모는 장애아동에 대한 특수성에 따른 양육의 이중부담을 갖게 되고 부모로서의 역할을 해야 한다.

장애자녀를 둔 부모들은 본인이 장애아를 가졌다는 것에 불편감 때문에 자녀와의 의사소통, 사랑이나 관심표현, 가사분담, 의사결정과정 등을 스스로 제한하거나, 단절, 회피, 거부 등 인간관계의 상호작용 기회를 줄이려는 폐쇄적 성향을 보인다. 장애아동을 돌보는 주 양육자는 아동의 장애로 인해 야기되는 긴장과 스트레스 속에서 가족구성원들의 역할과 생활양식 변화, 경제적 어려움, 다른 가족들의 끊임없는 요구에 대한 극도의 긴장감과 신체 건강의 악화, 불안감 등의 건강문제에 처하기도 한다(어용숙, 기문정, 2009). 이러한 상황 속에서 장애아동 부모는 우울, 불안, 좌절, 근심 등 부정적 정서를 경험하게 되고, 장애에 대한 주위의 불편한 시각으로 인해 사회적 고립을 경험한다.

특히 장애아동 부모들은 장애아동을 양육하는 과정에서 비롯되는 양육 스트레스와 경제적 부담감, 장애인 자녀로 인해 느끼는 오명이나 편견, 신변처리에서 육체적 · 신체적 부담, 이웃과 친지로부터의 고립, 수면시간의 부족, 여가 이용시간의 부족, 미래에 대한 불안감 등과 같은 문제를 경험하게 된다. 이러한 장애아동으로 인한 가족부담은 가족 자체의 복지를 위협하거나, 장애아동으로 인한 가족 긴장 및 심화 그리고 가족의 인내와 대처능력을 약화하는 등과 같은 여러 가지 위험을 초래하게 한다.

발달장애아동이 보이는 여러 가지 문제행동은 장애아동의 가족들이 다른 가족들과 어울리는 것을 어렵게 만들고 친척, 친구, 이웃 관계에서 고립되게 하며 이러한 고립은 장애아동의 부모와 가족들에게 많은 영향을 미치게 한다. 지적 · 자폐성 장애로 대표되는 발달장애는 아동기에 발현된 장애가 성인기까지 지속되어 일생 동안 자립하기가 어렵고 특히 인지력과 자기주장 능력, 사회성이 부족하여 자기권리 옹호를 잘 하지 못하여 본인뿐 아니라 부모 등 가족의 부담이 큰 장애유형이다(보건복지부, 2011).

장애인구의 증가와 더불어 발달장애인 특성에 맞는 새로운 장애인복지 수요가 발생하고 이에 따른 욕구도 다양하게 나타나게 되어 생활 전반에 걸친 다양한 영역의 생활 실태 및 복지욕구를 충족시켜주는 개입이 필요할 것이다. 최근의 장애아동에 대한 개입의 관점은 가족 중심적 사회복지실천으로써 실천현장에서 장애아동가족에 대한 지원으로 나타나고 있다. 장애아동과 가족은 상호 관련을 맺고 있어서 아동에 대한 개입은 반드시 가족들이 영향을 받으며 동시에 가족에 대한 개입은 아동에게 영향을 미친다. 가족문제와 가족적응을 가족구성원 어느 한 개인의 것으로만 파악하지 않고 가족이라는 맥락 혹은 체계라는 관점을 통해 접근하고 있다(정현주, 2008).

가족이란 신체적, 심리적인 공간을 차지하는 개인들을 모아놓은 단순한 집합체가 아니라 통합된 전체로 기능하는 체계이다(여광응, 임지향, 2000). 특히 오늘날의 가족은 구조, 기능 및 유형의 변화에 따라 어느 때보다도 다양하고 심각한 도전에 직면해 있다. 다양한 형태의 가족이 존엄성을 유지하고 건강하게 기능할 수 있도록 지원하기 위해서 과거 병리적이고 결함 중심적인 접근에서 벗어나 강점 중심적이며 임파워먼트적인 접근이 요구되고 있다(이원숙, 2007).

가족의 역기능과 병리적 관점에서 벗어나 최근에는 가족의 의사소통과 가정의 기능적 측면을 더 강조하는 긍정적인 관점으로 변화하고 있다. 이러한 시각의 변화는 결점 관점으로부터 강점 관점으로의 변화를 의미하며 장애자녀를 돌보는 어머니의 부담감과 고통을 넘어서 양육 경험을 통해 얻게 된 강점 및 잠재력을 발견하는 것이다. 장애자녀로 인해 문제가 있고 역기능적인 가족으로 머무르는 것이 아니라 일반가족으로서 기능하고 스스로 문제를 해결해 나가려 하는 건강함을 유지하고 있음을 보여주는 것이다(이유리, 2011).

최근 연구는 고위험에 처한 가족들의 적응적인 가족과 그렇지 않은 가족으로 나뉜다고 보고한다. 즉 장애아동이 있음에도 가족은 결속력이 높아지고, 이전에 비해 더 친밀해지며, 장애아동의 장애를 이해하고 받아들여 가족 간의 적응과, 기능이 잘 수행할 수 있다는 것이다. 이처럼 장애를 가진 자녀를 둔 가족들의 성공적인 적응에 주목하고 있으며, 가족들이 단합되고 친밀해지며 가족 간에 포용력과 이해력의 폭이 넓어지고 내적 통제능력이 높아지며, 책임감이 강해진다는 성공적 적응을 보고하고 있다. 스트레스를 겪는 가족 중에는 그들 나름대로 강점을 갖고 있는 가족들이 많으며, 이러한 강점은 스트레스에 대한 취약성을 상쇄시켜 가족들이 장애아동과의 관계와 장애를 견디어 나가게 한다.

장애아동의 출생으로 인해 장애아동 가족이 형성되면 현실을 인정하고 받아들이는 데 가족구성원 모두 적응 기간이 필요하다. 그러나 동일한 환경 속에서도 부응하고 심리·사회적으로 불안정한 가족이 있지만 다양한 자원을 동원해 어려움을 극복하면서 더욱 강해지고 안정적으로 발달하며 잘 적응하는 가족이 존재한다. 가족생활 주기 내에서 가족의 적응을 좌우할 수 있는 여러 가지 요인을 확인해 볼 필요가 있다. 장애자녀를 둔 가족들이 양육 스트레스나 위기에 모두 부적응하는 것은 아니며, 대부분 가족이 나름대로 잘 대처하며 적응하고 있다(Hatings & Taunt, 2002).

가족 기능이 잘 충족되고 있으면 가족구성원은 위기 상황과 스트레스에 직면하지 않고 생활에 잘 적응할 수 있다. 가족은 가족구성원의 장애라는 가족 기능에 부정적인 영향을 미치는 상황에서도 가족체계 간에 상호작용을 하면서 일반적인 가족 기능을 유지하기 위해 적응할 수 있다는 것도 제시되었다(김보영, 2005). 장애자녀가 있는 부모의 가족적응에 대한 선행연구를 살펴보면, 가족탄력성이 가족적응에 미치는 영향에 관한 연구(최현진, 2008)와 가족탄력성을 매개효과로 가족스트레스를 살펴본 여러 연구가 있지만 장애자녀의 장애유형이 지적장애인과 정신장애인 등에 한정되어 있거나 가족탄력성에 중점을 두는 한계점을 가진다.

지금까지의 나타난 제한점을 고려하여 발달장애자녀를 둔 부모의 가족적응에 영향을 미치는 인구 사회학적 요인, 장애자녀 요인, 가족 요인, 사회적 요인을 바탕으로 발달장애자녀 부모의 가족적응에 관한 어려움을 예방하고 극복할 수 있도록 돕는 프로그램 개발과 같은 사회사업 실천적 개입의 토대를 마련하여야 한다. 발달장애자녀 부모의 가족적응을 이해함으로써 발달장애 가족이 건강한 생활을 유지할 수 있도록 하는 데 도움을 제공하게 될 것이다. 가족은 사회에 필수불가결한 존재이며, 가족의 능력 강화와 삶의 질은 가족에 관한 연구의 필수적인 목적이고, 가족에 관한 어떠한 연구가 시행되건 간에, 결과는 장애인과 가족의 능력 강화와 삶의 질을 증진하는 것이어야 한다. 이러한 가족 중심의 가족 삶과 질 개선이 강조되면서 장애아동 가족에 대한 서비스 제공 면에서도 개념이 재정립되고 있다(김경혜, 조윤경, 2006).

발달장애아동 문제는 가족 체계와 밀접한 관련이 있다. 일반적으로 발달장애의 특성상 아동기가 중요성을 갖는데 발달장애는 주로 아동기에 진단이 이루어지기 때문이다. 이러한 예기치 못한 장애의 발견은 아동기의 가족에게는 크고 중대한 도전이 된다. 비장애아동과 달리 장애아동 가족의 경우 심각한 양육문제와 갈등에 직면하게 되며 부모 역시 일상생활 및 사회적 관계에 부정적 경험을 유발하고 이러한 파급은 결과적으로 장애아동에게 부정적 영향을 미칠 수 있다. 또한 실천적으로 발달장애에 대한 조기개입의 중요성이 강조되는 이유이기도 하다.

미국의 경우 발달장애아동의 부모와 가족의 중요성이 강하게 인식되어 왔지만 초점이 아동중심에서 가족의 중심으로 변화된 것은 1986년 장애영·유아에 대한 서비스를 명하는 미국의 장애인 교육법이 제정된 이후부터이다. 이 법은 서비스대상을 확대하여 0세에서 3세 영아뿐 아니라 그 가족을 대상으로 하는 개별화 가족서비스 계획(IFSP)을 강조하고 있다. 개별화 가족서비스 계획은 장애영유아의 요구뿐 아니라 가족이 인식하고 충족되기를 원하는 요구에 맞추어 수립되고 실행되어야 함을 의미한다(서경희, 윤점룡, 윤치연, 이상복, 이상훈, 이효신, 2006). 그러나 한국의 경우 발달장애인을 위한 보호체계와 지원이 매우 부족한 상황에서 2012년 7월 국가정책조정회의를 개최하여 「발달장애인 지원계획」을 발표하였다. 발달장애아동을 위한 조기발견과 조기진단체계 마련을 골자로 하며 발달장애를 조기에 발견해 치료나 재활서비스를 받으면 인지력 등 기능이나 사회성 발달에 도움이 된다는 점에 착안하여 진단부터 자립까지 생애주기별 지원방안을 마련, 장애유형별로 특화하여 맞춤형 지원계획을 수립

했다는 데 큰 의미가 있다.

발달장애아동 가족은 일반가족과는 달리 아동 돌봄으로 인하여 많은 양육 부담을 경험하게 된다. 이들 가족이 겪어야 하는 시간적 소요와 심리적 압박감으로 인한 과중한 역할과 책임은 정서적 어려움, 가족갈등, 보호부담, 사회적 고립과 편견 등으로 연결되어 심리적 불안정을 경험하게 된다. 특히 가족주의 의식이 강한 우리 사회는 특별한 보호와 교육이 필요한 발달장애아동이 있을 경우, 자녀의 장애가 부모 자신의 잘못이라고 자책하며 죄책감과 좌절감에 빠져 만성적인 스트레스를 겪는 경향이 있다. 발달장애아동 가족과 비장애아동 가족의 특성을 비교하면 발달장애아동 가족이 비장애아동 가족에 비해 미래에 대한 불확실성, 무기력, 좌절감, 무력감, 분노감을 더 많이 가지는 것으로 보고하고 있다(정영숙, 이상복, 정보인, 2003).

가족생활주기에서 가족의 발달과업은 가족 내에서 중요한 역할을 재배열하고 변화시키며 발전시키는 데 요구되는 것으로, 만일 한 단계에서 발달과업의 수행이 성공적으로 이루어지지 않으면 다음 단계에서 어려움을 겪게 된다(정영숙, 이상복, 정보인, 2003). 특히 장애인의 욕구는 독특하고 상이하기 때문에 장애자녀가 있는 가정에서는 자녀의 발달단계에서 일반자녀를 둔 부모보다 더욱 많은 도전을 받는다고 볼 수 있다.

발달장애아동 부모가 겪는 공통적인 어려움은 아동을 위한 시간적, 정신적 한계 및 보호능력의 한계 등으로 인한 양육부담을 비롯하여 발달장애아동에 대한 적절한 대처지식 및 능력의 결여 등이다. 발달장애아동 가족은 단순한 보호뿐 아니라 전문적인 역할도 동시에 수행해야 한다. 발달장애아동의 가족은 자녀 출생 후 양육 과정에서 발생하는 과중하고 복잡한 문제들로 일상생활 및 대인관계에서 사회적 접촉기회가 제한되고 이로 인해 가족, 친지 및 이웃과 같은 비공식적 지원체계와 사회복지서비스 기관, 교육기관 등 공식적 지원체계로부터 사회적 고립감을 경험한다. 최근의 조사결과 발달장애인의 88%가 시설이 아닌 가족과 함께 살거나 자립생활을 하는 것으로 나타났다. 인간의 평균수명이 연장되고 서비스 체계가 발전되면서 탈시설화와 더불어 지역사회 주거와 지원고용 등의 서비스가 발전하고, 시설이 아니라 지역사회 내에서 성인기를 보내는 발달장애인의 수가 많아졌으며, 더불어 노년기에 이르기까지 가정에서 장애인 자녀를 양육하는 부모들이 많아지고 있다. 그러나 많은 발달장애인들과 가족들은 포괄적이고 전문적인 서비스 시스템의 적절한 지원을 받지 못하거나 부족한 지원을 받고 있다. 가족이 발달장애아동의 교육과 치료의 주요 자원이라는 시각과 함께 가족 자체를 하나의 기능 단위로 인식하여 이들의 복지와 삶의 질을 재고할 필요가 있다. 가족은 발달장애인의 삶을 풍요롭게 만드는 데 중요한 역할을 한다. 특히 가족들이 필요로 하는 지역사회 서비스, 개별화된 지원, 기타 보조를 받을 경우 더욱 그러하다.

1) 발달장애 가족의 특성

인간은 성인이 되면, 가족이나 부모의 울타리에서 벗어나 직장과 결혼 등 더욱 넓고 다양한 세상으로 나아간다. 성인으로서의 독립과 전환이 성공적으로 이루어진다면 성숙함을 갖춘 사람이 되는 것이다. 이는 다양한 환경의 수용과 적응 그리고 도전의 시기를 잘 이겨낸 성인이 독립과 전환을 성공적으로 수행했을 때 가능해진다(Chambers & Rehfeldt, 2003). 따라서 대부분 성인은 자유와 독립성을 마음껏 누리며 의존에서 벗어나게 되며, 그에 따르는 책임감도 배운다. 자녀가 성인이 되면 부모 역시 자녀에게서 한발 물러나 자신의 삶을 돌아보고 가족구성원 모두의 건강한 삶을 위하여 여러 가지 환경을 만들어 나가게 된다. 하지만 장애자녀의 부모는 이러한 경향에서 벗어나는 경우가 많은데, 특히 발달장애인의 부모들은 자녀가 성인이 되어도 독립시키기 힘들어하기 때문에 사회적 관계나 원만한 의사소통이 되지 않아 자녀의 양육에서 헤어나기 힘들다. 발달장애인 부모의 어려움을 살펴보면 첫째, 자신의 건강상 소진이다. 자녀를 돌보느라 자기의 건강은 소홀히 한 탓이다. 둘째, 경제적 빈곤을 경험한다. 은퇴나 자녀 돌봄에 따른 추가비용 지출에 의한 것이다. 셋째, 우울감을 겪는다. 장애자녀의 취업이나 결혼 등의 미래 계획을 세우기 힘들어 자신의 사후에 벌어지게 될 양육의 불안과 자신이 언제까지 자녀를 돌볼 수 있을지에 대한 걱정이 원인이다. 그뿐 아니라 장애자녀의 부모들은 사회생활 및 종교생활을 포함하는 생활 전반에 여러 제약을 받는다. 특히 어머니의 경우는 개인 시간의 부족으로 취미나 여가생활 등에서 배제되어 어려움이 가중된다 (Blacher, Kraemer & Howell, 2010).

가족들의 사회 지지망도 좁아지는데 장애자녀 가족은 가족 간의 갈등이나 문제 및 스트레스와 불안, 소진으로 자존감이 낮아지고 가족구성원들끼리의 갈등을 경험할 수 있다. 일관적 양육환경이 필요한 시기에 가족으로부터 장애자녀가 학대와 방임 등의 위험에 노출되기도 한다. 사회, 경제적인 부담도 커지는데 이는 외국과는 다르게 우리나라는 장애와 장애인에 대한 인식이 충분하지 않기 때문이다. 장애인 가족이라는 불명예, 흠, 결점 등과 같은 사람들의 편견 등이 원인이다. 그로 인해 부모 자신 스스로 사회적 지지망이 축소되어 부모의 정서에도 영향을 받아 우울과 불안 등의 부정적인 감정을 불러일으키기도 한다.

2) 발달장애인 가정의 부부관계

장애자녀의 부모들은 자녀의 출산과 양육으로 가정의 위기도 극복해야 하며, 자신의 슬픔도 감당해야 하므로 인생의 위기를 경험한다고 하였다. 특히, 출생 초기에 진단된 장애는 자녀의 여러 행동 발달을 지체시켜 장애자녀 본인뿐만 아니라 가족과 또래집단, 교사와 나아가 부모들의 정서와 감정에도 큰 변화를 초래한다. 부모의 양육에서 일어나는 문제는 당사자의 상황 인식으로 벌어지는 내적인 문제와 상황에서 일어나는 외적인 문제가 있다. 내적인 문제로는 낮은 자존감, 효능감 부족, 잠재된 우울, 가족 갈등, 미래에 대한 불안 등이 포함되고, 외적인 문제에는 가족의 외적 관계, 경제적 원인, 개인적인 시간 부족, 돌봄 외 추가적인 부담, 필요한 서비스를 제공받기 위한 제공자와의 의사소통 부족 등이 포함된다(이은숙, 2004). 특히 자폐성 자녀의 부모는 자녀가 성장할수록 일어나는 자녀의 돌발행동을 통제할 수 없는 무기력감, 사람들이 많은 공공장소에서의 문제행동, 자녀가 위험에 노출되는 상황, 자녀와의 의사소통 불능으로 인한 불안감과 불편감, 친지나 이웃 간에 일어날 수 있는 여러 갈등, 주위의 오해와 비난, 그로 인한 죄책감, 자녀의 공격성에 대한 위기감 등으로 때로는 자녀를 버리고 싶은 충동이 생기기도 한다.

3) 발달장애인 가정의 형제관계

장애자녀의 특성과 특별한 요구는 가족구성원들의 관계에 영향을 미친다. 장애자녀 가정의 형제들은 비장애자녀 가정의 자녀들과는 다른 경험을 하게 된다. 장애자녀의 대학생 형제를 대상으로 한 연구에서는 83명의 장애자녀 형제 중 45% 정도가 장애 형제로 인해 원망이나 창피함 등의 부정적인 감정을 갖게 되는 경험에 대해 보고한 바 있다. 김명선(1988)의 연구에서는 정신지체 형제가 충분한 소통이 이루어지지 않아 대화가 되지 않는 점, 그리고 공감대 형성의 어려움에 대해 갈등을 느낀다고 하였다.

성인 지체장애인과 그들 형제간의 관계를 18개월간 관찰하고 직접 면접하는 방법으로 형제관계를 연구한 제틀린(Zetlin, 1986)은 평등한 관계 속에서 서로 건전한 비판을 통해 원활한 형제, 자매 관계를 형성하는 일반자녀 가족의 형제, 자매에 반해 장애성인의 형제관계는 그렇지 못하다고 보고한 바 있다. 하지만 다른 결과를 보이는 연구들도 있었는데, 그로스맨(Grossman, 1972)은 같은 연구에서 45%의 수준에서 장애자녀 형제들이 비슷하게 긍정적인 결과도 나타났다고 보고했다. 또한, 비장애형제들은 장애형제와 접촉을 통해, 상대방에 대한 이해와 인내심 그리고 자신의 능력에 감사함을 느낀다는 것이다. 이로써 장애자녀 가정의 형제관계는 항상 부정적 또는 긍정적인 한쪽의 특별하게 나타나는 것은 아니며, 매우 다양한 양상을 나타낸다는 것을 알 수 있다.

장애자녀 가정의 형제, 자매 관계를 보다 잘 이해하기 위해서는 형제, 자매 간의 상호작용이 기능하는 체계로서의 가족으로 보아야 한다. 즉, 형제, 자매 간의 상호작용은 장애자녀로 인해 직접적으로 영향을 받을 뿐만 아니라 장애자녀로 인해 생기는 부모 및 가족관계의 문제는 다시 장애자녀를 포함하는 형제관계에 영향을 주기 때문이다.

4) 발달장애인 가정의 부모와 자녀관계

외부와의 접촉보다는 가정에서 보내는 시간이 많은 장애자녀는 부모와 형제자매 관계에 의해 많은 영향을 받을 수밖에 없다. 따라서 가족의 역할이 중요하고 그중에서도 부모, 자녀 관계의 중요성은 아무리 강조해도 지나치지 않다. 장애자녀의 활동을 도우며, 심리사회적 개념 형성 등의 큰 영향을 미치기 때문이다. 부모들이 자신의 자녀에 대해 명확히 알고, 바람직한 양육을 실천할 때 자녀의 교육 효과는 효율을 발휘한다. 그러나 현실은 부모의 불안한 심리상태로 인해 자녀를 과잉보호하거나 때로는 무시, 거절하게 되는 등 바람직하지 못한 양육 태도를 보이게 되는 경우도 있다. 특히 신체장애자녀의 부모는 죄책감으로 자녀에게 과도한 애정을 쏟는데, 부모의 이러한 태도는 자녀에게 자립성이나 창조성을 결핍시키고, 의존적이고 내성적 성격으로 만들어 사회에 나갔을 때 부적응을 유발할 수 있다(이주희, 정현주, 2009). 장애자녀 가정의 부모, 자녀 관계는 중요성이 더욱 부각되어야 하는데, 이는 자녀의 인지, 정서, 성격의 측면에 큰 영향을 끼치기 때문이다(강문선, 2010). 이를 위해 부부 관계에 대해서도 잘 살펴야 하며 이를 통해 부모, 자녀 관계가 긍정적으로 형성되도록 노력해야 한다.

2. 비장애 형제자매의 이해

성인 비장애 형제자매의 관여 양상과 비장애 형제자매의 관여에 영향을 미치는 요인에 대해 발달장애인 특성, 비장애 형제자매 특성, 가족의 구조적 특성으로 나누어 살펴보도록 하겠다.

1) 비장애 형제자매의 관여

성인 비장애 형제자매의 관여는 다양한 용어와 개념을 통하여 측정되고 있으나, 그 결과는 대체로 일관되게 나타나고 있다. 그러나 부모의 지원 및 돌봄과는 다른 독특한 양상을 보이는 것으로 나타나고 있다. 성인 비장애 형제자매 관여의 측정 결과는 다음과 같다.

첫째, 정서적 지원 및 관계의 질은 비교적 높은 수준이며, 전반적으로 따뜻하고 친밀한 관계를 유지하고 있었다. 발달장애인과 비장애 형제자매는 서로를 친한 친구로 인식하며, 유대를 나누고 있었다(Harland & Cuskelly, 2000).

둘째, 도구적, 물질적 지원은 정서적 지원에 비해 저조한 수준이었다. 특히 주된 돌봄과 지원을 제공하는 부모 또는 다른 비장애 형제자매가 존재할 경우에 비장애 형제자매의 실질적인 지원은 낮은 수준으로 측정되었으며, 주 돌봄자를 지원 및 보조하는 형태로 관여가 이루어지고 있었다(Harland & Cuskelly, 2000).

셋째, 발달장애인의 기능 수준 및 발달장애인이 필요로 하는 것에 대해 인지하고 있으며, 장애와 관련한 다양한 활동에 참여하고 있었다(Heller & Krammer, 2009).

넷째, 접촉의 빈도 및 유형은 상이한 수준을 보이고 있었으나 대부분 지속적인 접촉을 유지하고 있었으며, 꾸준한 전화통화 및 방문이 이뤄졌고, 다양한 활동을 함께 하며 시간을 보내는 것으로 보고되었다.

다섯째, 비장애 형제자매가 발달장애인과 함께 거주하며 직접적인 돌봄을 제공하는 경우가 존재하나, 대부분 부모의 돌봄이 중단된 경우에 관여의 수준을 강화한 사례가 이에 해당하는 것으로 보고되었다(장숙, 2010).

여섯째, 비장애 형제자매는 부모의 돌봄이 중단되는 미래에 현재보다 더 높은 수준의 관여를 할 의지를 보이다(Harland & Cuskelly, 2000). 비장애 형제자매들은 돌봄 책임이 가족에게 있다고 인식하고 있으며, 약 60%의 비장애 형제자매가 미래에 자신이 장애형제의 주된 돌봄을 제공하려는 의지가 있다.

일곱째, 비장애 형제자매는 성인 발달장애인의 비공식 지원망의 구성원으로서, 핵심적인 부분을 차지하고 있었다. 키 퍼슨(Key person)은 발달장애인의 삶의 질을 전반적으로 관리하며 다수의 도구적 지원을 제공하는 역할을 수행하는 데 친밀하고 장기적인 관계와 강한 정서적 유대를 맺고 있었고, 주로 비장애 형제자매가 이러한 역할을 맡고 있었다.

이처럼 비장애 형제자매는 정서적 유대를 바탕으로 발달장애인과 지속적인 관계를 이어나가며 다양한 지원행위를 하고 있었다. 그러나 부모가 직접적인 돌봄을 제공할 경우 주 돌봄자에게 이차적이고 보완적인 역할과 정서적 지원을 제공하는 것으로 나타났다. 한편 부모의 돌봄이 중단된 경우에는 비장애 형제자매의 관여가 증가하기는 하나, 부모가 수행하던 주된 돌봄 제공은 대부분 공적 서비스를 통해 이루어지는 경우가 많았다. 실제로 비장애 형제자매들은 부모의 돌봄이 중단될 때 본인의 관여 수준이 증가할 것이지만, 이러한 미래의 관여 수준이 이전에 부모가 발달장애인에게 제공한 돌봄 및 지원의 수준보다는 낮을 것임을 예측하였다(Harland & Cuskelly, 2000). 성인 비장애 형제자매가 직접적이고 주된 돌봄을 제공하게 된 경우에는 단기적이고 일시적인 돌봄을 제공하는 형태로 관여가 이뤄졌으며, 함께 생활하며 직접적 돌봄을 제공하는 것이 보편적인 사례는 아니었다. 예를 들면, 성인 발달장애인과 함께 거주하며 주된 돌봄을 제공하는 비장애 형제자매는 대부분 혼인하지 않았거나, 자녀가 없거나, 원가족과 함께 거주하며 생활해 온 이들인 것으로 보고되고 있다(장숙, 2010). 이러한 결과에 비추어 볼 때 비장애 형제자매는 부모의 역할을 완전히 대체하기보다는(Horowitz et al., 1994), 비장애 형제자매가 발달장애인과 긍정적인 관계를 맺으면서 관여를 지속하되, 직접적 돌봄 제공에 대한 부담을 가지지 않고, 비장애 형제자매로서 적절히 수행할 수 있는 수준의 역할을 설정할 수 있도록 지원할 필요가 있다.

2) 비장애 형제자매의 관여에 미치는 요인

앞서 살펴본 바에 의하면, 비장애 형제자매의 관여는 발달장애인, 주 돌봄자 및 지원체계와 비장애 형제자매 모두에게 중요하다. 비장애 형제자매의 관여에 영향을 미치는 요인들을 발달장애인의 특성, 비장애 형제자매의 특성 및 가족의 구조적 특성으로 나누어 살펴보면 다음과 같다.

먼저 발달장애인의 문제행동과 인지 및 기능 수준을 포함한 장애 정도에 따라 비장애 형제자매의 관여에 차이가 발생하는 것으로 보고되고 있다. 발달장애인의 기능수준과 신체적 건강 수준이 높을수록 관여가 높게 나타나며, 인지적 손상이 경미할수록 미래 돌봄 책임감과 의지가 높게 나타났다(김미혜, 류주연, 김수진, 2016). 또한, 발달장애인의 문제행동이 경미할수록 비장애 형제자매의 관여 수준이 증가하였다(Harland & Cuskelly, 2000). 반면에 성인 정신장애인의 경우에는 정신장애가 심하고 정신장애인의 지원 욕구가 높을수록 관여의 수준이 높게 나타났다(Horowitz, 1994).

한편, 발달장애인이 포함된 형제자매 및 포함되지 않은 형제자매 관계를 비교하거나, 지적장애인과 정신장애인을 비교한 연구(Johnson, Hunsley, Greenberg, Schindler, 1999)는 있지만, 발달장애 내의 지적장애, 다운증후군 및 자폐성 장애인의 비장애 형제자매 관여 차이를 살펴본 연구는 거의 부재한 실정이다. 연구결과 역시 일관되게 나타나지 않고 있으며, 발달장애인의 주된 장애가 지적장애일 경우에 자폐성 장애보다 비장애 형제자매의 태도가 더 적대적인 것으로 나타났다. 반면에 신혜용(2002)은 발달장애인의 장애가 다운증후군일 경우에 자폐성 장애보다 손위 비장애 형제자매의 온정적 태도가 높게 나타났다. 그러나 장애 유형 및 장애정도가 비장애 형제자매의 지지적, 수용적 태도에 유의미한 영향을 미치지 않는 것으로 나타났다.

다음으로 성인 비장애 형제자매의 성별, 성인기 역할, 발달장애인과의 동거 여부 및 출생순위가 관여에 영향을 미치는 것으로 보고되고 있다. 이에 대해 세부적으로 살펴보면, 비장애 형제자매가 여성일 경우에 더 많은 정서적 지원을 제공하고 있었으며 미래 돌봄 의지도 높은 것으로 나타났다(Heller & Krammer, 2009). 성인기 역할을 살펴보면, 비장애 형제자매가 혼인하였거나, 결혼하여 자녀가 있거나, 취업한 경우일 때 직접적인 관여의 수준이 낮은 것으로 보고되었다. 즉, 대학에 다니며 공부하거나 장시간 근무로 인하여 시간이 부족하거나, 혼인하여 자신의 결혼생활을 유지하고 자녀를 돌봐야 하기에 발달장애인에 관해 관심과 관여 수준이 낮아지는 것으로 나타났다. 그러나 성인기의 역할 과업이 관여에 영향을 미치지 않는다는 연구도 있다. 거주의 근접성을 살펴보면, 비장애 형제자매가 발달장애인과 함께 살거나, 가까이에 거주할수록 접촉의 빈도, 여러 가지 지원의 수준이 높게 나타났으며, 발달장애인의 미래에 대한 관심과 돌봄 의지도 증가하였다. 마지막으로 비장애 형제자매의 출생순위의 경우를 살펴보면, 비장애 형제자매가 발달장애인보다 출생순위가 앞설 때 더 참여적이고, 장녀일 경우 발달장애인에 대한 책임감과 양육에 대한 직접적 경험이 증가하는 것으로 나타났다. 그러나 비장애 형제자매가 발달장애인보다 어릴 경우, 유소년기의 친밀한 관계의 연장으로 인하여 주된 돌봄을 제공하는 역할을 맡고 있다. 반면에 출생순위에 따라 비장애 형제자매의 관여에 차이가 나지 않는다는 논문도 있다.

한편, 가족의 구조적 특성 또한 비장애 형제자매의 관여에 영향을 미치며, 가족의 구조적 특성인 비장애 형제자매의 수와 부모의 생존 여부가 장애 형제 양육과 책임감에 대한 관여에 미치는 영향을 살펴보면 다음과 같다. 먼저 비장애 형제자매의 수가 적을수록 실질적 지원의 수준이 높게 나타나고(Horowitz, 1993), 장녀이며 유일한 비장애 형제자매일 경우에 발달장애인에 대한 책임감과 양육에 대한 참여도가 높은 것으로 나타났다. 반면 유일한 비장애 형제자매라는 위치가 꼭 높은 관여 수준을 보장하지는 않는다는 연구결과도 보고되고 있다(Zetlin, 1986). 부모 생존 여부의 경우, 양친이 생존한 경우보다 양친이 부재한 경우 또는 한부모인 경우에 관여 수준이 증가하였다.

이처럼 발달장애인의 특성, 비장애 형제자매의 특성, 가족의 구조적 특성이 비장애 형제자매의 관여에 영향을 미치는 것으로 나타났다. 그러나 일부 연구에서는 영향력이 없다는 것으로 나타나 합의된 결과를 제시하기 어려운 상황이다. 따라서 어떤 경우에는 영향을 미치게 되고, 어떤 경우에는 영향을 미치지 않는지, 또는 영향력의 방향이 어떨 때 달라질 수 있는지에 대한 좀 더 세밀한 연구가 필요하다. 기존연구에서 밝혀진 인구사회학적 특성 및 가족구조 요인은 사회 복지적으로 개입하여 변화를 유도하기 어려운 고정적인 부분이므로, 사회 복지적 지원의 확대를 통해서 비장애 형제자매의 관여를 긍정적으로 유도할 방법에 대한 고민이 필요하다.

3) 발달장애 가족 형제자매의 이해

발달장애인 가족에 관한 기존의 연구들은 부모와 자녀, 부부간 관계를 주로 다뤄왔다. 그러나 최근 들어서 가족체계이론의 발전과 함께 그동안 간과되어 왔던 형제자매 하위체계에 대한 관심이 증가하고 있다(장미희, 2011). 일반적으로 형제자매관계는 전 생애에 걸친 가장 긴 유대관계를 형성하며, 우애를 바탕으로 평등하고 상호 지원하는 관계를 맺는다. 특히 형제자매 간 상호작용은 서로의 발전과 성장에 큰 영향을 미치는데, 수명연장으로 형제자매가 관계를 맺는 기간이 늘어나면서 성인기 이후의 형제자매 간의 지원하는 관계에 대한 중요성이 강조되고 있다(Seligman, 2007). 그런데 발달장애인의 형제자매는 가족체계는 물론 형제자매 하위체계에도 영향을 미치게 된다. 본인에게 할당되어야 할 가족의 관심이나 배려가 장애형제에게 집중되기 때문에 자신의 연령에서 채워야 할 관심이나 사랑의 결핍을 느끼게 되는 동시에 장애형제를 돌보아야 하는 책임, 의무, 양보를 강요받게 됨으로써 학교생활이나 건전한 사회생활에 어려움을 겪게 된다. 따라서 발달장애인의 형제자매가 일방적으로 장애형제를 돌보는 관계를 형성하게 되고, 상호 지원하는 관계가 아닌 위계적인 관계를 형성하게 된다.

발달장애인 형제자매가 있다는 것은 여러 가지 상황에서 발달장애인의 형제자매에게 어려움을 주지만 반드시 부정적인 면만 있는 것은 아니다. 장애형제와의 경험을 통해서 동정심과 인내심이 증가하고, 다른 사람을 더 잘 이해하게 되며 자신의 건강과 지능에 대해 감사함을 느끼며, 가족 상황에 성공적인 대처에 적응한다고 보고하고 있다. 요컨대 장애형제는 형제자매 관계에 영향을 미치며, 발달장애인의 형제자매가 장애형제를 일방적으로 돌봐야 하는 상황을 초래하게 된다. 그로 인하여 과도한 돌봄 부담이 부정적인 요소가 될 수도 있지만, 통찰력과 책임감, 봉사성, 성취감과 같은 긍정적인 경험을 할 수도 있다.

3. 발달장애와 가족 갈등

1) 발달장애 가족의 갈등

장애인에게 효율적인 교육을 제공하기 위해서는 장애인과 가족구성원에 대해 이해하는 것이 중요하다. 이는 가족구성원이 발달장애인의 과거와 현재에 걸친 생애 전반에 영향을 미쳐왔으며, 미래에도 영향을 미칠 가장 중요한 생태학적 환경이기 때문이다(공주대학교 특수교육연구소, 2018). 우리나라 장애인의 수는 해마다 증가하고 있으며, 이에 수반되는 가족구성원의 갈등 또한 함께 증가하고 있다. 이러한 양적 증가 추세는 유전, 염색체이상, 출산 전 중독 및 감염, 환경적인 영향에 의한 장애 증가, 의학 발달로 인한 평균수명 연장 등으로 지속될 것이라는 점을 생각하면 장애인을 부양하고 있는 가족구성원의 갈등과 양육에 대한 부담감은 여전히 심각한 사회문제로 남아있다고 할 수 있다. 발달장애는 '발달 시기에 여러 가지 원인에 의해 정신적, 신체적 기능의 획득이 장애를 받고 나이로 기대되는 발달의 평균상태에서 양적, 질적인 왜곡, 일탈을 보이고 장애의 특징적 상태가 지속되리라 예측되는 상태'를 의미한다(강상경, 2014). 특히 일부 발달장애인의 경우는 다른 장애와는 달리 지시 따르기 불이행, 자해행동, 파손행동, 공격행동, 비정형화된 식사패턴 등의 행동적인 특성을 보이기도 하며 이로 인한 장애 가족의 양육갈등은 매우 심한 것으로 나타나고 있다. 발달장애인은 생애에 따라 장애복지 서비스를 제공해야 하는데, 영·유아기의 경우 장애진단과 치료에 대한 서비스, 학령기의 경우 특수교육, 방과 후 학교, 여가프로그램 등의 서비스, 성인기의 경우 취업 및 경제적 지원, 후견인, 거주시설 등에 대해 서비스를 해야 하기도 한다(김삼섭, 2016).

발달장애를 가지고 태어난 자녀의 출생은 가족 체계의 변화를 가져오게 되고, 가족구성원 모두에게 영향을 미치며 심리적·육체적·사회적 부담을 초래하게 된다. 가족에게는 장애에 대해 적응해야 하는 시간이며 자신의 힘으로 모든 것을 해결하지 못하는 발달장애의 특성으로 인해 발달장애아동은 평생에 걸쳐 부모 및 가족의 도움을 받아야 한다. 이로 인해 부모와 가족은 평생에 걸쳐 끝나지 않는 양육과 갈등을 경험하게 되며 이러한 갈등 및 어려움이 잘 해결되지 못한다면 가족구성원의 스트레스는 더욱 증가할 수밖에 없다. 가족구성원은 장애로 인해 요구를 달성하기 어려운 발달장애인에게 화나 분노를 직·간접 표출해 보이기도 하는데 그런 감정을 보였다는 것에 대해 죄의식을 갖게 되고 정서적 불편감으로 인해 상호작용과 정서적 측면의 가족 기능을 어렵게 만들기도 한다.

오래전부터 발달장애인에 대한 돌봄은 가족의 책임으로 여겨져 왔기 때문에 공공 서비스로부터 지원받지 못하게 되는 원인이 되었으며 그로 인한 부담은 증가하였고, 발달장애인의 돌봄과 지원은 가족구성원에게 있어 평생 지속되는 스트레스 상황이며 때로는 가족의 해체 위기를 가져오기도 한다. 발달장애인의 가족들은 생애에 걸쳐 장기적인 의존상태에 놓인 발달장애인을 돌보고 책임져야 하는 부담에 스트레스로 많은 부정적인 측면을 평생 감내해야 하는 상황에 있다. 그뿐만 아니라 발달장애인과 함께 생활하며 겪는 어머니와 비장애 형제자매간 갈등, 장애가족과 외부집단과의 갈등, 장애가족과 비장애 가족 간 갈등 등으로 다양한 갈등 사례가 많이 존재할 것이다.

2) 발달장애 가족의 갈등 극복

발달장애인 가족은 많은 갈등과 어려움을 느끼며 살아가고 있지만 그렇다고 모든 발달장애인 가족이 부정적인 측면만을 경험하는 것은 아니다. 발달장애인의 존재로 인해 특별한 경험을 하게 되는 부모와 비장애 형제자매의 경우도 많이 있으며 가족 간 갈등을 잘 극복하여 오히려 돈독한 관계를 유지하는 가족구성원도 있다. 가족구성원은 각자 생각하고 행동하는 것에 상호 영향을 주게 되며 그들의 친밀감, 소통, 유대감 등(신인수, 2015)은 가족 전체에 긍정적인 효과를 주게 된다.

발달장애인의 원만한 사회통합과 돌봄 부담을 경감시키기 위해서는 그에 따른 적절한 가족지원이 필요하다. 적절한 지원은 가족이 발달장애인의 다양한 욕구에 대응하게 하고, 발달장애인의 기본 권리를 보장하기 위해 꼭 필요하다. 장애인 가족지원이란 함께 사는 발달장애인의 돌봄을 제공하는 가족들의 돌봄 부담을 경감시키고 대응능력을 높일 수 있도록 고안된 제반의 서비스이며, 궁극적으로는 발달장애인이 사회에 잘 통합될 수 있도록 하려는 목적이 강하다. 발달장애인의 가족구성원 또는 가족 전체를 위한 지원으로는 장애인 가족의 휴식 및 경제적 부담 해소, 여가 지원, 주거환경 지원 등이 있다. 이러한 부분이 각 유기적으로 발달장애인 가족에게 지원되었을 때 돌봄 및 양육 부담이 최소화될 수 있으며 삶의 만족도도 높아질 수 있을 것이다. 그리고 가족구성원 간의 긍정적인 상호작용을 통해 사랑하고 존중하며 발달장애인 가족을 돌보는 가치감과 유대감을 갖도록 해주는 사랑과 격려, 그리고 배려를 자연스럽게 배우는 현장이 될 것이다. 이처럼 가족구성원 스스로 어려움, 갈등을 잘 극복해 나가고 사회, 환경에 적응할 수 있도록 격려하는 가족지지가 중요하며, 격려, 배려, 이해, 존중, 관심 및 배려, 안정을 제공하는 태도는 가족에게 긍정적인 영향을 미친다. 가족지지는 지지체계 간의 상호관계로 갈등이나 스트레스 상황을 줄이고, 자아존중감 향상에 영향을 주는 중요한 요소로 갈등, 스트레스 같은 상황에 부정적인 정서를 감소시켜 심리적인 부담과 가족 간의 갈등을 극복할 수 있도록 안정감을 제공하는 긍정적인 효과가 있다고 한다.

발달장애인과 가족의 안녕, 복지를 위해 선행되어야 할 것은 가족의 기능을 강화, 활성화하여 가족 문제 발생을 최소화하고 문제가 발생하였다 하더라도 스스로 극복할 수 있는 능력을 갖출 수 있는 강점을 가진 가족이 되도록 돕는 것이다(석말숙, 2013). 발달장애인 성장과정에서 나타나는 가족의 갈등은 언제나 발생할 수 있는 요인이며 발생한 갈등을 가족구성원이 어떻게 해결해나가느냐에 따라 발달장애인 및 가족의 삶 전체가 달라질 수 있다. 가족구성원 간의 관심, 격려, 이해, 지지 등이 뒷받침되었을 때 가족 간 갈등이 지혜롭게 극복될 수 있을 것이다.

제3장

발달장애와 학교

1. 학교적응의 개념

적응은 생존, 발달, 충분한 재생산 기능을 위해 환경에 잘 적응해 나가려는 개인과 종족의 활동적 노력(사회복지 용어사전, 2023)이다. '적응'은 환경과 조화로운 관계를 유지하고 자신의 욕구 좌절과 갈등을 합리적으로 해결하는 행동과정이라고 하였다. 즉 적응이란 개체와 환경 사이에 조화로운 상태를 이루려고 하는 과정이라고 할 수 있다. 보다 구체적으로 학교적응의 개념을 살펴보면, 과거의 연구에서는 학업성취만을 다루어 정의하였으나 최근에는 학교적응을 다양한 차원으로 해석하면서, 학업성취뿐 아니라 학교생활 전반을 포함하는 포괄적인 개념으로 해석하고 있다(김선영, 2007). 이렇게 관점이 변화함에 따라 학자들은 학교적응에 대한 개념을 피아제(Piaget)의 적응이론에서 착안하여, 개인이 환경에서 동화와 조절의 과정을 거치면서 인지적인 성장을 하게 된다는 것에 근거하여 정의한다(최옥희, 김용미, 2008).

우리나라 아동을 대상으로 한 연구에서 학교적응에 대한 구체적인 정의를 찾아보면, 아동이 자신의 욕구를 충족하면서도 또래관계와 학교환경과의 관계를 원만하게 맺어나가는 것으로, 학교생활의 여러 가지 상황에서 변화를 끌어내거나, 새로운 환경의 변화를 수용하여 적절하게 적응함으로써 만족스러운 상태가 유지되는 것으로 정의하고 있다. 따라서 학교적응의 개념은 학자에 따라 조금씩 다르게 정의되고 있지만, 대체로 학교적응을 학업 성취로만 한정하여 정의 내리기보다는 학교라는 환경에 조화롭게 관계를 맺으며 생활하는 것으로 정의한다. 즉, 학교적응이란 전반적인 교육 활동은 물론 교사 및 또래와의 관계에 적절하게 반응하고, 조화를 이루고자 노력하는 역동적인 과정이라고 정의 내릴 수 있다.

1) 학교적응의 차원

과거에는 학교적응을 학업적인 측면에만 초점을 두었지만, 최근에는 학교적응을 학업적인 측면에만 초점을 두기보다는 심리적, 사회적, 환경적 변인들에 대한 요인들을 중요하게 고려하게 되면서 다양한 관점으로 해석하고 있다(김성화, 2003). 따라서 학교적응의 하위개념은 점차 다양해지고 있다. 학교적응을 학교에서 아동이 경험하는 여러 가지 부정적 감정과 긍정적 감정 및 외로움, 또래 친구들로부터 받는 지지, 그리고 배려, 학급활동에 참여하는 정도, 학습과 관련된 준비 정도로 제시한다. 아동이 학교생활에서 적절하게 반응하고 행동하는 것, 학업에서 일정한 성취를 이루는 것, 교사 및 친구들과 편안한 관계를 형성하는 것과 심리적, 사회적, 학업적, 생활적 적응으로 정의한다. 또한 교사관계, 교우관계, 학교-학습 적응, 학교 규칙 준수, 학교 행사 참여 및 학습 태도로 제시하기도 한다. 이상에서 학교적응의 차원은 네 가지로 정리해 볼 수 있다(김자경, 2011).

첫째, 학교생활 적응은 학교에서의 생활과 관련된 적응으로, 학교 내 질서와 규칙을 지키고 생활하는 것을 뜻한다.

둘째, 학업수행 적응으로 학업성취와 관련된 것을 뜻한다.

셋째, 또래 적응으로, 또래 친구들과의 관계에서 적절하게 반응하고 행동하는 것을 의미한다.

넷째, 교사 적응은 교사와의 관계를 잘 맺어나갈 수 있는 것을 뜻한다.

반면 장애아동의 학교적응에서는 자기관리기술이 비장애아동과는 다르게 중요한 하위개념으로 다루어진다(김정은, 손영수, 김채은, 2012). 자기관리기술이란 장애아동들이 학교 환경에서 독립적으로 생활하는 데 필요한 기본적인 생활기술을 의미한다. 실제로 장애아동의 일반 초등학교 취학에 필요한 기술의 중요도에 대한 교사의 인식은 자기관리기술인 것으로 나타났다.

2) 발달장애아동의 학교적응

통합교육에 대한 관심이 증가하면서, 장애아동이 일반 학교에 취학하는 비율이 날로 높아지고 있다. 특수교육 연차보고서에 의하면 2023년 4월 1일 기준 초등특수교육 대상 아동의 56.5%가 일반 학교에 재학 중인 것으로 나타났다(교육부, 2023). 이는 초등특수교육 대상 아동의 통합교육 비율이 점차 높아지고 있다는 것이 증명하고 있다. 이처럼 통합교육을 받는 장애아동은 증가하고 있음에도 불구하고 이들이 학교생활 적응에서 겪는 어려움은 줄어들고 있지 않은 것이 현실이다. 그리고 장애아동 중에서도 발달장애아동의 경우 발달장애가 갖는 고유한 특성 때문에 다른 범주의 장애아동보다 더 큰 어려움을 겪는다(교육부, 2023). 발달장애아동들이 학교생활 적응에서 겪는 어려움은 다음과 같다.

첫째, 의사소통 및 사회적 능력의 부족으로 인해 대인관계에서 겪는 어려움이다. 발달장애아동들은 일반적으로 발달장애의 고유한 특성으로 인하여 사회적 기술 및 적응능력이 부족하다. 이에 따라 상황에 맞지 않는 행동과 언어를 사용하게 되어 사회적 관계에 어려움을 겪게 되기 쉽다(박수진, 2005). 실제로 초등학교 일반학급에 통합된 장애아동들을 조사해본 결과, 장애아동의 85%가 또래 친구들에게 괴롭힘이나 놀림·따돌림을 당하고 있었으며, 장애아동의 경우 비장애아동보다 또래 관계에서 더 많은 어려움 경험을 겪었다. 2022년도에 전국 등록 장애인을 대상으로 실시한 장애인 실태조사 보고서에서도 확인할 수 있는데, 장애아동이 학교생활 적응 시 겪는 가장 큰 어려움이 '친구들의 이해 부족과 놀림'이었다. 이러한 결과는 발달장애의 고유한 특성으로 인하여, 학교 내에서 비장애아동들이 수용하지 못하여 나타나는 대인관계의 어려움이라 할 수 있다.

둘째, 낮은 지능지수로 인해 발생하는 학업 성취에서 겪는 어려움이다. 발달장애아동들은 비장애아동과 비교할 때 지능지수가 낮기 때문에, 학업 성취에 있어 한계가 발생하게 된다. 학교라는 공간은 학습이 이루어지는 곳이기 때문에 학업적인 측면은 중요하게 다루어지는데, 발달장애아동의 경우 학업

수행이 원활하게 이루어지지 못한다는 특성을 보인다(보건복지부, 2022). 이에 따라 발달장애아동들은 학교생활 전반에 적응 정도에서 어려움을 겪게 되어 참여도가 자연스럽게 낮아지게 되게 된다.

셋째, 학교 환경에서 생활하면서 기본적인 생활기술을 스스로 수행하지 못하기 때문에 겪는 어려움이다. 발달장애아동들은 신변 처리와 같은 일상생활 능력이 비장애아동보다 부족한 경향이 있다(김동배, 권중돈, 2009). 실제로 유치원 및 초등학교 교사들의 경우 발달장애아동이 초등학교에 적응하는 데 있어 가장 어려운 점으로 '일상적인 생활적응의 어려움'이라고 응답하였다(김정은, 강영심, 김재은, 2007).

2. 특수교육의 이해

1) 특수교육의 개념

일반적으로 교육은 시대나 장소에 따라 다르게 나타나지만, 어느 경우에나 사람을 사람답게 만드는 중요한 일이며, 시대가 문명화되어 갈수록 교육의 필요성은 더욱 강조된다. 이것이 장애아동이라고 지나칠 수는 없으며 특수교육 또한 특별히 다르지 않다. 특수교육은 인지적, 정서적 또는 운동적 상태나 발달의 이상이 낮은 비율, 감각 결손, 조기 학교 교육의 결여, 잘못된 조기교육, 교육과 관련된 사람이나 환경 조건을 조절하기 위한 기술, 절차, 교수자료와 시설을 개별화하여 적용하는 교육으로 일반적인 교육방법만으로는 교육적, 사회적, 그 외 다른 수준의 목표 도달이 불가능하거나 곤란한 자에 제공되는 교육형태이다. 어떤 특정한 아동의 특성에 맞도록 바꾸어 실시하며, 특수아의 가능성을 신장시키고 그 결함을 보완하는 교육 활동이다. 대상으로는 장애아동뿐만 아니라 영재아도 포함된다. 하지만 일반적으로 특수교육의 대상이 장애아를 대상으로 하는 것으로 인식되어 있고, 특수학교도 장애아를 대상으로 교육하고 있으며, 영재 교육은 다른 기관에서 하고 있다. 이런 것을 볼 때 우리나라 특수교육은 장애아동만을 지칭하는 영국과 같은 의미로 볼 수 있다.

특수교육은 장애가 있는 사람도 하나의 인격체이며 가능한 최적의 환경에서 교육받아 재활과 사회적 참여의 필요성이 있으므로 교육적 필요와 권리에 대한 사회의 반응이라고 설명할 수 있다. 장애별 특성에 적합하도록 개별적으로 계획된 교육이다. 특수교육이 효과적이고 윤리적으로 적용되기 위해서는 연구에 의해 검증된 교수방법을 사용하고, 교사는 아동의 수행 수준을 자주 평가해야 한다.

장애인은 비장애인과 다른 특성이 있는 사람으로 보통 사람보다 좀 떨어지거나 사회의 불필요한 존재로서의 인식이 아니라 단지 비장애인과는 다른 특성과 조건을 가지고 있다. 그와 대비하여 소위 장애를 판단하는 기준의 장애를 갖고 있지 않은 비장애의 의미로써 장애의 특성을 인정하고 사회의 구성원으로서 장애인에 대한 왜곡된 사회적 인식이 바뀌어야 한다.

심신에 장애를 지닌 아동도 하나의 인격체이며 가능한 최적의 환경에서 교육받아 사회생활에 참여할 필요성이 있는 것이다.

2) 특수교육의 목적

최근 특수교육의 존립 이유가 사회 공리적인 입장에서만 거론되지 않고 인간의 존엄성에 대한 자각에 기초할 것을 강조하고 있다. 인간 존엄성에 대한 자각에 기초하여 개인이 가지는 능력의 정도와 장애의 종류를 문제 삼지 않고 모든 장애아동에게 삶의 질을 향상하고 삶의 기회를 확대해 주는데 근본이념을 두어 아동 내면의 소질을 파악하고 그 가능성을 개발시켜주자는 것이다. 특수교육의 목적이 근본적으로 일반교육의 목적과 다른 것은 결코 아니다. 단지 장애아동은 일반아동보다 신체적, 정신적, 정서 및 사회적으로 결손 내지 장애가 있기에 그 장애나 결손을 보상할 교육과정의 설정이 필요하고 특수한 교육계획과 전문적인 교사 자질, 특수한 매체 등이 요구되는 것이다. 그러므로 장애아동은 장애와 결손, 이탈의 정도에 차이가 존재할 뿐 특수교육의 목적과 일반교육의 목적은 동일하며 특수교육의 의의는 그들이 사회경제적으로 자립할 수 있도록 그들의 능력을 최대한 발현하여 도와주는 데 있다.

장애인도 가능하면 독립된 삶을 살 수 있도록 해야 한다. 그들도 자신의 생활을 선택하고 조절할 수 있어야 하고 생산적 삶을 살 수 있도록 해야 한다. 장애를 가진 사람이라 할지라도 수입을 가져올 수 있는 생산적인 일을 할 수 있게 하여 그들의 가계 생활이나 지역사회에 기여할 수 있도록 하여야 하기 때문이다. 또한, 통합된 생활을 할 수 있도록 한다. 장애가 있는 사람이라 할지라도 지역사회의 일원으로서 지역사회 주민과 일상적인 접촉을 할 수 있도록 해야 하기 때문이다. 이런 이유에서 교육받아야 하는 필요성이 있다.

위와 같은 필요성에는 특수교육의 목적이 있는데 일반교육의 목적을 바탕으로 하고, 장애아동의 특성에 맞는 구체적이며 특수한 교육의 목표를 다음과 같이 설정해야 한다.

첫째, 장애아동의 잔존능력을 개발하고 활용하되, 보상적인 측면의 능력 개발도 아울러 주목해야 한다.

둘째, 직업교육 활동 시 이들의 적성을 발견하여 그에 맞는 적절한 직종을 권장하고 직업적 기능을 미리 교육해야 할 것이다.

셋째, 장래에 대한 희망, 즉 재활에 대한 동기를 끊임없이 고취해야 할 것이다.

(1) 발달장애 특수교육기관의 개념

특수교육기관이란 특수교육 대상자에게 유치원·초등학교·중학교 또는 고등학교(전공과 포함)의 과정을 교육하는 특수학교 및 특수학급을 뜻하는 것으로 「장애인 등에 대한 특수교육법」 제2조는 정의하고 있다. 그러나 동법의 순회교육, 통합교육의 규정까지 살펴보면 특수교육은 특수학교, 특수학급만이 아닌 통합학급, 병원, 가정, 복지시설 등으로까지 교육실시 장소가 확대된 것을 알 수 있다. 특수학교는 장애 정도가 중도인 학생들을 대상으로 하고 있으며 장애유형에 따라 시각장애 특수학교, 청각장애 특수학교, 정신지체 특수학교, 지체장애 특수학교, 정서장애 특수학교 등으로 설립되어 있으며, 여기에 각각 유치원·초·중·고등학교가 병설되어 있다.

우리나라의 특수교육이 근대식 학교교육으로서 시작된 것은 1935년 미국 선교사인 홀(Hall) 여사에 의해서 세워진 평양맹아학교(平壤盲啞學校)가 최초이며, 1960년대 전반기까지는 주로 맹·농학교가 설립되다가, 1970년대 들어서 특수교육 대상자 중 정신지체 학생에 대한 교육의 가능성과 필요성이 인식되면서 각종 장애 영역의 학생을 위한 특수교육 기관의 설립이 활발하게 이루어졌다. 즉, 특수교육기관은 교육 대상학생과 교육과정 운영방식이 일반 학교와 확연히 다르며, 다양한 장애 영역과 개인차의 특성을 고려하여 장애 학생에게 맞는 교수 방법으로 교육을 하는 곳이다.

(2) 발달장애 특수교육의 정의

특수교육(special education)이란 용어는 말뜻 그대로 특별한 교육이다. 따라서 특수교육이 가지고 있는 의미를 규명하는 일은 이 두 용어의 개념적·조작적 정의를 밝히는 데에서 시작되어야 한다.

교육(敎育)이란 용어는 조작적 견지에서 정의하면 일반적으로 인간행동의 계획적 변화로서 정의된다. 즉, 반드시 어떤 계획이나 의도를 가지고 있어야 하고 그러한 의도나 계획이 실천된 결과로서 인간행동의 변화가 초래되면, 그 활동을 교육이라고 할 수 있고, 그렇지 않으면 교육이라고 할 수 없다. 교육의 조작적 정의를 요약하면, 교육이란 어떤 인간(교사)이 다른 인간(학생)을 대상으로 기르고자 하는 목적을 가지고 그것의 달성을 위한 교육의 내용·방법을 통하여 행동을 영속적이고 사회적으로 수용할 수 있는 방향으로 변화시키기 위하여 행하는 모든 행위라고 할 수 있을 것이다.

교육은 여러 가지 형태가 있다. 교육은 그것이 어디서 이루어지느냐에 따라 가정교육·학교교육·사회교육 등으로 구분되기도 하고, 교육받는 대상자나 교육 자체의 수준에 따라 유아교육·초등교육·중등교육·고등교육·성인교육 등으로 세분되기도 한다. 또한, 시청각교육·현장교육·집단교육·개별화교육 등은 교육의 방법에 따른 방법이며, 국어교육·수학교육·도덕교육·창의성교육 등은 내용을 기준으로 분류한 교육의 방법이다(이석진, 김삼섭, 2004). 그러나 교육은 그것이 어디서, 누구를 대상으로 하든 상관없이 몇 가지 공통점을 가지고 있다. 즉, 가르치는 사람(교사)이 있고, 배우는 사람(학생)이 있으며, 또 가르치는 목적, 가르치는 내용, 가르치는 방법 등이 있다. 교사가 학생에게 무엇을 가르치느냐는 교육내용이고, 왜 가르치느냐는 교육목적(이념 · 목적 · 목표)이며, 어떻게 가르치느냐는 교육방법의 문제이다. 이것을 통합하면 교육과정(curriculum)이다. 이상과 같은 교육적 행위에 공통으로 내재하여 있는 특성을 보편성이라고 한다면, 이러한 공통성 · 보편성과 함께 교육의 과정에서 무엇인가 특별히 고려하고 그에 따라 적절히 실천하는 의도적인 행위를 특수교육이라고 할 수 있을 것이다.

다시 말해, 특수교육은 특수교육 교사가 특수교육 대상자로서 특수아동의 특성이나 교육적 요구에 적절한 교육과정(교육내용)을 특별한 교육방법이나 특별한 교육매체 등을 사용하여 실시하는 특별한 교육서비스(교과교육과 직업교육서비스) 및 치료교육 서비스이다. 특수교육은 교육받는 대상자로서 학습자(특수교육대상자)에서 그 특수성을 찾을 수 있다. 특수교육을 받는 학습자에 초점을 두면, 특수교육을 특수교육대상자의 특성에 적합한 교육으로 정의할 수 있을 것이다. 이것은 특수교육을 받아야 하는 아동 혹은 특수교육을 받을 자격이 있는 아동이 누구인가의 문제와 관련된다.

이와 같은 어원적 · 법적 · 개념 등을 종합해 보면, 특수교육은 특수교육 담당교사가 장애아동의 독특한 교육적 요구에 적절한 교육내용을 특별한 방법 또는 매체 등을 활용하여 실시하는 교육 및 관련 서비스라고 할 수 있다.

3. 발달장애 교육의 이해

특수교육을 왜 하는지, 무엇을 교육하는지, 어떻게 교육하는지에 대한 문제는 곧 교육과정(특수교육)의 특수성에 대한 의문이다. 특수교육을 왜 실시하느냐의 문제는 의도와 목적을 가진 활동으로서 교육적 행위의 종착점, 즉 교육목적과 관련된 문제이다. 우리나라 「교육기본법」 제2조에 널리 인간을 이롭게 한다는 홍익인간을 이념으로 한다. 즉, '모든 국민이 인격을 도야하고 자주적 생활능력과 민주시민으로서 필요한 자질을 갖추게 하여 인간다운 삶을 영위하게 하고 민주국가의 발전과 인류 공영의 이상을 실현하는 데 이바지하게 함을 목적으로 한다'라고 규정함으로써, 한국교육이 추구해 가야 하는 근본 목적을 밝히고 있다. 또한 「초·중등교육법」 제55조에서 특수교육을 필요로 하는 자(장애인)를 대상으로 유치원·초등학교·중학교 또는 고등학교에 준한 교육과 실생활에 필요한 지식과 기능 및 사회적응 교육을 하는 것을 특수학교의 교육목적이라고 설정하고 있다. 따라서 특수교육의 교육목적 및 교육목표는 일반 초·중·고등학교의 교육목적과 목표(보편성) 및 실생활을 영위하는 데 필요한 지식과 기능의 함양 및 사회적응 교육(특수성)을 포함하고 있다.

특수교육의 목적이 일반 학교 교육에 준하는 교육목적을 달성함과 아울러 실생활에 필요한 지식과 기술을 함양하는 데 있기 때문에, 내용도 일반 학교 교육과정의 내용(교과활동과 특별활동)을 교육함과 동시에 특수교육대상자가 장애로 인하여 가지게 되는 교육적 문제를 해결하기 위한 교육의 내용을 동시에 포함하지 않으면 안 된다. 이것이 특수교육 교육과정(curriculum for students with special needs)의 특징이다. 교과교육의 내용은 장애의 특성과 정도에 따라 차별화하여야 한다. 즉, 기본적으로 인지적 능력에 장애가 없는 신체·감각장애아동이나 장애의 정도가 비교적 가벼운 경도장애아동과 달리, 중증 발달장애아동은 추상적 교과 학습보다 실용적인 생활기술을 학습하여야 한다. 따라서 특수교육은 특수교육 대상자의 장애와 일탈 정도에 맞게 교수 내용이 더 개별적으로 계획되어야 하고, 더 집중적이고 더 목표 지향적인 교수를 필요로 한다. 그렇다고 해서 특수교육의 목적이 일반교육의 목적과 다르다는 것은 아니다. 다만, 전인적 발달 측면에서 볼 때 일반 교육에 비해 특수교육의 경우 특수아동이 지닌 특수성은 절대적, 질적, 총체적인 것이 아니라 상대적, 계량적, 부분적이다. 모든 아동에게 내재해 있는 보편성은 이미 모든 특수아동에게도 마찬가지로 내재해 있다. 특수아동의 특수성은 장애로서 사회적 소외의 오명으로 남는 것이 아니라 정의실현을 위한 우선권으로 존중되어야 한다는 점에서 특수교육은 특수하여야 할 이유가 있다. 다시 말해, 특수아동들의 교육권과 그들의 교육적 요구를 특별히 존중하여 양질의 교육기회를 보장해 줌으로써 교육정의가 실현되어야 한다는 것이다(김병하, 2006).

특수교육의 목적은 일반교육의 목적을 바탕으로 하는 보편성과 대상자의 특성에 맞게 구체적이며 특수한 특수교육의 목표를 설정해야 한다는 특수성을 가지고 있다. 따라서 특수교육은 특수아동의 보편성과 특수성을 감안하여 특수교육을 요구하는 아동의 잠재성과 기능성을 최대한으로 신장시키는 것을 목표로 하며, 심신을 건강하게 하여 행복한 생활의 기초를 마련하고 배양하는 것을 목적으로 하는 교육활동이라고 할 수 있다. 특수교육의 필요성에 대한 의문은 곧 특수교육의 성과에 대한 의문이기도 하다. 과거에는 이러한 특수교육의 성과에 대한 평가는 얼마나 많은 수의 장애아동이 특수교육을 받을 수 있게 되었는가를 기준으로 삼았다. 그러나 최근에 와서는 그러한 기준보다는 특수교육을 받은 사람들이 얼마나 만족스러운 삶을 살고 있느냐를 평가 기준으로 삼게 되었다. 이러한 특수교육의 성과를 평가하는 기준은 다음과 같다(신현기, 임소인, 2005).

첫째, 독립된 삶을 살 수 있도록 한다. 즉, 장애가 있는 사람들도 자신의 생활을 선택하고 조절할 수 있어야 한다는 것이다.

둘째, 생산적 삶을 살 수 있도록 한다. 즉, 장애가 있는 사람이라 할지라도 수입을 가져올 수 있는 생산적인 일을 할 수 있게 하여 그들의 가계 생활이나 지역사회에 기여할 수 있도록 하여야 한다는 것이다.

셋째, 통합된 생활을 할 수 있도록 한다. 즉, 장애가 있는 사람이라 할지라도 지역사회의 일원으로서 지역사회 주민과 일상적인 접촉을 할 수 있도록 하여야 한다는 것이다.

1) 교육과정 운영

학생들에게 어떠한 교육목표를 어떠한 교육내용과 방법을 통하여 어떻게 구체적으로 성취하고 평가할 것인가 하는 것은 의도적이고 계획적인 학교교육에서 가장 핵심적인 일이다. 교육의 실천자이고 교육의 주체인 교사가 교육

내용과 방법을 선택하여 실천하고, 또한 어떻게 평가하느냐 하는 것은 매우 중요한 의미가 있다. 「초·중등교육법」 제23조 제1항에는 "학교는 교육과정을 운영하여야 한다."라고 규정되어 있다. 이 조항은 각 학교의 교육과정 운영과 수업 이행에 관한 규정으로서 단위 학교 수준의 학교 교육과정을 편성하고 운영하는 법적 근거가 된다. 따라서 「초·중등교육법」 제23조는 국가, 시·도, 학교의 교육과정 편성·운영에 대한 역할 분담을 제시한 것으로 해석하여야 하며, 교육부 장관이 이 법률에 근거하여 결정, 고시한 국가 기준은 초·중등학교에서 편성·운영하여야 할 학교교육과정의 공통적, 일반적인 기준과 기본 지침이 된다. '학교에서 교육과정을 운영하여야 한다'라는 것은 교과서 중심의 학교교육을 탈피하여 교육과정 중심의 학교교육 체제로 전환하여야 함을 의미한다. 지식과 정보의 시대, 교육 수요자의 요구가 다양하게 분출되는 시대에 대응하는 교육을 실천하려면 비정상적이고 고정된 관념이나 사고를 탈피하여야 한다.

학교 교육과정의 편성과 운영을 통하여 의도된 교육과 실현된 교육을 접근시킴으로써 우리나라의 초·중등학교 교육이 교육 본연의 모습을 되찾아 교육과정이 기대하는 교육의 질이 강화될 수 있을 것이다. 특수교육 대상 학생은 장애에 의한 다양한 특성 때문에 일반 학교 교육과정을 수정하거나 개개인의 특성에 기초한 개별 교육과정을 마련해 주어야 한다. 특수교육 교육과정의 선택 대안으로써 일반 교육과정의 교과 교육과정을 보완하는 방법, 단순화하는 방법, 다른 교육과정으로 대체하는 방법 등을 제시하기도 하고 일반 학교 교육과정과 동일한 교육과정, 평행적 교육과정, 저학년 교육과정, 기능중심 교육과정, 생활중심 교육과정, 특수교육과정 등으로 구분하기도 하였다. 이처럼 특수교육 교육과정의 유형은 매우 다양하다. 이와 같은 다양한 교육과정을 국가 수준에서 일일이 제공해 줄 수 없으므로 학교나 학급 차원에서 재학하고 있는 아동의 장애특성에 따라 적용할 교육과정의 형태를 결정해야 한다. 일반 학교 교과내용을 학습할 수 있는 시각장애, 청각장애 및 지체부자유 아동은 일반학교 교육과정의 보완과 수정 등이 필요하고, 지적장애, 자폐증 혹은 중도 중복장애아동에게는 대안적 교육과정이 제공되어야 한다.

2) 우리나라 완전통합교육의 정의

우리나라의 완전통합교육에 대한 가장 기본적인 정의는 「장애인 등에 대한 특수교육법」 내에서 제2조에서는 '통합교육이란 특수교육대상자가 일반 학교에서 장애유형과 장애 정도에 따라 차별을 받지 아니하고 또래와 함께 개개인의 교육적 요구에 적합한 교육을 받는 것을 말한다.'라고 하였다. 또한, 제17조에서는 장애학생이 일반교육환경 어디에, 얼마나 배치되었는지에 따라 통합의 정도가 달라지며, 특수교육대상자로 선정된 자를 해당 특수교육운영위원회의 심사를 거쳐 '일반 학교의 일반학급', '일반 학교의 특수학급', '특수학교' 중 어느 하나에 배치하여 교육해야 한다고 명시하고 있다.

현재 우리나라의 완전통합교육은 이와 같은 분류에서 학교교육 시간 전체를 일반학급에서 제공하는 '일반 학교의 일반학급'이라는 말과 상응한다. 국가에서 실시하는 특수교육통계나 특수교육 연차보고서 등의 전수조사에서 사용하는 '전일제 일반학급'도 완전통합교육을 나타내고 있다. 그러나 「장애인 등에 대한 특수교육법」은 일반교육이 아닌 특수교육에 대한 법적 규제이고, 이 법에서 정의하는 통합교육도 처음부터 모든 학생을 대상으로 하는 것이 아니라 애초에 장애학생과 비장애 학생을 분리해 놓고 통합이라는 명목하에 함께 한다는 의미를 부여하고 있다(박종섭, 2012).

최근의 통합교육에 대한 세계적 흐름은 장애학생만을 위한 교육이 아니라 장애와 비장애를 넘어서 모든 학생이 가지고 있는 다양성을 포용하고 수용하여 모두에게 반응하는 방향으로 그 의미가 점차 확대되어가고 있다. 따라서 우리나라의 통합교육에 대한 정의는 이러한 흐름으로 개선될 필요가 있다. 국내외 여러 학자가 완전통합교육에 대해 어떻게 정의하고 있는지 살펴보면 다음과 같다.

완전통합이란 장애의 정도나 유형과는 상관없이 온종일 일반학급에 완전히 포함되어 교육받는 것을 말한다. 립스키(Lipsky)와 가트너(Gartner)가 주도하는 NCERI(National Center on Educational Restructuring and Inclusion)에서는 완전통합교육을 다음과 같이 정의한다. 완전통합교육은 중도장애학생을 포함한 모든 장애학생을 인근 학교 내의 연령에 적절한 일반 교육환경에 배치하여 학생과 교사 모두에게 필요한 서비스와 추가 지원을 제공하는 것이다. 이는 학업, 행동, 사회적 영역에서의 성공과 사회 속에서의 충분한 구성원으로서의 참여를 보장해야 한다. 브래들리와 스위트릭(Bradley & Switlick, 1997)은 완전통합을 장애학생의 필요에 적합한 교육과 사회적 지원 및 서비스가 포함된 지지적인 일반교육환경에 모든 장애학생을 참여시키는 것이라고 정의하였다.

완전통합교육에 대한 여러 정의를 고찰해보았을 때, 완전통합교육이란 장애의 정도와 유형에 상관없이 모든 장애학생을 처음부터 일반학교환경에 배치하고 더불어 장애학생의 요구에 맞는 지원과 서비스를 그 환경 내에서 제공하여 충분히 사회구성원으로서 의미 있는 역할을 할 수 있도록 하는 것이라고 정의해볼 수 있다. 아직 우리나라 완전통합교육에 대한 정의는 학생의 교육시간 전체를 일반학급에 배치하는 형태를 가르치는 것에만 머무르고 있으며 그 환경 내에서 어떻게 지원과 서비스를 연결해야 하는지는 구체적으로 언급되고 있지 않다. 따라서 국내외 완전통합교육 관련 문헌과 학자들의 정의를 반영하여 신중한 완전통합 배치 결정과 더불어 그 환경 내에서 무엇을, 어떻게 가르칠 것인지와 학생의 요구에 적합한 서비스 전달은 어떻게 할 것인지 등 체계적인 전달 체계를 포함한 정의의 확립이 필요하다.

3) 특수교육의 교육환경

인간으로 태어나 삶을 살아가는 데 있어서 장애를 가졌다는 이유로 차별이 있어서는 안 된다. 같은 출발선에 서기 위한 장애학생과 부모들의 교육적 요구는 그들의 당연한 권리이고, 이것을 실현하는 것이 바로 국가의 의무라고 할 수 있다. 그렇다면 앞선 사례와 같은 갈등이 발생한 이유를 좀 더 자세히 살펴볼 필요가 있다. 왜 장애 학생들은 집에서 먼 거리에 있는 학교에 다녀야만 했을까? 집에서 가까운 거리에 있는 학교에 다니는 학생은 없을까? 그러나 실제로는 집에서 가까운 학교에 가지 못해 1시간 이상 장거리 통학을 해야 하는 장애 학생은 매년 2,000여 명 가까이 된다. 게다가 10여 년 가까운 시간이

흐르도록 특수학교가 한 곳도 설립되지 못한 지역도 있다.

「장애인 등에 대한 특수교육법」에 따르면 '특수교육'이란 특수교육대상자의 교육적 요구를 충족시키기 위하여 특성에 적합한 교육과정 및 특수교육 관련 서비스 제공을 통하여 이루어지는 교육을 말합니다. 여기서 말하는 '특수교육대상자'란 특수교육을 필요로 하는 사람으로 선정된 사람입니다. 교육장 또는 교육감은 다음 중 어느 하나에 해당하는 사람 중 특수교육을 필요로 하는 사람으로 진단, 평가된 사람을 특수교육대상자로 선정하는데 시각장애, 청각장애, 지적장애, 지체장애, 정서 · 행동 장애, 자폐성 장애, 의사소통 장애, 학습장애, 건강장애, 발달지체, 그 밖에 대통령령으로 정하는 장애가 이에 해당된다. 현재 우리나라에서 특수교육 대상 학생이 선택할 수 있는 교육환경은 크게 3종류로 나눌 수 있다.

첫 번째는 특수학교로 특수교육대상자에게 유치원 · 초등학교 · 중학교 또는 고등학교(전공과를 포함)의 과정을 교육하는 곳이다. 일반 학교와 달리 그 수가 매우 제한적이며 보통 학교 이름 뒤에 초등, 중등, 고등과 같은 이름을 붙이지 않는다는 공통점이 있다. 초등학교부터 중학교, 고등학교까지의 과정을 모두 담당하고 있으며 고등학교 전공과에 직업교육 과정이 개설되어 취업 교육을 받을 수 있다는 장점이 있다. 하지만 그 수가 많지 않고 비선호시설이라는 인식 때문에 도시 외곽에 위치하는 경우가 많아 이에 따라 통학에 어려움이 생길 수 있다.

두 번째는 일반 학교에 특수학급이 개설된 경우이다. 일반 초등학교에 장애학생들을 위한 교실이 따로 마련되어 있는 경우를 말한다. 보통 농산어촌의 소규모 학교가 아닌 도시 지역 학교의 경우 일정 기준 이상의 특수교육 대상 학생이 재학하고 있기 때문에, 이들을 위한 별도의 특수학급이 만들어지며 특수교육을 전공한 특수교사가 이들을 담당한다. 정식 명칭은 특수학급이지만 단어에서 오는 부정적인 어감을 피하고자 보통 학습 도움반이나 개별 학습반으로 불리기도 한다. 장애 학생 부모 입장에서는 자녀를 집에서 가까운 일반 학교에 보낼 수 있다는 장점이 있지만 시설이나 교육환경이 특수학교에 비해서는 아쉬울 수 있다. 반면 비장애 학생들과 같은 학교에서 생활하며 교육활동에도 함께 참여하기 때문에 학생의 발달에 긍정적인 영향을 줄 수 있다는 장점이 있다.

세 번째는 통합학급이다. 이것은 특수교육 대상자가 일반 학교에서 장애 유형, 장애 정도에 따라 차별을 받지 않으며 또래와 함께 개개인의 교육적 요구에 적합한 교육을 받는 것을 말한다. 앞의 특수학급과 다른 점은 장애 학생이 일반 학교의 보통 교실에서 비장애학생과 함께 생활하며 같은 교실에서 함께 수업에 참여한다는 점이다. 담임교사가 특수교육을 전공한 교사가 아닐 수 있으며, 교원 인력이 부족할 경우 별도의 개별화된 교육을 받기 어려운 일이 생기기도 한다. 담임교사 혼자서 장애 학생의 개별화 교육과 비장애학생의 교육을 모두 담당하기는 어렵기 때문에 이러한 점을 보완하고자 학교와 지역 여건에 따라 특수교육 보조인력이 별도 배정되어 장애 학생의 생활과 학습에 도움을 주기도 한다. 비장애학생 입장에서는 장애 학생이 갖고 있는 어려움을 곁에서 지켜보고 도움을 줄 수 있는 기회가 되며, 이것은 장애이해교육 측면에서 긍정적인 효과가 있다(교육부, 2021).

4) 발달장애학생과 완전통합교육

전일제 통합학급수는 다음과 같다.

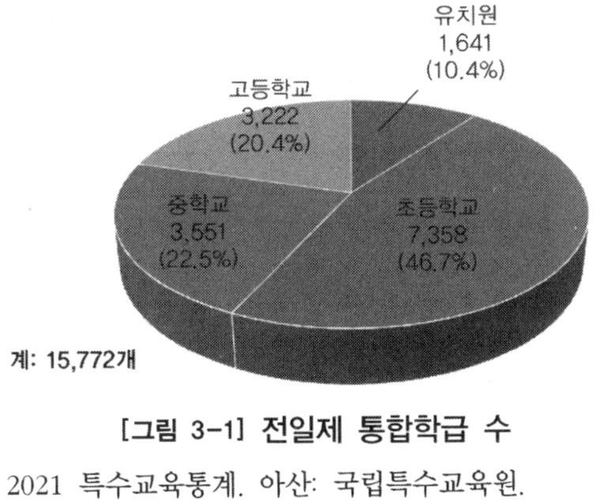

[그림 3-1] 전일제 통합학급 수

출처: 교육부(2021). 2021 특수교육통계. 아산: 국립특수교육원.

[그림 3-1]과 같이 우리나라의 2021 교육청 통계에 따르면 전일제 통합학급 수는 15,772개이다. 유치원은 1,641개이며, 초등학교는 7,358개에 해당되며, 중학교는 3,551개이고 고등학교는 3,222개이다. 특수학급 현황은 〈표 3-1〉과 같다.

〈표 3-1〉 특수학급 현황

과정별	학교수	학급수	학생수	교원수
계	8,729	12,048	54,272	12,718
유치원	1,001	1,235	4,444	175
초등학교	4,642	6,329	28,484	6,547
중학교	1,955	2,518	10,760	2,565
고등학교	1,113	1,932	10,364	2,266
전공과	18	34	220	65

출처: 교육부(2021). 2021 특수교육통계. 아산: 국립특수교육원.

〈표 3-1〉과 같이 우리나라 2021년 특수학급 현황으로는 전체 학교는 8,729, 학급은 12,048개이고, 학생은 54,272명이며, 교원은 12,718명이다. 학교별은 유치원은 1,001개, 초등학교는 4,642개, 중학교 1,955개, 고등학교 1,113개, 전공과는 18개이다. 학급별은 유치원 1,235개, 초등학교 6,329개, 중학교 2,518개, 고등학교 1,932개, 전공과 34개이다. 학생은 유치원 4,444명, 초등학교 28,484명, 중학교 10,760명, 고등학교 10,364명, 전공과 220명이다. 또한 교원은 유치원 1,275명, 초등학교 6,547명, 중등학교 2,565명, 고등학교 2,266명이며, 전공과 65명이다. 연도별 장애영역별 학생 수는 〈표 3-2〉와 같다.

〈표 3-2〉 연도별 장애영역별 학생 수 (단위: 명, %)

연도	시각장애	청각장애	지적장애	지체장애	정서·행동장애	자폐성장애	의사소통장애	학습장애	건강장애	발달장애	전체
2017	2,023 (2.3)	3,358 (3.8)	48,084 (53.8)	10,777 (12.1)	2,269 (2.5)	11,422 (12.8)	2,038 (2.3)	2,040 (2.3)	1,626 91.8)	5,713 (6.4)	89,353 (100)
2018	1,981 (2.2)	3,268 (3.6)	48,747 (53.7)	10,439 (11.5)	2,221 (2.4)	12,156 (13.4)	2,081 (2.3)	1,627 (1.8)	1,758 (1.9)	6,502 (7.2)	90,780 (100)
2019	1,937 (2.1)	3,225 (3.5)	49,324 (53.1)	10,200 (10.0)	2,182 (2.3)	13,105 (14.1)	2,204 (2.4)	1,409 (1.5)	1,763 (1.9)	7,309 (7.9)	92,958 (100)
2020	1,908 (2.0)	3,132 (3.3)	50,693 (53.1)	9,928 (10.4)	1,993 (2.1)	13,917 (14.6)	2,404 (2.5)	1,226 (1.3)	1,789 (1.9)	8,434 (8.8)	95,420 (100)
2021	1,823 (1.9)	3,026 (3.1)	51,785 (52.8)	9,694 (9.9)	1,873 (1.9)	15,214 (15.5)	2,450 (2.5)	1,114 (1.1)	1,798 (1.8)	9,367 (9.5)	98,147 (100)

출처: 교육부(2021). 2021 특수교육통계. 아산: 국립특수교육원.

〈표 3-2〉와 같이 2017년부터 2021년까지 연도별 장애영역별 학생수는 점점 많아지고 있으며, 2017년 89,353명이며, 2018년 90,780명, 2019년 92,958명, 2020년 95,420명, 2021년 98,147명이다.

2021년 기준으로 했을 때 전체 장애 학생수는 98,137명이며, 시각장애인은 1,823(1.9%)명, 청각장애인은 3,026(3.1%)명, 지적장애인은 51,785(52.8%)명, 지체장애인은 9,694(9.9%)명, 정서·행동장애인은 1,873(1.9%)명, 자폐성 장애인은 15,214(15.5%)명, 의사소통장애인은 2,450(2.5%)명, 학습장애인은 1,114(1.1%)명, 건강장애인은 1,798(1.8%)명, 발달장애인은 9,367(9.5%)명이다.

지금까지 완전통합교육으로 배치되는 학생 수는 양적으로 상당히 증가하였으며, 그중 장애 출현율이 높은 발달장애학생이 전체 완전통합 특수교육대상자의 3분의 1을 차지하고 있다. 발달장애학생은 단순감각 또는 지체장애학생들 보다 인지 및 적응기술 등의 어려움으로 교육시간 전체를 일반학급에서 보내는 완전통합배치를 결정하면서 더욱 신중을 기해야 하지만 현재 그들의 완전통합배치 결정은 전문가들의 합의에 의한 것이기보다 학부모의 요구에 따라 이루어지고 있다. 중학교 통합교육현장은 유·초등학교보다 더욱더 도전적임에도 불구하고 중학교 완전통합교육과 관련한 연구는 상당히 부족한 실정이다. 따라서 중학교 완전통합 발달장애학생을 담당하는 담임교사와 특수교사를 대상으로 완전통합교육에 대한 교사들의 지지 정도와 인식, 업무실행과 어려움, 완전통합 발달장애학생의 학교생활실태를 총체적으로 파악하는 것이다. 그러므로 완전통합교육의 발전을 위해 시급히 개선해야 할 과제가 무엇인지 파악하고 전국 및 지역교육청 차원의 완전통합교육 실태를 파악하는 데 이러한 기초연구를 확장해 볼 수 있을 것이다.

4. 발달장애 학생의 자기결정

1) 자기결정력의 개념

인간 누구나 자신의 힘으로 선택하고 결정하고자 하는 욕구와 욕망이 있기 때문에 자기결정은 아주 중요하다. 자기결정력(self-determination)은 다양한 환경에서 선택하고 결정할 때 더욱 드러나게 되고 스스로 결정함으로써 자기표현은 좁게는 현재의 일에서 넓게는 전 생애를 걸쳐서 지속해서 동기를 제공해준다고 볼 수 있다. 자기결정력은 데시와 라이언(Deci & Ryan, 2000)이 제안한 개념으로 "한 개인의 행동조절 유형을 자율성 정도로 구분하며, 결정요인은 내재적 동기"라고 하였다. 또한, 자기결정은 자신의 의지로 결정하고 실천하는 행동이다. 자기결정력 있게 행동하려면 행동의 원인, 행동할 의지와 행동의 결정권이 자신에게 있고 궁극적으로 행동할 수 있는 능력이 있다는 자기지각이 일어나야 한다. 특수교육 분야의 자기결정 행동은 삶에서 외부적인 영향 또는 간섭 없이 자기행동을 자신이 선택하고 원인과 결과를 유발하는 행위자로 활동하는 데 필요한 태도와 능력이다. 자기결정이론은 인지 평가설, 유기체 통합설, 자기 성향설, 기본적 욕구설이라는 네 가지 하위 이론으로 구성되어 있다(이민희, 정태연, 2008). 특수교육 분야의 자기결정 이론은 심리학적 연구 중 인지 평가설에 해당하는 내재적 동기에서 유래되었다는 관점을 가지고 있다(조재현, 2011). 이는 자기 행동을 외부귀인하면 내재적 동기가 줄어들고, 자신에게 귀인하면 내재적 동기가 증가하는데 외부귀인을 하는 상황에서도 내재적 동기가 감소하지 않는다는 조건을 다루는 관점이다. 특수교육 분야의 자기결정은 1990년도 이래 국외에서는 20년이 넘도록 장기적으로 장애인에게 중요하게 강조되어 온 개념이다.

특수교육의 자기결정행동은 기능적 모형에서도 찾아볼 수 있다. 행동은 선택하기, 목표설정 및 목표성취, 문제해결, 결정하기, 독립심과 위험 무릅쓰기, 자기교수, 자기조절과 자기관리, 자기옹호와 리더십, 효능성, 내적 통제 및 성과기대에 대한 긍정적 인식, 자기지식, 자기인식으로 구성되어 있다. 아홉 가지의 구성요소는 어릴 때부터 시작되어 일생에 걸쳐서 이루어져 대부분은 초등학교 수준에서 강조가 되고 있지만 몇 가지는 중등교육과 전환교육에 적용되고 있다. 브론펜브레너(Bronfenbrenner, 1979)의 환경구성모형을 근거로 한 것이며, 개인의 자기결정력을 획득하고 연습해서 발전하는 것은 우호적인 환경과 환경이 영향을 미치는 기회라고 보았다. 여기서는 특히 미시체계의 역할이 강조되는데 그 이유는 장애인의 일상과 가장 밀착된 체계이면서 직접적인 상호작용이 이루어진다는 점에서 자기결정 하도록 많은 영향을 받는다. 자기결정의 생태학적 모형에 따른 구성요소는 기술, 태도, 지식으로 구분이 된다. 기술의 구성요소는 목표설정, 결정하기, 자기규제, 문제해결, 자기옹호, 의사소통, 사회성, 독립생활 등으로 구분된다. 이는 기능주의에서 언급된 구성요소와 많이 일치되는 부분이다. 태도와 신념으로는 내적통제, 자기효능감과 자기신뢰, 자존감과 자기개념, 결단력에 대한 예지, 타인으로부터 존중, 낙관적 전망 등이 있다. 마지막으로 지식적인 측면에서는 선택범위에 관한 지식, 인권에 대한 이해, 선택한 자원에 대한 지식, 자기인지, 선언적 지식과 절차적 지식, 금전관리로 구분하고 있다.

자기결정은 기능적 이론과 생태학적 이론에 근거하여 구성되었지만 정작 많은 발달장애인은 자기결정권을 사용하지 못하고 있으며, 자기결정 기회가 없거나 제한하기도 한다. 발달장애인은 사회적 문제해결 기술에 제한이 있기 때문에 독립생활, 지역사회 참여, 고용의 어려움을 겪는 것이다. 국내의 경우 고등학교 특수학급 장애 학생의 경우 자기결정력 검사를 실시한 결과 100점을 기준으로 평균 66.96점 분포를 보였다고 하였다(김언아, 김동일, 2005). 발달장애인은 자기결정력을 발휘할 기회와 능력이 부족하지만, 사회에서는 필요한 기술이기 때문에 자기결정력을 높이기 위한 노력이 필요하다.

발달장애인의 자기결정력을 높이는 것이 중요하기 때문에 미국에서는 1997년도 IDEA(Individual with Disabilities Education Act)에서도 14세~16세의 장애청소년과 아동에게 본인의 개별화 교육계획에 참여하는 것에 함께 논의할 수 있도록 참여를 장려하고, 학생의 흥미와 선호도에 기초하여 결정과 논의가 이루어지도록 권장하고 있다. 국내에서도 부모에게 의존 가능성이 높은 장애 학생 스스로 결정할 수 있을 수 있도록 하기 위해서는 진로교육 프로그램에 자기결정 관련 요소를 포함한다고 인식하고 있다. 또한 기본 교육과정 중학교 과정에서부터 2/3 이상이 자기길정 하위요소와 관련되어 있고 세부적으로는 문제해결, 목표설정 및 성취기술, 독립과 위험 무릅쓰기와 같은 자기관리, 안전기술과 같은 영역을 향상하는 내용을 담고 있다. 이로써 발달장애인의 자기결정력을 높이기 위해 교육과정과 교육계획 속에 자기결정력을 위한 기회를 제공하고 있다.

2) 발달장애 학생의 자기결정력과 취업과의 관계

발달장애 학생이 진로 분야에서 자기결정력은 어려운 환경에도 내적 특성으로 목표행동을 성취하고 유지하는 데 중요한 역할로 여겨지고 있다(백연옥, 심혜숙, 2015). 김언아, 김동일(2005)은 자기결정이 학업뿐만 아니라 학교 졸업 이후의 성과, 학교 졸업 후 고용, 지역사회 접촉과 더 나아가 삶의 질에도 영향을 준다고 보고 있다. 장애 학생의 지능을 통제하였을 때 학생들의 자기결정력 수준은 교사가 평가한 성공적인 전환 가능성과 성공적인 유지 가능성에 유의미한 영향을 미치며, 구체적으로는 자율성과 심리적 역량이 전환성과에 주요한 영향을 미친다. 지능을 통제하지 않고 보았을 때도 자기결정력은 높을수록 장애인 보호 고용보다 일반고용으로 취업할 가능성이 커지며 취업 기간도 늘어남을 알 수 있다. 장애학생뿐만 아니라 교사와 부모도 가정과 학교에서의 지원뿐만 아니라 자기관리가 잘되는 경우와 매사에 긍정적이다. 개인적 성격의 강점과 정리를 잘하는 경우 취업에 긍정적인 성과를 보인다고 인지하고 있다. 자기결정력의 하위 요인과 취업과 관련해서 살펴보면 자기결정 요인 중 자기조절과 자율성이 더욱 영향을 미치며, 현실적인 의미에서 자기주장과 자기결정 평가 등은 효과적인 장래전환 계획에서 초석이 된다고 볼 수 있다.

발달장애 고등학생에게 자기결정 교수모델을 적용한 진로교육 통해 모든 발달장애 학생의 취업률 증가를 끌어낼 순 없으나 스스로 진로와 관련된 목표를 위한 행동을 실행하고 목표를 달성하는 과정에서 자신감을 얻는다고 하였다. 그리고 직업에 대한 정보는 도움을 요청받는 것과 전문가의 도움을 받는 등 전환 관련 목표달성에 긍정적인 영향을 준다고 하였다. 더불어 발달장애인 학생의 자기결정력을 향상시키는 것도 중요하지만 발달장애자녀를 둔 부모나 교사의 지원과 협력의 중요성도 강조하고 있다. 즉, 장애 학생의 자기결정력은 크게 성인기의 취업성과와 동시에 지역사회에 참여하는 것에 긍정적인 영향을 미치며 더 나아가 삶의 질에 긍정적인 영향을 미치는 것으로 나타났다. 특수교육 분야에서 자기결정은 성공하기, 자기효능감, 자기옹호, 목표설정, 문제해결, 자기관리, 자신감 등에 영향을 주게 되고 이것은 지역사회에 살아가는 것에 큰 도움이 된다고 하였다. 높은 자기결정력은 성인기의 긍정적인 성과와도 관련이 있으며 질 높은 삶과 관련이 있다고 하였다. 장애 학생 중 자기결정이 높은 경우는 중등학교 이후의 성과에 긍정적인 영향을 미치며, 자신에게 맞는 고용과 대학진로, 독립적인 생활과 지역사회 참여 결과와 연결되며, 특수교육 관련 교육자들은 문제해결, 자기관리, 의사결정 이 세 영역을 중요한 요소로 보고 있다.

요약하면, 자기결정력은 지역사회 참여와 독립적인 생활 그리고 취업과 같은 전환에 성공하기 위해서는 필수적으로 갖추어야 하며, 이는 프로그램을 통해서 높일 수 있다. 그리고 일반적으로 선택하고 결정하는 것 외에도 자기결정력에는 의사결정, 자율성, 자기옹호, 목표설정, 성취 등도 포함되어 있으며, 이것이 스스로 지역사회에 참여하고 유지하는 진로 성과에 긍정적인 영향을 주는 요인으로 작용한다. 이에 자기결정력은 자기표현부터 자기지지 및 자기가치, 계획성과 실천력, 결과에 대한 평가를 할 수 있는 능력을 자기결정력으로 보고자 한다.

제4장

직무 분석 및 직무 개발

1. 장애인 고용을 위한 직무 개발 및 배치 이론

직무 개발과 직무 배치는 직업적 준비가 완료된 내담자를 위해 필요한 직무를 개발하고 취업하도록 하는 과정이라 할 수 있다. 미국 직업 사전에는 직무 개발 전문가의 직무 내용이 기록되어 있는데, 사회적으로 불이익을 받는 구직자의 고용이나 현장훈련의 기회를 높이거나 개발하며, 직업에서 구직자를 소외시키는 취업 규칙을 재개정하도록 사업주를 설득하고, 만성적으로 실업 상태에 있는 구직자가 있다면 근로자가 수행할 수 있는 직무를 사업주에게 확인시켜 주는 것이다. 구직자의 문제나 고충 사항과 진행 상황 그리고 비교적 최근에 배치된 불이익을 당했던 것들을 다루기 위하여 사업주와 관계를 형성하며, 사업주와 현장훈련을 개발해서 적용하고 회사의 다른 근로자에게 지급할 봉급만큼 받을 수 있도록 고용주를 설득하고, 이것이 완료되고 난 후에 고용계약을 작성하도록 돕는다. 불이익을 받는 구직자가 취업이 용이하게 되도록 다양한 부가 서비스에 대한 욕구를 파악하고 개발 및 훈련하여 주며, 여러 매체를 통하여 사업체나 국가 또는 노동부에서 실시하고 있는 다양한 훈련 프로그램을 전달한다. 그리고 구인처 탐색이나 이력서 작성 및 인터뷰 기법을 가르칠 수 있는 직무라고 기술되어 있다.

직무 개발은 가능한 구체적 직업 등을 확보하는 것을 말하며, 발달장애인에게 맞는 유용한 직업에 관한 정보를 제공받아 전문적이고 종합적인 활동을 찾는 것이다.

직무 배치는 발달장애인을 적절한 직무에 먼저 배치하는 전문 활동으로, 흔히 직무 개발과 함께 사용된다. 직무 배치는 사람과 직무를 연결하는 노력이지만, 많은 경우 발달장애인의 특정한 제한점 때문에 직업 배치에 지장이 초래되는 경우가 종종 있다. 따라서 고용주에게는 완전한 생산성을 보장하는 방법으로 내담자의 직업적 필요성을 구체적으로 충족시키기 위해 직무의 변경이나 창조하는 직무 공학(job engineering)이 요구된다. 이러한 방법에는 직무 수정(job modification)과 직무 재구조화의 과정에 많이 사용된다.

다양한 발달장애를 지니고 있는 구직자가 자신의 직업적 목적을 수립하고 수행하도록 할 때 개개인의 흥미와 능력을 고려하는 개별화 된 접근 방식이 중요하며, 새로운 직업을 받아들이기 위해 적절한 직업적 가치를 발견하는 것이 중요하다. 직업 시장의 조사, 구직, 취업 긍정적인 직업 및 관련 태도와 행동 개발을 위해 구조화된 직업 활동, 직업 유지 기술들의 훈련이 필요하다. 이와 관련된 직업 서비스는 직업 상담, 직업 분석, 구직, 직업 평가, 직업 수정 및 직업 유지 기술, 직업 적용, 직무 개발 및 배치 그리고 노동시장 조사 등이 있다(이달엽, 2004). 사업체를 개발하기 위한 직업 개발 전략에는 크게 두 가지가 있다(박희찬, 이종남, 1999).

첫째, 직업개발전문가가 대상 구직 발달장애인을 대신하여 직업을 구하는 방법이다.

둘째, 구직 발달장애인 스스로가 직업개발전문가의 지도와 지원을 받아 직접 직업을 구하는 방법이다.

이 두 가지 전향은 구직 장애인의 균형 잡히고 정확한 견해를 바탕으로 이루어진다.

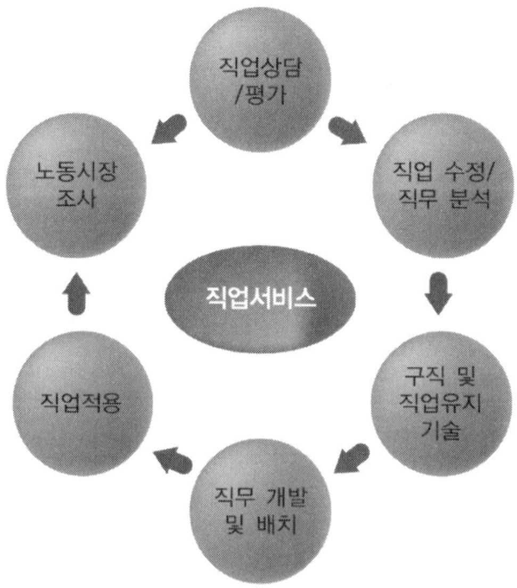

[그림 4-1] 직업 개발 및 배치의 위치

1) 고용주 중심 접근(employer-centered approach)

이 방법은 직업개발 전문가가 고용주와 직접 접촉할 것을 요구한다. 직업개발 전문가는 이때 그가 속한 기관의 가치와 사업주에게 어떤 서비스를 제공해 줄 수 있는지에 대해 전달하고, 직무와 관련된 정보들을 공유한다. 이 방법의 목표는 사업주를 만나거나 면담을 주선하는 것이다.

2) 고용인 중심 접근(employee-centered approach)

구직 대상자가 스스로 직업개발을 하는 것을 말한다. 이때 직업개발 전문가는 사업체에 적절한 구직자가 채용되어 직업에서 소외되지 않도록 도와야 한다. 이것을 구직 발달장애인이 자기 자신에 대한 긍정적인 정보를 전달할 수 있도록 도움으로써 이루어지는 것이다. 직업개발 전문가는 구직자가 직업을 가짐으로써 사업체에 도움이 될 수 있는 장점 3~5가지의 목록을 만들 수 있도록 도와준다. 고용주에게 중요한 것이 무엇인지 확인한 후에 발달장애인 고용 시 이것과 관련되어 제공되는 이익이 무엇인지를 설명한다. 전통적인 직무 배치 접근법은 취업 대상자의 자격을 취업할 수 있는 사업장의 빈자리에 연결하는 것이다. 이러한 전략은 경쟁적 취업 상황에서 성공적인 연결이 가능하며, 이때 직업개발 전문가는 개인의 관심, 직업훈련, 취업경력, 과거의 학력 등의 평가를 통해 개인이 만족시킬 수 있는 자격과 그에게 사업장의 자리를 연결하고자 할 것이다. 하지만 대부분 중증장애인은 경쟁적 일자리에 맞는 조건을 갖추지 못하고 있는 경우가 많다. 그러한 중증장애인을 대상으로 장애인의 장애 정도와 관계없이 장애를 지닌 사람들의 만족스럽고 생산적인 취업을 촉진하기 위해서 직업개발 전문가의 창의력과 기술을 발휘한다.

직무와 개인이 가지고 있는 능력 사이에 불일치가 있는 것으로 나타났다면, 이를 해결하기 위해서는 크게 두 가지 방법이 있다.

첫째, 장애인에게 직무에서 요구하는 기술을 가르치는 것이다.

둘째, 업무 내용이나 직업 환경의 전환을 통해 그 사람의 직업 적응을 용이

하도록 지원하는 것이다. 직업 적응을 지원할 때는 다음이 범위 내에서 직무의 변경이나 작업장의 환경을 개선하는 것이 타당하다.

① 과도한 사업상의 비용을 들이지 않는다.
② 일반적인 작업의 흐름을 깨지 않는다.
③ 다른 근로자에게 불편을 주지 않는 범위 내에서 개선한다.
④ 더욱 향상된 생산성과 질로써 근로자의 업무 능력을 향상한다.

2. 발달장애인 고용을 위한 직업 개발 및 배치 사례

발달장애인의 직업 적응을 지원하기 위한 다양한 방법이 있는데 몇 가지 대표적인 방법을 사례와 함께 소개하면 다음과 같다.

1) 직무 창출(job creation)

특정 개인의 알려진 기술이나 지식과 관련된 직무를 개발하는 것이다. 그 직무가 사업주에게는 새로운 것이라 할지라도 전체적인 사업의 운영을 향상할 수 있도록 할 수 있다. 다음은 시각장애인 헬스키퍼의 직종으로 적용한 이유는 다음과 같다.

첫째, 중증장애인 중에서도 특히 고용여건이 열악한 시각장애인을 위한 지속적이고 안정적인 고용창출 노력이 필요하기 때문이다.

둘째, 시각장애인 헬스키퍼의 경우 일반고용사례도 발전하고 있으나, 새로이 도입되는 자회사형 표준사업장 고용모델을 활용한다면 보다 배려된 환경 속에서 안정적인 고용창출과 고용관리가 가능하기 때문이다.

셋째, 헬스키퍼 직종의 경우, 업무 과중과 근골격계 질환의 증가 등으로 기업체의 요구는 높은 편이나 기업체에 존재하지 않는 직무이기 때문에 일반고용에 제약이 있는 점, 기업체에 다양한 욕구를 수용하기 위한 탄력적인 고용

방법이 부족한 점 등이 발견되고 있으며 이러한 점들은 자회사형 표준사업장 고용모델의 적용을 통해 보완이 가능하기 때문이다.

넷째, 기업체들이 시각장애인의 고용관리에 대한 전문적 지식이 없어 고용 후에도 어려움을 겪는 애로사항이 선행 사업수행 경험을 통해 나타났고, 이러한 점을 효과적으로 보완할 수 있는 고용모델이 자회사형 표준사업장으로 여겨졌기 때문이다.

다섯째, 헬스키퍼 시범사업 진행 결과, 대기업 일반고용 전이 10명, 50명 규모의 헬스키퍼 사회적 일자리 사업수행(헬스키퍼 25명, 활동보조인력 25명) 등의 성과가 있었고, 다수의 비영리 기관이 사업적 일자리를 활용한 헬스키퍼 파견 사업을 진행하고 있으나, 사회적 일자리의 경우 정부의 예산은 한시적으로 지원되는 상황으로 지속이 가능한 고용시스템의 개발과 정착이 절실한 시점이기 때문이다.

- (주) IBM(International Business Machines Corporation)
- (주) MPC((주)한국코퍼레이션)
- (주) 우베이스 유니티
- 교보 생명
- FM 커뮤니게이션즈(마케팅 전문대행 업체)
- KCC
- 큰희망
- BizInsight(bizinsight.co.kr)

2) 부분 근무제(partial participation)

과업이나 할 일을 전체적으로 수행할 수 없는 사람의 제한된 역할을 개발하는 것을 의미한다. 부분 근무는 중증발달장애인이 그가 기술과 능력을 갖추고 할 수 있는 직업의 한 부분을 수행하도록 해 준다. 직무의 나머지 기능은 일반적으로 회사의 다른 직원들에 의해 수행되거나 혹은 다른 발달장애인에 의해 행해진다.

3) 직무 분담(job sharing)

직업개발 전문가가 직무 적응을 계획하는 데 활용할 수 있는 부수적인 방법으로서 일자리의 인력을 둘 또는 그 이상의 관점으로 나누는 것을 의미한다. 전형적으로 이것은 직무의 양을 구분하는 것이지만, 근로자의 특정 기술이나 능력에 맞추기 위해 그 기능을 재조정하는 것도 포함된다.

4) 유동적 시간근무(flex-time scheduling)

유동적 시간근무제는 중증발달장애인에게 매우 중요한 직무 적응을 제공해 줄 수 있다. 유동근무 시간은 근무자가 일하는 데에서 일정한 유동성을 허용하는 직무 일정을 말한다. 유동 시간은 다양한 방식으로 조정될 수 있다.

① 자신이 희망하거나 가능한 시간을 일주일에 몇 시간 또는 며칠만 일하도록 한다.

② 하루에 일정 시간을 근무 시간으로 선택할 수 있으며, 꼭 있어야 할 시간에 출근하도록 한다.

③ 개인적 일정이나 필요에 따라 작업장 안이나 밖에서 일하도록 한다.

5) 직무 재구성(job restructuring)

과업의 반복 주기나 일하는 방법의 변화 등을 통해 구직자의 욕구에 가장 잘 연결될 수 있도록 직무를 수정함으로써 개인의 학습 형태나 능력에 더욱 적합한 방식으로 일하도록 지원하는 것을 말한다. 지원 고용 근로자의 직무수행 욕구를 충족시키는 데 비용이 적게 들고 효과적인 방법으로 알려져 있다.

6) 작업장 개선(job site modification)

일반적으로 발달장애인 근로자가 일하기로 되어 있는 물리적 공간이나 작업 영역을 필요에 따라 변화시키는 것을 말하며, 다음의 사항들을 포함하고 있다.

- 작업대나 의자의 높이를 조절하는 것
- 화장실에 발달장애인을 위한 손잡이를 설치하는 것
- 일반 근로자의 주차 지역에 별도의 장애인 주차 지역을 두는 것
- 건물의 엘리베이터에 점자로 된 버튼을 설치하는 것
- 시각장애가 있는 사람을 위한 확대된 표지판 설치
- 글을 못 읽는 사람들을 위한 색깔로 구분하는 표지판 설치
- 직무 성과를 향상하기 위한 특수한 장비의 설치
- 장애인의 활동을 위한 계단 제거

7) 보조공학 기기 및 서비스

컴퓨터의 이용, 전기 장치, 특수 장치, 로봇공학 및 다양한 보조 장치의 활용을 포함하여 발달장애인의 기능 수준을 개선·유지·향상하기 위해 활동하는 보정 전략과 적응 장비로 구성되어 있다. 물리적 설비나 하드웨어만 포함되는 것이 아니라 목적을 달성하기 위해 그것들을 효과적으로 적용하기 위한 정보를 포함한다.

8) 저기술 직무 적응(low-tech job application)

간단한 적용이나 낮은 비용의 설비를 통해 발달장애인이 독립적이고 효과적으로 업무를 수행할 수 있도록 지원하는 것을 말한다.

9) 지원 고용-직무 적응 전략 (supported employment-a job accommodation strategy)

일하기를 원하는 발달장애인의 능력·기술·재능을 향상하기 위한 수단으로 작업장 내 훈련, 지속적인 지원 서비스, 교통편의 보조를 활용하여 고용상의 장벽을 극복할 수 있도록 지원하는 방법이다.

3. 발달장애인 고용을 위한 사업주 및 장애인 대상 지원 서비스 적용

장애인을 위한 직무 개발을 위해 발달장애인 고용 시 현행 사용되고 있는 사업주의 발달장애인 대상 제도적 지원 사항을 알고 활용하는 것은 매우 중요하다. 발달장애인 고용시 지원서비스 적용의 토대 위에 직무 개발 전략을 함께 사용하여야 실질적인 고용으로의 성공적인 이행이 가능한 경우가 많다. 지원 서비스의 지원 사항들은 한 사람의 장애인을 고용하기 위해 필요한 여러 가지 방법을 적절하게 활용하여야 하며, 최적의 자원으로 최대한의 고용효과를 이끌어내는 전략적 접근이 필요하다. 장애인 고용 사업주에 대한 지원 사항은 다음과 같다.

- 발달장애인의 고용 촉진 지원금 또는 발달장애인 고용 장려금 지원
- 고용 시설 자금 융자
- 발달장애인의 근로자의 재택근무 지원
- 고용 관리 비용 지원
- 발달장애인 표준 사업장 지원
- 보조공학 기기 지원
- 고령자 고용 환경개선 자금 융자
- 통합 지원 서비스 지원
- 교육 연수 지원

이와 같은 사항들은 발달장애인 고용을 하기 위한 환경 조성을 위해 물리적 시설 측면, 비용적 측면, 보조공학 등의 고용 유지를 위한 물적·인적 지원, 발달장애인 인식 개선을 지원하는 교육 연수 지원과 다양한 측면에서 발달장애인 고용 환경을 조성하고 발달장애인과 어울려 일하기 위해 필요한 다양한 측면의 지원 사항으로 구성되어 있다. 직무 개발과 직업 배치 시 이러한 사업주 지원 사항을 고려하여 발달장애인의 해당 직무 수행 범위를 확대 적용하여 더욱 다양한 영역으로 직무 배치를 시도할 수 있다.

- 취업 알선 서비스
  - 모집 대행 서비스
  - 중증발달장애인 지원 고용 프로그램
  - 시험 고용 프로그램
  - 현장 평가 프로그램
- 직업능력 개발 사업
  - 양성 훈련
  - 나눔 맞춤 훈련
  - 재직 근로자 능력 향상 훈련
  - 기타 훈련

이와 같은 서비스 및 프로그램을 활용하여 해당 직무와 사업체의 특성에 맞는 고용 프로그램을 통해 발달장애인과 무적격성을 검사하여 보고 해당 직무에 진입할 수 있다. 취업을 희망하는 발달장애인은 다음의 서비스를 활용하여 자신의 적성과 능력에 맞는 직업을 찾고 유지하는 데 도움을 받을 수 있다.

- 발달장애인 취업 프로그램 제공
- 근로지원인 지원
- 소상공인 지원 자금(장애인 기업 포함) 융자

〈표 4-1〉 구직 역량강화 프로그램 세부내용

구분	내용	
1모둠 (나의 이해)	what 무엇을	세상에 무엇을 내놓을 것인가? 나의 흥미, 적성, 성격, 가치관)
2모둠 (직업이해 및 탐색)	whee 어디에	나의 능력을 발휘할 곳은 어디인가? 직업이해, 직업탐색
3모둠 (구직 기술)	how 어떻게 (진입기술)	원하는 직업을 어떻게 구할 것인가? 이력서/자기소개서/면접기술
4모둠 (대인관계 기술)	how 어떻게 (고용유지기술)	직업을 어떻게 유지할 것인가? 직장생활의 기본자세, 인간관계/스트레스 관리
5모둠 (함께 일하는 세상, 우리가 있습니다!)		「장애인 차별금지법」 및 정당한 편의 제공, 성공하는 경력 개발을 위한 준비

제5장

발달장애인 교육지원

Developmental Disabilities & Career Counseling

1. 발달장애인 평생교육의 필요성

1) 평생교육의 개념과 구성

평생교육(Life long education)의 정의는 출생에서 죽음에 이르는 전 생애 동안 이루어지는 교육으로 전체적이고 통합적일 필요성이 있는 교육 활동을 하게 하는 원리로써 평생교육을 말한다. 평생교육의 개념은 1960년대 후반 유네스코를 통해 '삶(life)'과 '평생(life-long)'이라는 교육(education)의 개념을 포함한 용어로 소개되었다. 1970년대 이후 평생교육은 개인의 삶에서 '권리'의 차원으로 확대되고 국가적 차원으로 인식할 수 있는 확고한 틀을 갖추게 되면서 시대의 급속한 변화에 따라 미래지향적이며 포괄적인 관점으로 발전해 왔다. 1982년 '헌법'에 국가가 평생교육을 진흥하여야 한다는 조항을 신설하면서 평생교육의 본격적인 전개가 시작되었다(국가평생교육진흥원, 2021).

우리나라에서 평생교육 과정은 일상에서 생활문화와 여가 중심의 요소가 대부분이었다. 평생교육 프로그램을 접하는 사람들은 지역사회 내의 평생교육기관과 평생교육시설의 다양한 평생교육 강좌와 교육프로그램에 신청하여 자신들이 요구하는 기능적 소양 개발과 문화예술 향유로 삶의 풍요로움을 경험한다. 또한, 생애주기로 마주한 삶의 전환에 새로운 도전을 위해 평생교육을 선택하기도 한다. 이처럼 평생학습이 일반화, 보편화되면서 우리 사회에서 평생교육 프로그램은 많은 사람에게 의미 있는 교육활동이고, 가치 있는 지적 여가활동의 역할을 하고 있다. 「평생교육법」은 2007년 개정되면서 평생교육의 기회 보장을 위하여 전달체계 정비로 국가 수준의 총괄 기구 국가평생교육진흥원을 두고 광역자치단체별 시·도 평생교육진흥원을 설치 또는 지정하는 근거를 마련하였다. 이렇게 평생교육은 사회통합을 위한 교육복지의 매개적 역할을 하고 있다. 「평생교육법」 제2조에서는 "평생교육"이란 학교의 정규교육과정을 제외한 학력보완교육, 성인 문자해득교육, 직업능력 향상교육, 성인 진로개발역량 향상교육, 인문교양교육, 문화예술교육, 시민참여교육 등을 포함하는 모든 형태의 조직적인 교육 활동으로 정의 내리고 있다. 이러한 평생교육이 국민 누구에게나 배움과 나눔을 통하여 성공적인 생애주기별 전환과 행복한 삶을 경험하고, 더 나아가 집단과 사회의 공동체 가치를 창출하는 토대가 될 것이다.

2) 장애인 평생교육 관련법

장애인 평생교육은 2016년 「장애인 등에 대한 특수교육법」에 있던 장애인 평생교육 관련 조항이 「평생교육법」으로 이관하여 통합되었으나, 장애인 평생교육에 대한 개념 정의는 별도로 두지 않았으며 제2조(정의)의 규정에 따라 '학교 정규교육과정을 제외한 모든 형태의 조직적 교육활동'을 말한다. 그리고 동법 제21조의2(장애인 평생교육과정)에서는 '계속 교육'을 언급하며 장애인 평생교육의 대상을 '학령기를 지난 성인장애인'으로 규정하였다. 장애인에게 평생교육은 장애인의 특수성과 욕구충족으로 안전하게 살아가는 데 필요한 교육을 제공해야 한다. 장애인들은 대체로 육체적, 정신적 어려움을 가지고 있어 타인의 도움 없이 스스로 사회에 적응하며 살아가기가 어렵기 때문에, 이들이 사회에 적응해서 생활할 수 있도록 하기 위해서는 지속적인 평생교육이 필수불가결하며, 이들의 삶의 질 향상을 위해서도 평생교육을 위한 특별한 법적 보장과 지원이 반드시 이루어져야 한다(박은주, 2005). 장애인 평생교육에 대한 필요성은 「장애인 등에 대한 특수교육법」이라는 학령기 중심의 장애학생 교육지원에 관한 법률이 아닌 「평생교육법」이라는 일반 국민을 대상으로 한 평생교육 관련 법률에 그 지원체계가 명시됨으로써 새로운 형식과 내용으로 새로운 길을 모색하고 나가야 하는 과제를 부여받았다(김기룡, 2016). 박은주(2005)는 장애인 평생교육에 대해 절실함과 함께 장애인 평생학습이 강조되고 있는 이유를 다음과 같이 정리하고 있다.

첫째, 장애인의 평생학습은 생의 수단이자 목표이다. 장애인의 경우 심리적 · 지적 · 신체적 · 환경적인 장애 때문에 생의 목표를 일반인들보다 상대적으로 실현하기가 어렵지만, 이들에게 있어 배움은 그 자체로서 생의 목표이자 삶을 행복하게 만드는 지름길일 수 있다.

둘째, 장애인의 평생학습은 재활의 수단이다. 재활의 종류는 교육재활, 사회 심리재활, 의료재활, 직업재활 등으로 분류할 수 있다. 장애인에게 있어 교육은 곧 직업재활이라 할 수 있는데 여기에서 말하는 교육재활은 학교교육을 의미하며, 직업재활은 사회에서 직업을 갖는 것을 의미한다. 현재는 학교교육과 계속교육이 엄격하게 구분되지 않을뿐더러 직업교육은 학교교육에서도 이루어지기 때문에 장애인 평생학습은 재활 그 자체라고 할 수 있다.

셋째, 장애인의 평생학습 보장은 장애인 복지가 성취된 현실적 완성도이다. 장애인의 평생학습은 기본적인 인권이자 행복추구권이며 복지와 재활을 가름하는 시금석이라 할 수 있기 때문이다(박원희, 오영석, 2008). 이렇듯 장애인도 존엄한 인격을 지닌 존재로서 평생교육에서 예외가 될 수 없으며, 장애인에게 있어서 평생교육은 직장과 여가를 포함한 삶 자체라고 보아야 한다. 따라서 장애인들이 그들이 속한 사회에 적응하여 최대한 독립적인 삶을 영위할 수 있도록 하기 위해서는 평생교육에 대한 공공차원의 지속적인 지원이 필수 불가결하며, 장애인의 삶의 질 향상을 위해서라도 이들의 평생교육에 대한 특별한 지원이 반드시 이루어져야 할 것이다.

2007년 4월 신규 제정된 「장애인 차별금지 및 권리구제 등에 관한 법률」 제3조에서 교육기관의 의미를 평생교육기관에 속한 전 생애에 걸친 모든 교육기관을 포함하는 것으로 규정했다(박원희 외, 2008). 2007년 제정된 「장애인 등에 대한 특수교육법」에서는 장애인 평생교육과정과 장애인 평생교육시설의 설치 근거를 명시하고 있는 등 교육의 기회균등 및 차별금지라는 이념의 현실화를 규정하고 있다(박원희 외, 2002). 이 법은 고등교육 강화에 대한 조항뿐 아니라 제5조, 제33조, 제34조 이하 장애인 등에 대한 평생교육 지원을 명시하고 장애인에 대한 평생교육 방안을 강구하도록 하였다(윤점룡 외, 2017).

2015년 11월 제정된 「발달장애인 권리보장 및 지원에 관한 법률」(이하 「발달장애인법」), 제26조(평생교육 지원), 2017년 「평생교육법」 개정안이 시행되었다. 이 법률은 기존의 「장애인 등에 대한 특수교육법」 제33조의 개정된 「평생교육법」에는 장애인평생 교육이 평생교육 관련 법률에 명시되었으며, 발달장애인의 교육과 복지 측면에서 이들의 성인기 삶을 지원하기 위한 다양한 지원들이 확장되었다(정연수, 2017).

발달장애인 평생교육의 권리를 지킬 수 있도록 관련한 주요법적 근거로는 〈표 5-1〉과 같다.

〈표 5-1〉 발달장애인 평생교육 주요 법적근거

법률명	관련 조항
헌법	제2장 국민의 권리와 의무, 제10조(행복을 추구할 권리), 제11조(법 앞에 평등), 제31조(교육받을 권리), 제34조(인간다운 생활을 할 권리)
교육기본법	제2조(교육이념), 제3조(학습권), 제4조(교육의 기회 균등)
장애인복지법	제1조(목적), 제20조(교육)
평생교육법	제4조(평생교육의 이념), 제5조(국가 및 지방자치단체의 임무), 제9조(평생교육진흥기본계획의 수립), 제20조(장애인평생교육시설 등의 설치)
발달장애인법	제26조(평생교육 지원)

출처: 법제처(2023). https://www.law.go.kr.

장애인 평생교육은 평생교육법에 근간을 두며 학령기를 지난 성인장애인을 대상으로 하는 계속 교육으로 정의할 수 있으며 장애가 장애이지 않도록 인권에 근거하여 생태계를 변화시키는 것, 그리하여 모든 인간이 스스로 삶의 질을 확보할 수 있도록 돕는 것이라고 볼 수 있다.

현대사회의 중요한 특징 중 급격한 사회변화, 지식기반사회, 자기 성장과 자아실현, 교육권과 학습권의 보장, 학교교육의 한계, 생활주기의 변화와 여가의 증가, 고령화 사회 등은 평생교육의 필요성을 강조하는 주요한 특징들로 볼 수 있다. 이렇듯 새롭게 변화하는 특징들에 대처하기 위해서 평생교육이 필요하며, 누구나 공평하게 접근할 수 있어야 한다는 교육이념에 따라 지적 능력이 지체되거나 개념적 사회적 실제적 적응기술이 부족한 발달장애인들이 독립된 인격체로서 사회에 적응하여 살아가기 위해서는 지속적인 교육 지원이 뒷받침되어야 한다. 발달장애인의 심리적·교육적 특성에 맞는 눈높이 교육, 즉 맞춤형 교육계획과 단계적인 지원계획을 수립하여 평생교육을 제공할 필요가 있으며 지속적인 교육 지원, 즉 평생교육에 대한 지원은 법적인 틀에 기초하여야 하며 심신장애로 인하여 기능의 개선과 회복을 요구하는 장애인들이 평생학습권을 법적으로 보장받는 것은 국민의 한 사람으로서 누릴 수 있는 당연한 권리이다.

3) 성인발달장애인 평생교육과정

우리나라의 평생교육 개념은 1960년 후반 유네스코를 통해 삶(Life)과 평생(Life-long)과 교육(Education)의 개념을 포함하는 용어로 소개되면서 이후 다양하고 포괄적인 관점으로 평생교육이 이해되면서 발전해 왔다. 「평생교육법」 제2조에서는 평생교육이란 학교의 정규교육과정을 제외한 학력보완교육, 성인문자해득교육, 직업능력 향상교육, 인문교양교육, 문화예술교육, 시민참여교육 등을 포함하는 모든 형태의 조직적인 교육활동으로 정의한다. 이와 함께 평생교육을 실시하는 다양한 교육기관의 등장으로 직업기술, 기초문해교육, 건강, 보건, 교양교육, 문화예술, 여가생활 등의 광범위한 프로그램을 개발 운영하게 되었다. 2008년 평생교육법의 전면 개정을 통해 새로운 변화를 가져오게 되었는데 특히 평생학습계좌제의 운영으로 개인의 학습 성과에 대한 지속적 관리, 학력과 자격을 연계하여 취업에 적용하는 시스템으로 평생교육의 발전에 기여하였다. 그러나 평생교육이 제공자 측면에서 운영되었던 학습시스템의 기계적 양상에 대한 논의가 시작되면서 학습자 특성이 고려된 학습자 중심 평생교육프로그램의 개발에 대한 요구가 일어나게 되었다(김용현 외, 2010).

평생교육 프로그램이란 학습자, 교수자, 교육내용, 학습경험, 교육시간이 통합적으로 작용하는 목표지향적인 교수-학습의 전개과정을 말한다. 즉 평생교육 프로그램은 학습자와 교수자가 상호 협력하여 일정한 시간 동안 체계화된 교육내용과 학습활동을 전개하여 구체적인 학습결과에 의해 교육목표의 성취정도를 확인할 수 있도록 구성된 교육적 실체라 할 수 있다(평생교육진흥원, 2009). 평생교육 프로그램 개발 논의와 함께 평생교육 프로그램 가치에 대한 재평가 작업이 이루어짐으로 지식정보 사회의 지적자산이자 문화 콘텐츠로서 사회통합을 위한 교육복지의 매개적인 역할을 담당하고 있다.

성인발달장애인에게 평생학습권이란, 사회통합에 필요한 실질적인 기술을 향상하기 위한 교육이며 인간의 생존을 위해 보장받아야 하는 자연권이자 기본권이라고 말할 수 있다(김경열, 2012). 발달장애인을 위한 평생교육은 비장애인 중심의 기존 평생교육과는 교육방법이나 주제 선정에 있어서 차별화된 다른 접근이 필요하며 평생교육 차원에서 지역사회 경험, 직업과 다른 성인생활을 위한 능력을 발달시키기 위한 프로그램이어야 한다.

국가장애인평생교육진흥센터(한경근 외, 2019)는 발달장애인 평생교육과정 개발로 운영을 위한 기본설계를 제시한 것으로 시사점이 크다. 그러나 성인발달장애인 개인마다의 요구나 삶의 맥락에 따라 발달장애인의 학습 경험을 선정하고 조직하여 어떤 방향으로 나아가는 것이 좋을지에 대한 안내 하는 기준의 역할은 할 수 있으나 이러한 과정이 바람직하다고 보기에는 타당한 자료가 없고, 현장에서 적용하기에는 현실적인 어려움이 있다.

성인발달장애인의 평생교육과정은 학령기 발달장애아동 및 청소년과는 차별화되는 성인기의 입장에서 평생교육의 요구에 초점을 맞추어야 할 것이며 발달수준과 사회적응 능력이 지체되어 있다고 해서 기존 특수교육의 반복이나 단순 연장으로 받아들여서는 안 될 것으로 본다.

공교육 이후 일시적이거나 단편적 프로그램으로 하는 평생교육 형태는 지속적인 재교육이기 필요한 성인발달장애인에게 사회적응과 자립적 생활을 촉진하기 위한 역량개발에 교육시간이 부족할 수 있다. 성인발달장애인이 지적능력이나 사회 적응력 측면에서 학령기와 크게 차이가 없다 하더라도 성인으로서 일상생활에 적응하고 지역사회 환경의 변화에 적응할 수 있도록 지속적인 평생교육과정이 지원되어야 할 것으로 보아 선순환 구조로 학습 단계의 차이를 두어 전일제 평생교육과정을 개발하여 제시하였다. 다음은 각 국가가 진행하고 있는 성인발달장애인의 평생교육과정개발에 관하여 살펴보면 다음과 같다.

(1) 미국

미국의 평생학습법(Learning Act, 1976)은 명확히 내용을 규정하고 있지 않으나 장애인 평생교육은 장애인법(Americans with Disabilities Act ADA, 1990)에 의해 대상에서 제외하지 않고 비장애인과 동일한 대우를 받도록 보장하고 있다. 그리고 사회 통합과 지역사회 참여라는 가치 아래 장애인만을 위한 교육기관이나 프로그램을 개설하기보다는 비장애인을 위한 평생교육기관이나 지역사회 내의 다양한 기관과 연계하여 몇 가지 특화된 모델로 이루어지고 있으며 이를 다음과 같이 살펴보겠다.

첫째, 직업 · 고용 중심의 전환 평생교육 모델로 James E. Duckworth School과 Lab School의 예비 성인장애인을 대상으로 하는 교육과정으로 장애인의 독립적인 생활과 사회참여를 돕기 위한 전환교육 중심으로 반복훈련과 지역사회기관의 연계를 강조하고 있고 Miller Career and Transition Center는 '개별적 특성과 선택(individual interests and choice)에 대한 존중'을 가치로 전문적인 직업능력을 교육 · 훈련시키는 데 중점을 두고 있다.

둘째, 자조집단에 의한 평생교육지원 모델인 컴퓨터 액세스 센터(Computer Access Center)는 학부모들이 주축이 되어 독립적이고 생산적인 활동과 생활을 할 수 있도록 하는 기관으로 여러 가지 컴퓨터 관련 장치를 개별 성인들의 특성에 맞게 접근시켜줌으로써 프로그램의 활용뿐만 아니라 사회통합을 지향한다. 뉴 호라이존스(New Horizons)는 발달장애인에게 다양한 서비스를 통하여 잠재력과 장래에 대한 희망을 키울 수 있도록 돕고 다른 장애인들의 요구도 충족시킬 수 있도록 전환 지원, 일상생활지도, 주거생활지원으로 이루어져 있다.

셋째, 지역사회 생활중심의 평생교육모델(Almansor's Community Integration & Training Program)은 성인장애인 독립생활 및 지역사회생활 적응을 돕기 위한 평생교육의 일환으로 주요내용은 문제해결능력, 합리적 사고, 사회통합기술을 익히는 것으로 교육기관 내에서 행해지는 것과 지역사회 내에서 행해지는 것이 동등한 비율로 구성되어 있다.

넷째, 자기옹호, 임파워먼트 중심의 평생교육 모델인 발달장애인 리더십 발달센터(Center for Emerging Leaders)는 청년기 발달장애인의 리더십을 향상하기 위해 설립된 교육기관이다. 지역사회의 통합된 삶에 대해 경험을 갖고 있는 발달장애인 청년들이 동료 멘토가 되어 자신들보다 경험이 적은 성인기를 준비하고 있는 동료 발달장애인을 교육 및 지원하는 프로그램으로 발달장애인이 지역사회에서 더욱 독립적으로 통합될 수 있도록 지원하기 위한 정보를 지원하는 역할로 운영하고 있다.

다섯째, 통합적 평생교육 모델(Bakerstield Association for Retarded Citizens)은 필수적인 직업훈련 고용지원 등 발달장애인과 가족의 서비스를 지원하는 종합적인 제공기관으로 장애인의 특별한 욕구에 맞추어 설계되고 때로는 다른 프로그램과 통합되어 제공된다. 최중도 장애성인에게 돌봄을 제공하기 위한 주간프로그램과 중도장애인을 위한 주간프로그램 등 독립적으로 살아가는 데 필요한 기술을 가르치기 위해 노력하고 있다.

(2) 일본

일본의 장애인 평생교육 제도는 생애교육법을 통해 장애인 평생교육원을 지원하고 장애인을 대상으로 별도 규정한 내용보다 헌법, 기본교육법, 사회교육법 및 평생학습의 진흥을 위한 시책에 관한 법률에 따라 비장애인의 평생교육 규정에 따라 이루어지고 있다. 장애인의 특성을 고려하여 그들의 사회생활 능력과 직업능력을 촉진하는 데 중점을 두도록 규정을 마련하고 있다. 장애인 평생교육기관으로 공민관, 장애인 직업센터, 장애인 고용지원센터 등으로 직업훈련과 사회적응교육, 여가활동교육으로 지역사회를 중심으로 장애인의 사회통합을 위해 그들의 직업능력을 회복하고 사회생활 능력을 촉진하는 방향으로 이루어지고 있다. 지적장애인을 위한 개방대학은 4년 동안 교육을 받으면 학생이 흥미를 지니고 있는 것, 생활에 필요한 것, 학생이 희망하는 것을 내용으로 선정하고 건강, 음악, 자연, 수공, 생활 등의 7개 교과를 운영하고 있다. 장애인 평생교육이 삶의 질 제고를 목표로 이루어져야 하는 교육이라면 일반인과 공통된 가치와 욕구, 장애인의 특정 가치와 욕구의 충족을 위해 요구되는 내용을 중심으로 해야 한다고 본다.

(3) 호주

호주의 장애인평생교육은 장애인차별금지법(Disability Discrimination Act, 1992)을 기본으로 통합과 고용에 초점을 맞추고 있으며 평생교육정책은 적절한 서비스 제공의 접근을 보장하는 것이며 일반인에 대한 정책과의 차별을 금지하고 가능한 동일한 방식으로 교육하되, 지역사회를 중심으로 개인의 이익을 최대한 하는 방향으로 발전해 가고 있다. 평생교육기관으로는 대학, 지역사회의 지역 센터나 활동센터, 장애단체로 이루어져 있으며 장애를 가진 사람들이 직업을 갖고 직업훈련을 하며 직업을 유지하게 하는 것을 돕는 기관으로 직장 내 훈련(OJT: On the job training), 작업장 방문, 직업이 적절한지에 대한 평가, 관계형성 등 장애인과 비장애인이 통합하도록 돕는다. 장애인들이 직업을 가짐으로써 삶의 질을 향상하고 독립심과 자긍심을 키울 수 있도록 하여 지역사회에 가치 있는 기여할 수 있도록 기술교육과 장애인의 자기주장과 사회참여 능력을 개선하는 데 방향을 제시하고 있다.

(4) 뉴질랜드

뉴질랜드에서는 성인기 발달장애인교육 프로그램을 대학에서 실시하고 있는 오클랜드공과대학(Auckland University of Technology Unit)과 유니텍(University of Technology, UNITEC)을 예로 들 수 있다. 이들 대학은 대학 내에 발달장애인을 중심으로 장애인을 위한 반 편성을 하고 있으며 교육과정으로는 직업생활을 위한 기초능력 배양에 중점을 두고 주로 기능적 생활중심교육으로 지원고용 및 고용을 목표로 삼고 있다. 생활기능 중심의 접근으로 직업적응을 돕기 위한 학습과정과 흥미 위주의 특기를 갖거나 생활기술을 향상하기 위한 캠퍼스 경험과정, 정신병을 이해하기 위한 과정, 장래의 직업선택을 위해 필요한 지식 기술의 증진을 위한 교육과정, 직업적 프로그램을 위주로 하는 직업기술 수료과정, 성공적인 시민으로 살아갈 수 있도록 직업능력을 갖추기 위한 교육과 지역사회기술 과정으로 준비되어 있다. 각각의 과정은 수업 시 주요과정의 특성이나 난이도에 따라 각각 다르다. 다만 어느 과정이나 6개월의 학기제를 두고 운영되고 있으며 우리나라의 특수학교 전공과 형태가 유사하다고 볼 수 있다.

(5) 독일

독일은 교육을 통해 올바른 시민상을 제시하고 정치교육, 시민교육이 발달한 나라로 알려져 있다. 독일의 평생교육은 '계속교육(Weiterbildung)' 또는 '성인교육(Erwachsenenbildung)'이라고 부른다. 모든 시민이 평생교육이라는 틀 안에서 다양한 교육 혜택을 누리고 있다. 장애인 사회통합을 위해 개인의 독립적 생활이 가능하도록 일할 기회를 주는 것을 제일 중요하다고 여기고 있으며 장애인 고용은 장애의 경중을 막론하고 일할 기회를 제공하도록 보장하고 능력에 따라 적절한 노동의 기회를 제공하도록 노력하고 있다. 직업재활 기관에는 교사 및 전문가가 기관에서 일할 수 있도록 사회복지사, 특수교사, 직업전문자격증 소지자를 배치하여 훈련과 교육을 제공하고 있으며 규모 및 특성은 1,000여 개의 능력과 수준에 따른 일자리를 두고 있다. 장애인 생활 지원기관에는 개인의 평등성과 존엄성을 바탕으로 장애인들의 소외나 편견을 최소화함과 동시에 발달장애인들의 삶의 질 향상과 권익을 대변하는 데 있다. 성인기 발달장애인들을 위한 거주배치 및 중등교육에 대한 지원, 개인의 자기결정에 따른 여가활동 지원 등을 실시하고 있다. 즉, 지역사회중심, 통합중심의 성인발달장애인 지원을 가장 효율적으로 할 수 있는 시스템 구축과 실질적인 독립생활 지원을 위한 사회성기술로 주거, 직업, 교육 등 다양한 평생교육 프로그램 개발이 제시되고 있으며 지식습득과 기술연마라는 교육적 과업과 사회통합 민주적 가치 함양이라는 사회적 과업의 두 축으로 국민 자기결정능력과 자기책임을 강화한다.

4) 장애인의 인권

인간이라면 누구나 가지고 있는 보편성과 불가분성을 가지는 인권이라는 것이 장애인에게 적용될 때 그에 대한 별도의 장애인 인권이 존재한다고 하는 것은 일종의 또 다른 차별이라고 할 수 있을 것이며, 장애인도 일반인과 같은 인간으로서 보장되어야 할 동일한 인권만이 존재한다고 하는 것이 타당하다.

최근 우리나라에서도 경제발전과 정치적 민주화의 진전으로 인하여 인권에 관한 욕구가 전반적으로 고조되고 있으며 그에 따라 장애인의 인권에 대하여도 기본적으로 장애인에게도 인권이 분명히 존재하고 있으며 장애인의 인권도 인간이면 누구에게나 보장되는 인권처럼 평등하게 보장되어야 한다는 것에 대해서는 의문이 없다고 할 것이다. 사회복지의 최대의 가치가 인간의 존엄성을 구현하는 것에 있다고 한다면 장애인의 복지는 장애인의 인간 존엄성의 실현이라고 할 수 있을 것이며 그것은 장애인의 인권이 보장되는 것을 기본적인 전제로 한다고 할 수 있을 것이다.

5) 장애인의 자립생활

장애인문제에 접근하는 관점은 재활 패러다임에서 자립 생활 패러다임으로, 동정에 근거한 패러다임에서 권리에 근거한 패러다임으로 바뀌고 있다. 자립생활 운동(Independent Living Movement)은 미국에서 시작된 운동으로, 장애인의 문제는 장애인 당사자가 가장 잘 알고 있으므로, 장애인이 삶을 영위하는 데 있어 자기결정권을 신장하고, 자신의 선택권과 사회복지서비스 제공은 장애인의 주도적인 참여가 보장되어야 한다는 이념이자 실천전략이다.

자립생활은 장애인이 단순한 서비스 수혜자의 역할에서 벗어나 자신의 권한과 권리를 가지고 자기 삶에 대한 자기결정권을 행사하는 것을 말한다. 중요한 것은 자립생활이란 단순히 장애인 개인의 혼자만의 힘으로 모든 일을 수행하고 해결하며 성공적으로 살아가는 것을 의미하지는 않는다. 자립생활이란 장애인이 자신의 삶을 직접 통제하여 자기선택과 결정을 할 수 있도록 지원하는 것을 말한다. 자립생활 운동에서의 자립생활이란 장애인들이 원가정이나 지역사회 내에서 독립적으로 생활하는 데 필수적인 다양한 상품과 서비스를 제공하는 것을 목적으로 하는 것을 말한다. 자립생활 운동에서 제공되는 서비스는 정보제공과 의뢰, 동료상담, 자립생활기술 훈련 및 개인권익 옹호와 체계 권익옹호, 활동보조서비스, 교통편의 제공, 주택서비스, 장비관리 수리 및 임대, 복지혜택에 대한 상담, 수화서비스, 근로서비스 등을 의미한다.

2. 발달장애인 평생교육에 관한 선행연구

1) 발달장애인의 평생교육 요구

평생교육이 장애인 발달에 기여하는 궁극적인 목적은 장애인의 일상생활 질적 개선에 있으며, 장애인의 사회통합은 지역사회 중심의 생활과 관련하여 자신의 인생 전반에 영향을 미칠 수 있다. 장애인을 위한 평생교육은 장애인의 삶의 질적 향상을 위하여 지역사회의 통합을 바탕으로 개인이 속한 지역사회 내에서 이루어져야 한다. 이러한 장애인 평생교육의 궁극적인 목적을 바탕으로 징인숙(2005)은 정신지체장애인 중 성인을 대상으로 하여 그들의 평생교육에 대한 요구를 분석하였다. 정신지체 성인의 평생교육 요구를 알아보기 위하여 상담, 교육, 직업의 3개 영역으로 구분하여 요구 분석하였으며, 연구결과 정신지체장애인들은 국가나 지방자치 단체에서 지원받고 싶은 내용으로 취업알선 및 상담을 가장 높게 희망하고 있었고, 다음으로 일상생활 교육 및 여가활동에 관한 지원을 바라고 있었다. 현재 그들에게 가장 필요한 교육내용으로는 일상생활 기술 및 직업기술을 가장 필요한 교육내용으로 생각하고 있었으며, 평생교육을 받고 싶은 장소로는 장애인을 위한 평생교육기관을 선호하고 있었고, 일반인들이 배우는 평생교육기관도 높게 선호하고 있었다. 또한 직장생활을 위해 계속 교육을 받고 싶은 장소로 장애인을 위한 직업교육센터를 선호하고 있어 장애인 복지관보다는 좀 더 전문적인 교육기관을 희망하고 있었다. 일반대학 내에 정신지체 성인을 위한 교육과정에 참여하고자 하는 의향을 묻는 문항에 응답자의 과반수가 긍정적인 응답을 하였다.

장애청소년의 전환교육 및 서비스에 대한 학부모의 인식 및 요구를 알아보기 위하여 이성용과 김경화(2010)는 평택 및 안성 지역의 장애인 부모회 회원 중에서 장애청소년을 자녀로 둔 학부모를 대상으로 설문조사를 실시하였다. 연구결과 대다수 학부모는 학교에서 사회로 전환되는 시점에서 요구되는 교육, 즉 전환교육의 목표로 '일상생활의 자립'에 높게 응답하였고, 전환교육의 효과적인 실시 장소로는 지역사회시설과 학교시설을 병행하여야 한다고 보았다. 또한 전환교육에 대한 학부모의 관심도는 대체로 높게 나타났으며, 학생 개개인을 위한 개별화 전환교육계획 작성 시 학부모의 참여는 처음부터 적극적으로 이루어져야 한다고 보았다. 개별화 전환교육계획이 효과적으로 이루어지기 위해 필요한 조건으로는 개별화 전환교육 계획팀의 조직과 운영이 필요하며 전반적인 행정 정책의 변화가 이루어져야 한다고 인식하고 있었다.

많은 학부모는 장애인복지관의 비정규대학 교육프로그램들이 정규교육과정으로 가능성이 높은 것으로 인식하고 있었으며, 가능성에 대한 이유로는 비정규대학 프로그램이 지적 및 자폐성 장애 성인의 자립생활 기반을 조성하고 자기발전을 도모할 수 있다. 왜냐하면 다양한 교육과정을 적용하여 전문적인 교육프로그램을 제공할 수 있기 때문이다. 장애인 평생교육 관계자의 요구 분석을 통해 장애인 평생교육의 지원 방향을 탐색한 연구에서 장애인 평생교육의 지원체제 확립, 장애인 평생교육 내용 확대 및 장애인 평생교육 지원 방법, 장애인 평생교육 기관 확충 방법에 대한 개선을 주장하였다. 장애인 평생교육은 일반인의 평생교육과 함께 논의되어야 할 사항이며, 장애인 평생교육을 위한 공적 지원체계는 지역사회를 중심으로 확립되어야 한다고 보았다. 특히, 일반인을 위한 평생교육기관에 장애인을 통합시키기 위해서는 관리자나 이용자의 인식개선만으로도 가능하며 이러한 인식개선은 장애인이 그들의 생활하는 환경인 지역사회 내 평생교육기관에서 이루어져야 한다고 보았다. 발달장애인을 위한 평생교육의 실제 장애인을 위한 평생교육은 주로 지역사회 중심 교육의 일환으로 직업훈련 및 사회적응훈련 등이 실시되어 왔으나 이는 다수가 아닌 소수의 장애인만을 위한 프로그램들이 대부분이었다. 따라서 평생교육 차원에서 다수의 장애인에게 교육적 혜택이 제공되어야 하며, 이를 위해서는 개인의 정서적, 사회적 재활뿐만 아니라 직업생활 및 여가생활 등에서도 다양한 교육내용이 필요하다.

발달장애인 삶의 영역에서 고용과 관련된 직업재활기관의 프로그램의 사회성 기술훈련, 프로그램 제공기관 간 지역사회와의 협력과 통합, 교육성과에 기초한 교육과정 및 프로그램 계획 등이 가장 효과적으로 제공되고 있다고 보았으며, 발달장애인 평생교육을 담당할 다양한 전문가의 역할의 중요함을 강조하였다. 직업재활 외에 여가 및 문화 영역에 있어서 평생교육 차원에서 중도 중복 발달장애인 여가활동 프로그램의 방향 제시를 통해 프로그램 기획단계에서부터 적용 평가에 이르기까지 발달장애인이 목적적 존재로서 존중되어야 한다. 발달장애인이 자발적으로 참여하고 그들의 잠재력을 일깨울 수 있도록 단계적이고 다양한 방법을 모색하는 노력이 필요하다고 주장하였다. 또한 발달장애인 여가 문화에 관한 연구를 통해 발달장애인에게 여가문화 활동의 교육적 의미를 부각해 장애 정도와 유형 및 장소에 따라 환경적 제반 요소를 고려한 다양한 프로그램이 개발되어야 한다고 강조하였다. 이러한 발달장애인 여가문화의 실천은 평생학습 차원에서 다루어져야 할 뿐만 아니라 프로그램 개발에 필요한 지원은 지방자치단체 및 국가가 복지 차원에서 적극적으로 개입하여야 한다고 주장하였다. 이와 관련하여 발달장애인에게 여가문화를 향유하게 하는 것은 발달장애인의 삶의 질을 향상하는 일이라고 보았으며, 발달장애인 여가문화가 발달장애인 평생학습 차원에서 활성화되기 위해서는 발달장애인 여가문화 전문가의 양성이 시급하다고 보았다.

2000년대 이후 평생교육의 맥락에서 발달장애 성인교육이 강조되고 있으며, 발달장애인 평생교육 관련 기관 종사자와 이용자를 대상으로 발달장애인 평생교육에 대한 요구조사를 실시하여 다음과 같은 결과를 도출하였다. 기관 종사자와 이용자는 발달장애인 평생교육에 대한 요구로 일반인과의 통합된 교육 환경에서 교육받을 필요와 함께 정부의 재정적 지원을 요구하였고 발달장애인 평생교육 프로그램 전문가 육성의 필요성과 함께 장애영역별 요구에 따라서 평생교육 프로그램이 개발될 필요가 있음을 주장하였다.

2) 발달장애인 평생교육기관과 프로그램

현재 발달장애인을 위한 평생교육은 주로 특수학교의 '전공과'와 장애인복지관에서 이루어지고 있으며, 정규 및 비정규대학 형태의 기관 등에서도 발달장애인을 위한 평생교육 프로그램을 운영하고 있다.

첫째, '전공과'의 설치 및 운영은 「장애인 등에 대한 특수교육법」 제24조에서 '특수교육기관에는 고등학교 과정을 졸업한 특수교육대상자에게 진로 및 직업교육을 제공하기 위하여 수업연한 1년 이상의 전공과를 설치·운영할 수 있으며, 전공과를 설치한 각급학교는 「학점인정 등에 관한 법률」 제7조에 따라 학점인정을 받을 수 있다'라고 명시하고 있다(한국장애인개발원, 2022). 특수교육기관에 설치되어 있는 '전공과'는 고등학교과정을 졸업하는 장애학생들을 위한 일종의 전문대학과정으로 여겨지고 있으며, 주로 장애학생들의 진로와 직업에 관련된 내용들로 교육과정이 이루어져 있다. 특수학교 전공과의 설치 목적은 관련법에서 '고등학교 과정을 졸업한 특수교육대상자에게 진로 및 직업교육을 하기 위한 것'으로 명시하고 있는데, 실제 전공과 교육과정은 위의 목적을 달성할 수 있는 교육내용을 운영하고 있지 못하는 경우가 많다. 특히 정신지체나 정서장애와 같은 발달장애학생들은 고등학교를 졸업하고 취업이나 대학 진학을 하지 못한 학생들이 특수학교의 전공과 과정으로 진학을 하고 있어 오히려 고등학교 때보다 장애 정도가 더 심한 경우가 많아 이러한 학생들을 대상으로 전공과 설립 취지에 맞는 전문직종의 기능교육을 하기에는 많은 어려움이 따를 수밖에 없다. 따라서 발달장애 학생들을 위해 실제 운영되고 있는 전공과 교육과정은 초기 전공과의 설립 취지에 맞게 운영되고 있다고 할 수 없다. 전금면(2005)은 정신지체장애인 특수학교 전공과 활성화 연구에서 전공과가 설치되어 있는 정신지체장애인 특수학교 대부분 교사들과 학부모들은 전공과를 발달장애 학생들을 위한 일종의 전문대학으로 인식하고 있다. 단순히 전공과의 교육과정이나 운영이 실제로 특수목적의 임시 훈련과정으로 인식해서 방치할 것이 아니라, 고등부 교육과정에 이어지는 연장선으로 인식하여 교육과정 운영형태를 재정비하고 강화하여야 한다고 주장하였다.

둘째, 장애인복지관에서 운영하는 발달장애인을 위한 평생교육 프로그램에 관한 내용으로 발달장애인 평생교육 프로그램에 관한 연구에서 장애인을 위한 문해교육, 직업교육, 정보화교육 프로그램은 다양하지 않으며, 여가와 기타 프로그램은 중복적이고 일회적이며 비효율적으로 이루어지고 있음을 지적하였다. 평생교육기관들의 중복적인 프로그램 운영을 탈피하기 위한 개선안으로 평생교육 관련 기관들의 네트워크 형성과 발달장애인 평생교육에 대한 연구를 강화해야 한다고 주장하였다. 정해동과 이성봉(2007)은 충남지역 발달장애인 평생교육기관의 장애인 프로그램 운영실태 및 요구분석 연구에서 발달장애인 평생교육 프로그램 운영은 재정지원과 평생교육 전문가의 육성이 우선되어야 하며 무엇보다도 다양한 장애인 평생교육 프로그램 개발이 가장 시급한 개선 사항이라고 보았다. 이현규(2009)는 발달장애인을 위한 평생교육 프로그램 개발에 관한 연구에서 현재 우리나라의 대표적인 7개 장애인복지시설 및 장애인복지관의 프로그램 운영 현황을 살펴보고 발달장애인을 위한 평생교육 프로그램으로 자기관리 및 가정관리 영역, 지역사회 생활 프로그램, 여가생활 프로그램, 직업훈련 프로그램, 치료생활 프로그램의 다섯 가지 영역을 제시하였다.

박혜주(2006)는 발달장애인을 위한 장애인복지관 프로그램 운영실태 및 프로그램 개선에 관한 담당자 인식조사에서 프로그램 영역은 정서적-신체적 건강, 고용, 개인적 책임감과 관계, 여가추구, 지역사회참여, 가정과 가족 영역이었으며, 구체적인 하위 내용은 〈표 5-2〉와 같다.

〈표 5-2〉 성인프로그램 전체 구성내용 실행 정도

영역	하위 구성내용
정서적-신체적 건강	• 자기관리
고용	• 적절한 작업습관과 행동하기/적절한 신체적 조작 기능하기 • 특정 직업 기술 습득/직업적성 인식과 탐색 • 직업선택과 직업계획/직장을 찾고 유지하기
개인적 책임감과 관계	• 좋은 인간관계 유지하기/타인과 의사소통하기 • 자신감 획득하기/독립심 배양하기 • 문제해결 기능 배양/자아 인식하기
여가추구	• 오락과 여가 활용
지역사회참여	• 사회적 책임행동 수행 기능
가정과 가족	• 자기 금전관리/가사도구의 선택과 관리 및 유지 • 식료품 구입 및 유지/책임 있는 시민 활동 이행 • 의복 구입 및 관리/자녀양육(결혼책임 인식하기)

출처: 박혜주(2006). 발달장애성인을 위한 장애인복지관 프로그램 운영실태 및 프로그램 개선에 관한 담당자 인식조사. 이화여자대학교 대학원 석사학위논문.

셋째, 발달장애인을 위한 정규대학 및 비정규대학 과정의 평생교육프로그램은 다음과 같다. 지적 및 자폐성 장애 성인을 위한 비정규대학 프로그램에 관한 부모의 인식에서 서울, 경기, 인천지역 장애인복지관에서 운영하는 비정규대학들은 대부분 주 5일 종일 수업을 진행하고 있다. 프로그램 운영기관 및 운영팀에 따라 자립 활동 지원 대학, 스포츠 활동 중심대학, 진로 및 취업지도 중심 대학, 문화여가활동 중심 대학으로 특성화하여 운영하고 있다. 이들 기관의 주요 이용 대상자는 만 18세 이상의 성인 초기 지적 및 자폐성 장애인이며, 각 기관에서는 공통으로 지적 및 자폐성 장애인의 자립 및 성인기 역할 수행 지원을 위한 내용, 즉 자립 및 직업생활준비, 직업교육, 문화활동, 자기표현, 체육활동, 직업적 기초학습 등을 포함하고 있다고 밝혔다. 발달장애인을 위한 정규대학 과정으로는 나사렛대학교의 재활자립학과, 대구대학교 평생교육원의 K-PACE 프로그램이 있다. 나사렛대학교의 재활자립학과의 설립 목적은 발달장애인의 교육 보장과 통합교육을 실현하기 위한 방안으로 설치되었으며, 장애인의 신체적·정신적·영적 재활을 포함하는 전인적 재활을 통하여 직업적 기능인으로서 재활 및 자립할 수 있는 인력을 양성하는 데 있다. 대구대학교의 K-PACE(Korea Professional Assistant Center for Education)는 발달장애인을 위한 교육지원센터를 의미하며, 발달장애인의 특성을 고려한 일상생활, 대학교교육, 지역사회통합, 문제해결, 진로지도 및 직업현장실습 등을 포함한 종합적인 교육을 지원하는 데 목적이 있다. 나사렛대학교 재활자립학과와 대구대학교 K-PACE 프로그램의 운영체제는 다음 〈표 5-3〉과 같다.

〈표 5-3〉 나사렛대학교 재활자립학과와 대구대학교 K-PACE의 운영체제

구분	수업연한	교육내용	학점이수 기준	
나사렛대학교 재활자립학과	4년 과정	재활기초, 자립생활, 직업생활과 직업탐색, 직업준비, 직업적응, 자기결정기술, 현장실기 및 실습 등	교양 30학점 전공 60학점 일반 37학점	총 127학점
대구대학교 K-PACE	3년 과정 (교양+전공) 1년 과정 (전공심화)	문제해결기술, 문화체험활동, 여가생활, 금전관리, 시간관리, 개인위생관리, 독립생활 등	매학기 15학점	대구대학교 K-PACE

출처: 홍두성 외. (2018). 발달장애인 평생교육과정 개발 기초연구. 아산: 국립특수교육원.

3. 발달장애인 평생교육 요구

1) 발달장애인 평생교육에 최근 동향

「발달장애인법」 제정과 함께 확대되어 온 발달장애인 평생교육 논의는 발달장애인 평생교육실태와 개선에 대한 요구조사가 주를 이루고 있다. 대학부설 평생교육원의 발달장애인을 위한 성인교육 프로그램의 개관 및 효과, 발달장애인을 위한 장애인복지관 프로그램 개선 및 담당자 인식, 성인발달장애인의 독립생활을 위한 요구충족이 있다. 발달장애성인의 평생교육 이용실태 및 요구사항, 발달장애인의 평생교육 참여 동기 및 촉진·저해 요인 등 평생교육 프로그램에 대한 부모교육 등 발달장애인 평생교육의 교육적 요구와 프로그램 개선 그리고 발달장애인의 평생교육 정착을 위한 방안에 관한 연구가 이루어져 왔다. 반면 「발달장애인법」 제정 이후 발달장애인에 대한 관심과 지원이 확대되고 있음에도 불구하고 많은 발달장애인이 국가나 지방자치단체에서 제공하는 교육 및 복지혜택을 받지 못하고 있음을 지적하는 연구도 이루어졌다(백종남, 2015). 결국 발달장애인의 성인기 삶으로의 진입을 성공적으로 지원하기 위한 것으로 학령기 동안 특수교육을 받아 온 장애학생이 학교교육 이후 성인기로 진입하는 데 있어서 개별적으로 다양한 진로에 따른 전환 준비의 필요성과 중요성이 높게 제기되었다. 우리나라는 1990년 이후 전환교육이나 전환서비스에 대한 관심이 증가하게 되었는데 성인기에 대한 구체적인 준비 없이 졸업한 장애인들은 성인기 삶의 성과가 만족스럽지 않았던 것에 대한 반성과 대책 강구의 결과로서 보고 통합된 성인 사회에서 장애인이 사회적으로 단절되지 않고 소속감을 느끼며 활발한 참여자로서 다양한 역할을 수행하도록 하는 데 필수적인 교육으로 인식하게 되었기 때문이다(박승희, 박현숙, 박지연, 이숙향, 2012).

최근의 발달장애인 교육과 복지에서 관심을 두는 중요한 이슈를 살펴보면 도전적 행동에 대한 지원이다. 도전적 행동은 자신 혹은 다른 사람들에게 위협이 되거나 해가 되는 행동을 지칭하며 발달장애인의 도전적 행동은 이미 오래전부터 실천현장과 학계에서 논의되고 있는 주제로 이를 지원하기 위한 교육적 논의가 이루어지고 있다(박광옥, 이동석, 김은서, 2017). 발달장애학생의 학령기 동안의 직업교육이 직업탐색, 직업준비, 직업생활, 진로지도의 단계적인 내용 체계로 구성되어 있으나 내용 체계들이 발달장애학생의 성인 직업생활에 대한 전환 효과를 갖기에 많은 부족함이 있었기 때문에 성인기 발달장애인의 취업을 위한 평생 교육적 지원이 필요하다. 발달장애 학생과 성인의 직업교육이 상호 간 연계적이고 호응적인 협력의 범주에서 실시되지 못했기 때문으로 발달장애 학생의 성인기 전환에 따른 직업생활에 대비해 더욱 실질적인 적응방안으로 교육내용의 활용구조를 탐색하여 성인기에 실시하는 평생교육에 의미를 부여해야 함을 강조하였다. 전공과에서 제공하는 직업훈련 직종이 실제 취업에 미치는 영향이 미미하기 때문에 장애인복지관 등에서 성인프로그램을 이용하고 있지만 발달장애성인의 독립생활을 위한 평생교육지원이 매우 부족하여 많은 발달장애인은 본인의 선택이나 의지와 상관없이 학령기 후 보호시설에 위탁되거나 가정으로 되돌아가는 등 삶의 질에 있어 매우 열악한 환경에 놓여있다고 하였다. 이러한 요구에 부합하여 발달장애자녀를 둔 부모들이 발달장애자녀의 미래를 위해 평생계획을 구상하고 준비하고자 하는 절실함이 정책 입안과 실행과정에 나타나기도 하였다.

2) 평생교육에 대한 인식

평생교육에 대한 인식을 주제로 발달장애인 평생교육 연구를 살펴보면 부모를 대상으로 발달장애인 평생교육의 참여 동기를 조사하여 프로그램에 대한 만족도를 분석함으로써 발달장애인들에게 평생교육에 참여 동기를 부여해야 하며, 평생교육 정보의 접근성을 간소화해야 함을 지적하였다. 발달장애 청소년들의 여가실태를 분석하였는데, 주로 수동적 활동(TV 시청, 컴퓨터게임)이며 집에서 이루어지는 것으로 확인되었다. 발달장애인의 평생교육이 제대로 된 홍보와 실행이 이루어지지 않고 있음을 의미한다. 모든 활동이 능동적인 활동이 될 수는 없지만, 능동적 활동과 수동적 활동의 적절한 조화를 이끌어내는 것이 발달장애 평생교육이 앞으로 추구해야 할 방향임은 확실하다. 그리고 대학에서 발달장애인들의 진출을 위해 대학기관의 관계자들을 면담하여 발달장애인들이 학령기 이후 대학의 진학, 사회의 진출 등 전환의 과정에서 겪는 어려움을 분석함으로써 대학과 지역사회가 사회적, 물리적 환경을 통합 환경으로 활용할 것인지에 대한 방법의 일환으로 대학 내의 전문성 개발을 강조하였다. 평생교육의 지원방안에 대해 연구하였으며, 발달장애인의 성공적인 평생교육을 위해서 일반 평생교육과 통합적인 연구가 필요하며 기관 간의 협력체계 구축, 현장 중심의 프로그램 운영, 전문가 양성 및 배치를 강조함으로써 발달장애인 평생교육에서 현재 가장 먼저 바뀌어야 할 부분이 무엇인지를 분석하였다. 그리고 관련 종사자의 인식 중 특수교사들의 인식을 조사함으로써, 장애성인 평생교육과 특수교육의 연계성을 확인하였다. 특수교사들의 대부분이 장애성인 평생교육이 필요함을 인식하고 있으나 학교과정의 연장선이 아닌 독립된 활동으로 받아들이고 있다. 이를 나타내는 것이 실행부처가 '교육부'가 아닌 '보건복지부'를 희망하는 것으로 나타나고 있다. 특수교사들이 장애성인 평생교육을 학교교육으로 포함하지 않으려고 하는 태도가 있으나 전환에 필요한 지원과, 전문가의 양성 및 배치, 국가 및 지방자치단체의 행정·재정적 지원이 필요하다.

현재의 장애인평생교육은 관련 종사자들의 인식에서 나타나듯 매우 필요한 것으로 파악된다. 발달장애인, 부모, 특수교사, 사회복지사 등 장애인 관련 직종에 있는 사람들에게서 발달장애인 평생교육의 필요성을 확인할 수 있었다. 하지만 발달장애인 평생교육의 실현을 위해 학령기간의 전환에서의 문제점, 학령기에서 성인기로의 전환에서의 문제점, 국가의 어느 부처에서 담당할 것인가와 어떻게 지원할 것인가에 대한 의문을 남겼다. 또한 평생교육프로그램을 운영하는 전문 인력의 필요성도 강조하였다.

발달장애와 직업진로상담

제6장

발달장애와 복지서비스

1. 발달장애 생애주기별 특성

인간은 생애주기에 따라 기본적인 과업과 욕구 현상을 가지며 이를 충족하거나 달성하기 위해 노력하는 존재이기에 이에 대한 지원과 서비스가 필요하다. 발달장애인 역시도 이 주기를 따르고 있지만 비장애인과 다른 시기별 특성과 과업을 가지고 수행해야 한다. 이에 발달장애인의 생애주기 특성 및 과업은 다음 〈표 6-1〉과 같다.

〈표 6-1〉 발달장애인의 생애주기 특성 및 과업

주기	특성 및 과업	
아동 청소년기 (만 0~18세)	영 · 유아기 (만 0~5세)	• 언어와 의사소통 능력과 외부의 접촉이 결핍됨 • 또래 아동과의 상호작용 기회가 적음 • 학습에 초점을 맞추기보다는 발달장애아동의 신체 · 언어 발달 촉진 개입이 요구됨
	학령기 (만 6~12세)	• 외부세계와의 본격적인 접촉 시작, 학교라는 새로운 환경 경험, 이러한 환경에 적응이 어렵고, 가족도 역시 사회로부터의 소외감을 느낌 • 생활기술 습득할 수 있도록 계획 구축
	청소년기 (만 13~18세)	• 자신의 정체성과 삶의 의미에 대하여 고민 • 성적인 것에 호기심을 느낌 • 다른 지원과 성에 대한 정보를 병행, 가능하다면 직업 등과 관련된 전환 교육이 요구됨
성인전기 (만 19~44세	• 학령기 이후, 교육과 문화적 환경에서도 단절되는 과정을 겪음 • 일반 고용환경에서 요구하는 기술과 능력 부재로 고용기회 제한됨 • 사회적 활동과 참여기회 확장의 욕구를 가짐 • 대인관계의 발전, 사회적응 기술습득, 직업적 기술습득 등과 같은 과업과 병행하여 기능적 학습과 언어능력의 향상이 요구됨	
성인후기 (만 45~64세)	• 주 보호자였던 부모의 부재로 인해 경험해보지 못했던 위험요인에 대처할 수 있는 기술습득이 요구됨 • 안정적인 독립생활을 할 수 있도록 지역사회 기술향상을 위한 지속적인 교육 필요함	
노년기 (만 65 이상)	• 신체의 곳곳에서 질병을 앓으며 장애를 가지게 되는 경우가 빈번함 • 오랜 장애로 인하여 축적된 문제들이 한꺼번에 닥칠 수 있으며, 해결하는 데 어려움을 호소	

출처: 변용찬, 김성희, 윤상용, 권선진, 조흥식, 조성열, 강종건, 최승희(2006). 생애주기별 장애인의 복지욕구 분석 연구. 서울: 한국보건사회연구원.

발달장애인 욕구와 관련하여 발달장애인 서비스 지원 원칙 중 하나로 생애주기 접근을 언급하며 아동기에는 발달장애아동의 특별한 방식을 지지와 수용하는 배움을 위한 개별적 맞춤형 교육이 필요하다. 청소년기에는 독립에서의 어려움과 신체적 보살핌의 어려움을 극복할 수 있는 지원이 요구된다. 성인기의 경우에는 자신이 삶을 통제할 수 있도록 자기결정과 지역사회에 대한 폭넓은 통합의 기회가 제공되어야 하고, 노년기에는 지역사회 내의 보호와 적절하고 지속적인 치료와 연계될 필요가 있다고 하였다. 일반적인 관점에서 보면 장애인은 다른 사람들과 마찬가지로 특정 생애주기에 따라 다양한 욕구를 가지고 있으며 개인의 장애로 인하여 발생하는 사회적 박탈은 개인이 속한 연령 집단에 따라 매우 상이하다. 즉, 연령 단계에서의 과업을 수행하지 못하고 문제가 생기는 상황이 곧 장애를 유발하는 시점이 된다.

장애인 교육 및 복지 분야에서 생애주기의 관점 도입은 발달장애인도 비장애인과 마찬가지로 생애주기에 따라 다양한 욕구와 발달과업이 발생하므로 이러한 생애주기별 욕구와 특징을 고려한 서비스 제공이 필요하다. 서울시에서는 발달장애인을 대상으로 생애주기별 정책 욕구를 조사하였으며 다음 〈표 6-2〉와 같다. 생애주기별 접근 전략은 장애인의 교육과 재활에 있어서 몇 가지 의의가 있다(변용찬 외, 2006).

첫째, 교육 및 재활서비스를 삶의 전 과정이라는 거시적 관점에서 계획하고 실시함으로써 연속적인 서비스 전달체계를 구축할 수 있다.

둘째, 아동기, 청년기, 중년기, 노년기 등 생애주기별 특성에 따라 서비스를 제공함으로써 교육 및 재활서비스의 적절성을 제공할 수 있다.

셋째, 생애주기별 욕구에 따른 서비스를 제공함으로써 수요자 중심의 맞춤형 복지서비스가 가능하게 할 수 있다.

〈표 6-2〉 발달장애인의 생애주기별 정책 욕구

정책분야	영유아기	아동 청소년기	청장년기	노년기
소득지원	발달장애인 보호 비용		발달장애인의 소득보장	
의료 재활치료	• 정확하고 빠른 초기 장애진단과 판정 발달 정도에 맞는 적절한 재활치료 • 초기진단에서부터 치료까지의 원스톱 서비스	• 연속적이고 지속 가능한 재활치료 서비스 제공 • 정도에 맞는 적절한 재활치료	• 조기 노화와 관련된 건강지원 • 사춘기 이후 성인기 변화 대한 대응	• 노화에 따른 건강 지원
보육 및 교육	• 특수교육시스템이 갖춰진 보육기관의 확보 • 발달 정도에 따른 조기교육 및 통합교육	• 특수교육시스템이 갖춰진 보육기관의 확보 • 발달 정도에 따른 조기교육 및 통합교육	• 평생교육에의 접근	
돌봄	• 장애수용 및 부모교육 • 부모 자조모임 • 비장애아동의 돌봄	• 사춘기 장애 • 자녀와의 갈등 해결 • 비장애아동의 돌봄	• 보호자의 건강관리 지원 • 가정 내 돌봄서비스 지원	• 보호자의 건강관리 지원 • 가정 내 돌봄서비스 지원
고용		• 전환교육의 내실화	• 발달장애의 특성에 부합된 일자리 개발 • 작업장 및 직업훈련 시설확대 • 직업연계 프로그램의 개발	
평생계획	• 초기진단 이후 평생에 지속하는 재활치료계획	• 교육 및 진학에 대한 계획 • 학교 졸업 후 삶에 대한 계획	• 직업연계프로그램개발아동의 사회성 향상(그룹 활동, 또래 모임) • 발달장애와 관련한 서비스	• 부모 사후에 대한 자립생활과 관련한 계획 (주거, 소득, 건강관리 등)
사회복지 서비스	• 아동의 사회성 향상(그룹 활동, 또래 모임) • 발달장애와 관련한 서비스 정보	• 아동의 사회성 향상(그룹 활동, 또래 모임) • 발달장애와 관련한 서비스 정보	• 충분하고 질 좋은 주간보호서비스 확대 • 가정 내 돌봄에 따른 활동 보조지원 확대	• 건강관리와 돌봄의 통합된 복지서비스 제공

출처: 김승연, 장동열(2017). 서울시 발달장애인 생애주기별 욕구와 정책과제. 서울: 서울연구원.

2. 장애인 사회서비스 지원

사회서비스는 「사회보장기본법」 제3조 제4항에 의거하여 국가 지방자치단체 및 민간부문의 도움이 필요한 모든 국민에게 복지 보건의료 교육 고용 주거문화 환경 등 분야에서 인간다운 생활을 보장하고 상담, 재활, 돌봄, 정보의 제공, 관련 시설의 이용, 역량 개발, 사회참여 지원 등을 통하여 국민의 삶이 향상되도록 지원하는 제도를 말한다. 이는 인간에 대한 직접적인 서비스를 행사하는 부문을 포함하며 법제적 측면에서 사회서비스 개념은 다음의 〈표 6-3〉과 같다.

〈표 6-3〉 법적 측면에서 사회서비스 개념

구분	사회서비스의 개념 규정
「사회보장기본법」(1995) 「사회복지사업법」(2012)	• 사회복지서비스(국가 및 지방자치단체와 민간에 의해 제공되는 개별적, 전문적 서비스) • 상담, 재활, 직업소개 및 지도, 사회복지시설 이용
「사회서비스이용 및 이용권관리에 관한 법」(2011)	• 사회복지서비스, 보건의료서비스 • 기타 대통령이 정하는 서비스
「사회서비스 확충 전략」(2006)	• 사회복지서비스(보육, 아동 · 장애인 · 노인보호 등) • 보건의료서비스(간병, 간호 등) • 교육서비스(방과후 활동, 특수교육) • 문화예술 서비스(도서관, 박물관, 문화시설 이용)
「사회적기업 육성법」(2007)	• 교육 · 보건 · 사회복지 · 환경 및 문화 분야의 서비스 • 보육서비스, 예술 · 관광 및 운동 서비스, 산림보전 및 관리서비스, 간병 및 가사 지원 서비스, 문화재 보존 또는 활용 관련 서비스

출처: 법제처(2022). https://www.law.go.kr.

「사회보장기본법」이 1995년에 제정되었고 정부 개정안이 2012년에 공포가 되었으며 사회복지서비스라는 용어가 사회서비스로 전환이 되었다. 사회보장은 제3조 제1항에 따라 출산, 양육, 실업, 노령, 장애, 질병, 빈곤 및 사망 등의 사회적 위험으로부터 모든 국민을 보호하고 국민 삶의 질을 향상시키는 데 필요한 소득·서비스를 보장하는 사회복지정책 영역인 사회보험, 공공부조, 사회서비스를 말한다. 사회서비스란 일반적으로 개인이나 사회의 복지증진과 삶의 질 향상을 위해 사회 차원에서 제공되는 서비스이다. 사회서비스는 광의적으로 사회적 약자뿐만이 아닌 사회에 속한 모든 개개인의 행복과 생활의 질적인 향상을 목표하며 협의적으로 장애인, 노인 등 사회적 약자들에게 최소한의 인간다운 삶을 보장하기 위한 사회적 보호와 지원을 의미한다. 사회서비스는 일반 행정과 환경, 안전이 포함되는 공공 행정, 그리고 장애인, 노인, 아동 등의 영역이 포함되는 사회복지, 상담, 간호나 간병이 포함되는 보건의료뿐 아니라 교육이나 문화가 포괄되며 확장되고 있다.

장애인의 사회서비스는 장애인복지 영역에서 이루어지며 인간적 권리 회복과 자립에 대한 노력, 사회참여의 기회 보장 등에 입각한다. 장애인복지의 이념은 정상화(normalization), 자기결정(self determination), 사회정의, 사회통합이며 장애인 본인의 노력뿐 아니라 국가 및 지방 공공단체가 장애인의 재활을 원조한다. 필요한 보호를 행하고 국민도 재활에 협력하는 책무를 짐으로써 발달장애인의 핸디캡을 가능한 한 경감시켜 비장애인과 같은 생활조건과 생활안정을 누릴 수 있도록 하는 것이다. 장애인의 복지증진과 삶의 질 향상을 위한 영역별 법률과 주요 내용은 다음 〈표 6-4〉와 같다.

〈표 6-4〉 장애인 복지서비스 관련 법률

구분	법령	목적과 주요 내용
복지	「장애인복지법」 (2002)	• 장애인의 인간다운 삶과 권리보장 • 국가와 지방자치단체 등의 책임 명백히 함 • 장애발생 예방과 장애인의 의료·교육·직업재활·생활환경 개선 등에 관한 사업을 장애인복지대책을 종합적 추진 • 장애인의 자립생활·보호 및 수당지급 등에 관하여 필요한 사항을 정하여 장애인의 생활안정에 기여하는 등 장애인의 복지와 사회활동 참여증진을 통하여 사회통합
	「장애아동복지 지원법」(2022)	• 장애아동이 안정된 가정생활 속에서 건강하게 성장하고 사회에 활발하게 참여할 수 있도록 하며, 장애아동 가족의 부담을 줄임

구분	법령	목적과 주요 내용
	「발달장애인의 권리보장 및 복지지원법」(2014)	• 발달장애인의 의사를 최대한 존중하여 그들의 생애주기에 따른 특성 및 복지 욕구에 적합한 지원과 권리 옹호 등이 체계적이고 효과적으로 제공 • 발달장애인의 사회참여를 촉진하고, 권리를 보호하며, 인간다운 삶을 영위
보건의료	「장애인 건강권 및 의료접근성 보장에 관한 법률」(2021)	• 장애인의 건강권 보장을 위한 지원, 장애인 보건관리 체계 확립 및 의료접근성 보장에 관한 사항을 규정하여 장애인의 건강증진
교육	「장애인 등에 대한 특수교육법」(2022)	• 통합된 교육환경 제공 • 생애주기에 따라 장애유형·장애정도의 특성을 고려한 교육 실시, 자아실현과 사회통합 기여
고용	「장애인고용촉진 및 직업재활법」(2022)	• 능력에 맞는 직업생활을 통하여 인간다운 생활을 할 수 있도록 장애인의 고용촉진 및 직업재활을 꾀하는 것
주거	「장애인·고령자 등 주거약자지원에 관한 법률」(2014)	• 주거약자의 안전하고 편리한 주거생활을 지원하기 위하여 필요한 사항을 정함으로써 주거약자의 주거안정과 주거수준 향상
	「장애인활동지원에 관한 법률」(2022)	• 신체적·정신적 장애 등의 사유로 혼자서 일상생활과 사회생활을 하기 어려운 장애인에게 제공하는 활동지원 급여 등에 관한 사항을 규정하여 장애인의 자립생활을 지원하고 그 가족의 부담을 줄임으로써 장애인의 삶의 질을 높임
문화환경	「장애인차별금지 및 권리구제 등에 관한 법률」(2021)	• 모든 생활영역에서의 차별 금지 • 장애를 이유로 차별받은 사람의 권익을 효과적으로 구제함으로써 장애인의 완전한 사회참여와 평등권 실현을 통하여 인간으로서의 존엄과 가치를 구현
	「장애인·노인·임산부 등의 편의 증진에 관한 법률」(2021)	• 안전하고 편리하게 시설 및 설비 이용 • 정보에 접근할 수 있도록 보장함으로써 이들의 사회활동 참여와 복지 증진
	「교통약자의 이동 편의 증진법」(2012)	• 교통약자(交通弱者)가 안전하고 편리하게 이동할 수 있도록 교통수단, 여객시설 및 도로에 이동편의시설을 확충하고 보행환경을 개선하여 사람 중심의 교통체계를 구축함으로써 교통약자의 사회참여와 복지증진

출처: 법제처(2022). https://www.law.go.kr.

장애인복지란 「장애인복지법」 제1조 따라 장애인의 인간다운 삶과 권리보장을 위한 국가나 지방자치단체 등의 책임을 명백히 하고, 장애 발생 예방과 장애인의 의료・교육・직업재활・생활환경개선 등에 관한 사업을 정하여 장애인복지대책을 종합적으로 추진한다. 장애인의 자립생활・보호 및 수당지급 등에 관하여 필요한 사항을 정하여 장애인 생활안정에 기여하는 등 장애인의 복지와 사회활동 참여증진을 통하여 사회통합에 이바지함을 말한다. 또한, 장애인 활동지원에 관한 법, 장애아동복지지원법, 발달장애인의 권리보장 및 복지지원에 관한 법률 등에 따라 보건・의료, 교육, 고용, 주거, 문화 환경, 돌봄, 가족지원 등 생애주기에 따라 삶의 전반을 지원하고 있다.

2014년 발달장애인 권리보장 및 지원에 관한 법률이 제정되면서 2019년도부터 성인발달장애인 대상으로 주간활동을 통한 지역사회 참여를 활성화하여 확대하고 있다. 발달장애인에 대한 장애인 가족지원센터, 발달장애 사회적응지원센터 및 평생교육센터, 행동 플러스 발달장애인센터, 장애인 전환서비스센터 등의 인프라를 중심으로 복지서비스, 교육, 고용, 주거, 소득, 의료 영역에서 생애주기별 사회서비스가 제공되고 있다.

제5차 장애인 정책 종합계획(2018년~2022년)에 따르면 발달장애인을 위한 복지지원서비스 지원 강화를 위해 계획으로 발달장애인지원센터 역할 강화 및 개인별 지원체계 구축과 발달장애인의 욕구에 기반한 보호 돌봄 체계를 강화하였다. 발달장애인의 성적 권리 및 가족 지원체계를 강화하고 발달장애인 지원정책 협의체를 운영하여 각 부처별로 분산된 발달장애인의 지원 제도 및 사업의 유사 중복을 지양한다. 또한, 인간다운 삶을 누리기 위해 필요한 교육, 문화, 체육 등의 활동을 향유할 수 있도록 장애인의 욕구에 맞는 지원체계를 마련하고 있다(보건복지부, 2018). 장애인복지의 패러다임도 보호와 관리 차원에서의 의료적 모델이 훈련과 중심의 재활모델로 현재는 지역사회 참여에 기반한 자립생활 모델로 변화하였다(임혜경, 박재국, 김민경, 장재성, 2018). 이를 위해서는 개인적 전인능력 개발과 사회 환경개선이 동시에 이루어져야 한다. 개인적 측면에서는 잠재능력과 잔존능력을 촉진, 개발하여 사회적 역할 기대에 대응할 수 있는 주체적 능력으로 전환해야 한다. 사회적 측면에서는 장애인의 인간다운

생활을 보장하기 위해서는 장애인을 둘러싸고 있는 물리적, 제도적, 문화적 환경을 개선해야 한다. 중앙정부의 주요 장애인복지사업은 광역단위, 기초지자체인 민간사업 수행기관(제공기관)에서 이루어지며 발달장애인을 위한 주요 사회서비스이다.

3. 국내외 주간 돌봄서비스

1) 국외 주간 돌봄서비스

(1) 영국

영국에서는 1990년 커뮤니티 케어법이 제정되면서 지역사회 통합 돌봄으로서 복지서비스가 활발하게 진행되고 있다. 그중에서도 켄트주에서는 학습장애(지적장애)를 가진 사람들에게 낮 활동 서비스(The Good Day Program)를 통해 지역사회를 기반으로 그들이 자신의 잠재능력을 개발하고, 자기주도적인 삶을 영위할 수 있도록 지원하고 있다. The Good Day 프로그램의 세부 서비스는 미술, 공예, 농장 가꾸기, 원예, 도예, 스포츠, 여가, 정원 가꾸기, 지역사회 모임, 성인교육, 지원고용, 사회적 기업 서비스 등과 같은 다양한 활동으로 이루어져 있으며, 일반적으로 반일 또는 종일 활동프로그램으로 구성되어 오전 10시부터 오후 3시까지 제공된다(최선경, 2019). The Good Day 프로그램은 다음의 네 가지를 보장한다.

첫째, 낮, 저녁 및 주말에 무엇을 할지 선택할 수 있도록 한다.
둘째, 언제, 어디에서 필요한지 선택할 수 있도록 한다.
셋째, 지역사회에서 평등한 시민으로서 삶을 영위하도록 한다.
넷째, 완전하고 의미 있는 삶을 영위할 수 있도록 지원한다.

The Good Day 프로그램은 사람 중심 계획을 핵심 원칙으로 학습장애가 있는 사람들이 스스로 자신의 삶에 대해 생각하고 계획하고 결정할 수 있도록 지원하는 것이다. 서비스 제공자들은 대상자들이 지역사회에 더 많이 참여할 수 있도록 돕고, 더 넓은 범위의 지역사회를 기반으로 다양한 활동에 참여할 기회를 제공하고자 노력한다. 즉, The Good Day 프로그램은 서비스 대상자들에게 분리된 서비스를 제공하는 것이 아니라, 지역사회의 한 구성원으로서 동등한 삶을 영위하도록 지원한다.

(2) 미국

미국은 1975년 연방정부에 의해 제정된 '발달장애인 지원 및 권리장전'에서 발달장애인들이 스스로 자신의 삶을 선택하고 통제하고, 지역사회에 참여할 수 있는 권리를 보장하고 발달장애인의 능력과 잠재력을 향상할 수 있도록 지원한다. 권익옹호를 위한 '권익옹호시스템'과 연구기관으로 '연구기관협회'의 설치 · 운영을 의무화하고 있다(백은령, 이민규, 유연희, 임효순, 2019). 이에 1991년 미국 최초로 발달장애인 대형 거주시설을 폐쇄하고 지역사회를 기반으로 하는 통합지원체계 및 서비스를 구축한 뉴햄프셔주에서는 발달장애인을 위해 발달장애인서비스국과 Area Agency(지역기관)를 설치 · 운영하며 발달장애인의 생애주기에 맞는 개별화된 계획과 서비스를 제공하고 있다. Area Agency(지역기관)는 발달장애인이 스스로의 선택과 결정으로 지역사회에 참여하고 기여할 수 있도록 사회 환경을 조성하도록 하는 것을 원칙으로 발달장애인의 지역사회 참여 및 지원 서비스, 가족 중심 조기 지원 서비스, 주거서비스, 지역사회 돌봄서비스 등을 지원하고 있다.

특히, 성인기 발달장애인에게 지역사회를 기반으로 하는 포괄적인 서비스를 제공하고 있는데, 지역사회 지원서비스 기관 중 하나인 무어센터(MOOR CENTER)에서는 주간서비스를 통해 성인기 발달장애인들이 지역사회 안에서 독립적인 구성원으로서 자신의 역할을 할 수 있도록 하고, 다양한 사람들과의 의미 있는 관계를 형성하며 안전하고 건강한 삶을 영위할 수 있도록 지원하고 있다. 또한, 캘리포니아주에서도 발달장애인을 위한 재가지원 서비스, 이동서비스, 주간프로그램 서비스, 치과 서비스, 교육 서비스 및 자기결정 프로그램, 활동프로그램서비스 등을 지원하고 있다(김미옥, 정민아, 2018). 그중에서도 발달장애인 낮 활동지원 서비스로써 '성인의 날 프로그램'을 통해 지역사회를 기반으로 성인 발달장애인에게 그들이 원하는 서비스와 지도, 일상생활 활동을 영위하기 위해 필수적으로 필요한 지원을 24시간 이내에 제공하는 프로그램이다.

성인의 날 프로그램은 자조 및 자기보호 능력 향상 및 유지, 타인과의 상호작용, 욕구 표현, 지시사항 준수능력향상, 자기옹호 및 직업능력 향상, 지역사회 통합능력 향상, 문제행동 개선능력 향상, 사회성 및 여가 활용 능력 향상의 여섯 가지 서비스 영역으로 구성되어 다양한 프로그램을 제공함으로써 발달장애인이 지역사회 내에서 지역민과 함께 통합하며 독립적으로 살아갈 수 있도록 지원하고 있다.

(3) 국내 주간 돌봄서비스

우리나라에서 현재 시행되고 있는 성인 발달장애인이 지역사회에서 낮 시간 동안 의미 있는 활동을 하도록 지원하는 제도로는 주간보호서비스와 활동지원서비스, 발달장애인평생교육센터 등이 대표적이다. 최근에는 장애인복지관 등에서도 성인발달장애인 지원에 대한 인식이 높아지면서 이들을 위한 다양한 프로그램을 운영 중이기는 하나, 모집 인원이 한정적이기 때문에 이용할 기회가 적은 편이다.

2) 주간보호서비스

학생이라는 타이틀을 벗은 성인기의 중증 발달장애인들이 주로 이용하는 곳이 주간보호서비스이다. 「장애인복지법」 제58조에 의거하여 설치 · 운영되고 있는 주간보호서비스의 이용대상은 모든 장애인을 포함하고 있으나, 대부분 중증 발달장애인이 주를 이루고 있다(이준상, 박애선, 최형임, 2021). 주간보호서비스는 평일 낮 시간 동안 중증장애인을 보호하며 다양한 재활교육을 통해 발달장애인의 자립능력 향상과 지역사회 통합을 도모하여 발달장애인과 가족의 삶의 질 향상을 위해 제공되는 서비스이다. 장애인 가족의 성인 발달장애자녀 돌봄에서 오는 사회적 · 심리적, 신체적, 경제적 부담 및 성인 발달장애자녀의 상시 보호 부담을 감소시키고, 가족 기능회복을 목적으로 제공되는 발달장애인 지역사회 재활서비스이다. 주간보호서비스는 발달장애인의 돌봄서비스를 통해 발달장애인의 주 양육자나 가족 모두에게 여가의 기회를 제공하고, 성인 발달장애인 자녀의 돌봄에 대한 스트레스를 감소시켜 원만한 가족관계를 형성할 수 있도록 하며, 이웃이나 동료들과도 긍정적인 관계를 형성할 수 있도록 한다.

발달장애인 당사자는 주간보호서비스를 이용함으로써 일상생활 및 사회생활 서비스를 받으며 자립생활을 영위할 수 있는 기술을 습득하게 된다. 습득된 생활기술은 가정 내에서도 작용하게 됨으로써 가정 내에서 발달장애인 당사자의 주 돌봄 제공자인 어머니는 발달장애자녀가 주간보호서비스를 이용하는 동안, 돌봄의 부담을 내려놓고 일상생활 및 사회생활을 영위할 기회를 가지게 되는 것이다. 주간보호서비스와 활동지원서비스가 발달장애인 가족기능에 미치는 영향력 연구를 통해 주간보호서비스에 대한 만족도가 높을수록, 주 돌봄 제공자인 어머니가 가족구성원들로부터 지지받을수록 자신감을 높이고, 가족 응집성에 긍정적인 영향을 준다고 하였다. 주간보호서비스의 만족도가 높다는 것은 단순히 이용 기간이 긴 것을 이야기하는 것이 아니라, 서비스의 수준이 양적, 질적으로 높은 프로그램을 이용하였을 때 서비스의 만족도가 높아지고, 서비스 만족도의 향상이 가족의 응집성에도 긍정적인 영향을 미친다고 하였다. 그러므로 가족 기능의 향상을 위해서는 발달장애인 가족의 특성을 반영한 서비스의 제공, 서비스 개선을 통한 양적, 질적 서비스 수준 향상, 대체 서비스 제공이 필요하다고 하였다.

주간보호서비스 만족도가 가족건강성에 미치는 영향력에서 주간보호서비스의 서비스 만족도가 높을수록 발달장애인 가족의 가족응집성이 높다는 결과가 나타났다. 단순히 주간보호서비스를 이용하기 때문에 가족 응집성이 높아지는 것이 아니라, 양질의 서비스를 이용하는 것에서 오는 높은 만족감이 가족의 응집성에 긍정적인 영향을 미치므로 발달장애인이 의미 있는 낮 시간을 영위할 수 있는 서비스를 통해 발달장애인들이 의미 있는 삶을 영위할 수 있도록 지원해야 한다고 제언하였다. 즉, 발달장애인에 대한 돌봄을 넘어 가족을 건강하게 하기 위해서는 발달장애인의 특성을 고려한 양질의 서비스 제공이 우선되어야 한다는 것이다. 그러나 돌봄과 보호를 목적으로 주간보호시설은 생애주기와 상관없이 만 18세 이상의 모든 장애인을 '성인'으로 단일화하고, 동일한 서비스를 제공하고 있다. 현재 장애인 주간보호시설의 평균 이용자는 15명 이상이며, 종사자 배치기준은 이용 장애인 4명당 1명의 재활교사가 배치되도록 하고는 있으나, 실제 이용자의 수나 장애유형 및 장애 정도, 중복장애의 유무, 폭력적 행동 등 매우 다양하게 나타나고 있어 발달장애인의 연령이나 생애주기, 개인의 특성 및 서비스 욕구 등을 고려한 개별화된 양질의 서비스를 제공하는 것은 현실적으로 어려움이 많다.

발달장애인에게 낮 시간 다양한 활동 서비스를 제공하는 것이 발달장애인의 자립과 발달장애인 가족을 건강하게 하는 중요한 요인이다. 그러므로 발달장애인의 욕구와 특성에 맞는 개별화된 양질의 서비스를 제공할 수 있는 서비스체계 및 지원이 필요하다.

3) 활동지원서비스

주간활동서비스 다음으로 많이 활용하는 낮 활동 서비스로 발달장애인 활동지원 제도를 들 수 있다. 발달장애인 활동지원제도는 '정신적 · 신체적 장애 등의 사유로 혼자서 일상생활과 사회생활을 하기 어려운 모든 발달장애인에게 활동지원급여를 제공함으로써 자립생활과 사회참여를 지원하고 그 가족의 부담을 줄임으로써 발달장애인의 삶의 질 증진'을 목적으로 한다(보건복지부, 2017). 우리나라는 2000년 초 발달장애인 자립생활 패러다임의 변화가 나타나면서 발달장애인의 자립생활과 관련된 법률이 제정 또는 개정되었으며, 발달장애인연금제도나 발달장애인활동지원제도와 같은 장애인의 자립생활과 관련된 제도와 서비스를 도입함으로써 발달장애인 자립생활 지원체계를 구축하고자 하였다. 발달장애인의 자립생활은 장애인이 가능한 한 자신이 익숙하다고 느끼는 지역사회의 생활환경 속에서 다양한 인간관계를 형성하며, 다른 지역사회 구성원과 똑같은 생활을 영위하는 것이다. 즉, 발달장애인의 자립생활은 발달장애인이 자신의 가족과 지역사회 안에서 자신이 선택한 집에서 살면서,

지역사회의 구성원으로서 자신의 권리와 선택을 충분하게 존중받으면서 살아가는 것을 목표로 한다. 그런 의미에서 장애인 활동보조서비스는 성인 장애인들이 자기결정의 기회를 가짐은 물론, 공동체 참여를 증가시키기 때문에, 장애인의 자립생활과 건강을 지원하기 위한 필수조건인 것이다.

발달장애인 가족이 발달장애인 자립생활 지원의 어려움과 돌봄 부담을 경험하고 있어 발달장애인의 자립생활을 지원하기 위함이다. 더불어 '발달장애인의 돌봄'을 더는 개인과 가족의 문제가 아닌 사회가 함께 분담해야 할 사회문제라는 인식의 증가도 이 제도가 실시되는 이유이다.

발달장애인 활동보조 서비스 전후 삶의 변화에 대하여 심리적, 신체적, 사회관계적 측면에서 발달장애인들의 활동보조로 인해 가정 내 무의미한 활동에서 외출의 증가로 신체활동이 증가하고, 지역사회 참여율이 향상되었으며, 자기주도적인 생활을 영위할 뿐 아니라 대인관계에 있어서도 긍정적인 변화가 나타났음을 알 수 있다. 활동보조서비스를 이용한 발달장애인의 긍정적인 변화는 돌봄을 제공하는 가족과의 관계에서도 긍정적인 영향을 미치고 있는 것으로 나타났다. 활동보조서비스를 이용하는 발달장애인의 선택 수준에 따라 서비스 만족도와 자기효능감에 변화가 나타나고 사회참여에 활성화가 이루어지고 있다. 주간보호서비스와 활동지원서비스가 가족기능에 미치는 영향에서 발달장애인들이 단순히 활동지원서비스를 이용하는 것만이 아니라 자기선택권과 자기결정권을 가지고 얼마나 자립생활을 영위하느냐, 즉 활동지원서비스에 대한 만족도에 따라 가족의 응집성과 기능에 긍정적인 영향을 미치고 있다.

활동지원서비스를 통한 발달장애인과 가족의 긍정적 삶의 변화요인으로 단순히 활동지원서비스의 필요성에 대한 인식 정도나 이용률 수치만으로 나타나는 현상이 아님을 명확히 하고 있다. 활동지원서비스 자체가 질적으로나 양적으로 발달장애인의 개별 특성에 맞는 적절한 서비스의 제공과 서비스 욕구의 충족이 수반되었을 때 긍정적인 변화를 이끌어낼 수 있다는 의미이며, 발달장애인과 가족의 삶의 변화를 위해서는 충분한 양의 질 높은 서비스가 제공되어야 한다. 그러기 위해서는 낮 시간 지원과 일상생활을 지원할 수 있는 수준의 서비스를 제공해야 하는데, 현행 제도로는 두 서비스가 양립하기에는 활동지원 급여의 제한, 발달장애인에 대한 활동지원 인력의 이해와 전문성 부족 등의 한계로 인해 많은 발달장애인이 단순 보호와 돌봄에 초점을 맞추어 활동지원 서비스를 이용하고만 있다. 그러므로 활동지원서비스 제도가 가지는 한계를 극복하고 발달장애인에 대한 전문화된 인력을 통한 특성화 프로그램을 지원함으로써 발달장애인의 자립과 사회참여를 독려하고, 가족기능을 향상할 수 있는 사회적 제도의 도입이 절실히 필요하다.

4. 주간활동서비스의 현황

1) 주간활동서비스의 현황

2018년 보건복지부와 교육부, 고용노동부가 합동으로 마련한 '발달장애인 평생 케어 종합대책'은 발달장애인의 전 방위적인 지원을 포괄하고 있으며, 발달장애인들의 커뮤니티 케어에 기반한 돌봄서비스의 제공이라는 점과 생애주기별 필요한 서비스 지원이라는 점에서 특히 주목된다. 커뮤니티 케어 돌봄서비스 중에서도 성인기의 발달장애인에게 생애주기별 필요서비스 제공과 발달장애인에게 낮 시간에 자신의 욕구를 지역사회 기반 활동에 참여함으로써 "의미 있는 하루, 바람직한 하루"를 보낼 수 있도록 하여 장애인의 자립 생활을 지원하고 사회참여를 증진시켜 삶의 질 향상을 위해 출범한 '주간활동서비스'는 2016년부터 2019년 2월까지 광주광역시, 울산광역시, 경남 남해군 등 3개 지역에서 시범사업을 통해 사업의 내용을 구체화하였으며, 2019년 3월부터 전국적으로 시행되었다.

보건복지부에서 발행한 2022년 사업안내 자료에 의하면, 주간활동서비스는 발달장애인의 다양한 욕구에 부응할 수 있는 주간활동 프로그램을 개발하고 이용할 수 있도록 지원하여 자립 및 지역사회 참여를 활성화하기 위함을 목적으로 한다. 만 18세 이상 65세 미만의 성인 발달장애인을 대상으로 낮 활동을 영위하지 못하고 가정 내에서 생활하는 발달장애인에게 낮 시간을 보람 있게 보낼 수 있도록 지원하며, 장애인 일자리 사업과 같은 타 제도 지원대상자나 주간보호시설 등 유사서비스 이용자, 주 9시간 이상 낮 활동을 영위하는 자를 지원대상에서 제외함으로써 낮 시간 동안 가정 내에서만 생활하는 복지 사각지대에 놓인 발달장애인들이 제도권 안으로 들어와 서비스를 누릴 수 있도록 한다.

주간활동서비스는 발달장애인이 일상의 무료함에서 벗어나 정기적으로 이용할 수 있는 장소에서 자신의 욕구에 맞는 프로그램을 스스로 선택하고 참여하는 과정을 통해 자기주도적인 삶을 배울 수 있도록 지원하는 프로그램으로 구성하여야 하는데, 크게 참여형 및 창의형 등 프로그램을 자율 구성하되, 외부활동 30% 이상의 내용으로 구성할 수 있다. 참여형 프로그램으로는 자조모임, 건강 증진 활동, 직장탐방, 캠프, 여행, 교육, 문화관람 등으로 구성되며, 창의형은 자조모임, 음악활동, 미술활동, 바리스타 교육, 제과제빵, 양초공예, 도예, 사진 찍기, 공예품 만들기, 기타 제반 창작활동 등으로 구성되어 발달장애인의 욕구와 선택에 기반하여 프로그램을 구성하여 서비스를 제공하게 된다. 각 프로그램에 대한 예시는 〈표 6-5〉와 같다.

〈표 6-5〉 주간활동 프로그램 예시

구분	내용
참여형	• 자조모임: 티타임, 동아리, 독서모임 등 • 산책, 걷기, 수영, 등산, 요가, 볼링, 탁구, 농구 등 건강 증진 활동 • 직장 탐방, 캠프, 여행 • 교육(일상생활 자립, 권리, 성인권 및 안전교육 등) • (문화관람) 연극 및 영화관람, 미술관 및 박물관 이용 등
창의형	• 자조모임: 목적이 있는 특정 활동의 기획 회의, 계획, 수행 등 제반활동 • 음악활동: 악기 연주, 노래 부르기, 중창이나 합창, 난타 배우기 등 • 미술활동: 그림 그리기, 작품 감상, 한지 공예 작품 만들기 • 바리스타 교육, 가드너, 제과제빵, 양초공예 등 • (도예) 흙으로 생각 표현, 창작품 만들기, 생활도자기 만들기 • (사진 찍기) 카메라 관리, 사진 찍기, 사진 인화 방법 • (공예품 만들기) 목공예, 비누공예 등 • 기타 제반 창작 활동

출처: 보건복지부(2021b). 주간활동서비스 사업안내. 세종: 보건복지부.

그러므로 주간활동서비스 제공기관은 발달장애인의 욕구 반영, 선택과 자기결정권, 참여 기반의 서비스 계획 수립 및 일상생활과 사회생활 유지를 포함하는 자립생활 지원에 적합한 서비스 내용 구성, 지역사회 자원을 최대한 활용, 발달장애인의 권익 존중과 안전한 지역사회 활동 참여의 적극적 지원을 기본원칙으로 서비스를 제공하여야 한다. 또한, 주간활동서비스는 서비스 제공인력 1인당 발달장애인 2~4인으로 그룹을 구성하여 서비스를 제공하게 되며, 총 이용인 중 20% 이상을 최중증발달장애인으로 구성하도록 함으로써 도전적 행동 등의 이유로 서비스 소외가 발생하지 않도록 한다. 이처럼 주간활동서비스는 중증의 발달장애로 인해 복지 사각지대가 발생하지 않도록 지원함과 동시에 발달장애인이 지역사회 내에서 낮 시간을 의미 있게 보낼 수 있도록 사회적 돌봄서비스를 제공하는 통합적 지원체계라고 할 수 있다.

2023년 주간활동 이용자는 급여유형에 따라 활동지원 서비스 감액되며 단축형(월 85시간), 기본형(월 132시간), 확장형(월 176시간)을 이용할 수 있고 개인의 낮 활동 욕구에 따라 선택이 가능하다. 제도가 도입되었던 2019년 3월 전국 2,500명을 목표로 출범한 주간활동서비스는 2020년 4,000명, 2021년 9,000명, 2022년 1만 명으로 지원대상을 확대함으로써 발달장애인의 돌봄과 지역사회 참여를 활성화하겠다는 방침이다. 한국장애인개발원의 2019년 연례보고서에 의하면, 전국 3,493명이 신청하여 선정조사를 받아 총 2,998명이 적격판정을 받았으며, 이 중 1,345명이 최중증장애인이다. 2019년 전국의 주간활동서비스 제공기관은 189개이며, 1,961명의 성인 발달장애인이 실제 주간활동 서비스를 이용하고 있는 것으로 나타났다(한국장애인개발원, 2019).

2) 주간활동서비스의 특징

주간활동서비스는 발달장애인이 이용할 수 있는 서비스를 개발하고자 보건복지부에서 2015년 '장애인활동지원제도의 주간활동급여 모형설계' 연구를 실시(강정배, 유경민, 송기호, 2016)하였으며, 「발달장애인 권리보장 및 지원에 관한 법률」 제29조에 따라 제도화되었다. 이용 대상을 만 18세 이상 65세 미만의 지적 및 자폐성 장애인, 즉 발달장애인으로 명확히 하고 있다. 주간활동서비스는 발달장애인의 낮 활동 지원하여 가족의 보호 부담을 경감시키려는 목적도 있으나, 발달장애인 당사자의 주간활동서비스를 통한 자립능력 향상과 지역사회 참여 활성화를 도모하고 있기 때문에 목적 자체가 타 제도와는 다르다. 서비스 대상이 '성인 발달장애인'으로 한정되어 있으며, 최소 2명, 최대 4명의 그룹 단위로 서비스가 제공되기 때문에 이용인 개개인의 욕구를 충분히 반영하여 개인별 계획을 수립할 수 있다. 그룹을 구성함에서도 이용인의 특성이나 욕구를 충분히 고려해야 하므로 발달장애인의 특성을 고려한 특화서비스를 제공할 수 있다는 점에서 타 제도와는 다르다고 할 수 있다. 물론, 활동지원서비스의 경우 1대 1로 서비스가 제공되기 때문에 발달장애인의 욕구를 더욱 반영할 수는 있으나, 활동지원사가 발달장애인의 특성을 이해하지 못할 경우 서비스가 한정적인 편이다. 발달장애인평생교육센터의 경우에도 3명당 1명의 교사가 투입되도록 하여 소규모이기는 하나, 클래스를 기준으로 하면 6인 이하로 되어 있기 때문에 완전한 소규모의 모형을 하고 있지는 않다. 활동지원서비스 제도 모형을 통해 설계된 주간활동서비스는 활동지원서비스와는 다르게 발달장애인의 활동성을 강조하고 있어, 1대 1 서비스를 제공해야 하는 활동지원서비스와는 구별되며, 방문조사를 통한 평가를 토대로 수급자격이 결정되는 것은 두 제도 모두 동일하나, 기능적 평가에 따른 점수 구간에 따라 수급급여가 결정되는 활동지원서비스와 달리 주간활동서비스는 점수 구간과 상관없이 본인의 낮 활동 욕구 정도에 따라 급여유형을 결정할 수 있다.

본인부담금이 없는 것 역시 주간활동서비스만의 특징이라고 할 수 있다. 〈표 6-6〉을 보면 알 수 있듯이 활동지원서비스는 소득기준에 따른 본인부담금이 있고, 주간보호서비스와 발달장애인 평생교육센터는 실비로 이용료를 부담하며, 서비스 이용 기간 역시, 주간활동서비스는 활동지원서비스와 동일하게 만 65세로 노인에 해당하기 전까지 서비스 이용이 가능하다. 그러나 〈표 6-6〉에 나와 있듯이 발달장애인 평생교육센터는 평생 5년만 이용할 수 있다. 물론 주간보호서비스는 기관의 욕구에 따라 이용이 종결되기 전까지로 이용기간이 한정되기는 하나, 이 부분 역시 차이점이라고 할 수 있겠다. 이처럼 주간활동서비스는 청년기부터 노년기 전까지, 전 생애에 걸쳐 발달장애인이 자신의 욕구에 맞춰 다양한 낮 활동을 영위할 수 있도록 지원하는 서비스이다.

〈표 6-6〉 주간활동서비스, 주간보호서비스, 활동지원서비스 비교

구분	주간활동서비스	주간보호서비스	활동지원서비스
관련 근거	「발달장애인 권리보장 및 지원에 관한 법률」 제29조	「장애인복지법」 제58조	「장애인활동 지원에 관한 법률」
지원대상	만 18세 이상 만 65세 미만의 「장애인복지법」상 지적 및 자폐성 장애인	「장애인복지법」상 장애인	만 6세 이상 만 65세 미만의 「장애인복지법」상 장애인
운영방식	바우처	보조금 및 실비	바우처
본인부담	없음	전액	「국민연금법」 제51조 제1항 제1호에 따른 금액의 7/100
이용인원	2인~4인당 1그룹 형성	평균 15명 이상	장애인 1인
인력구성	1그룹 당 제공인력 1인	사회재활교사 3인 (시설장 포함)	활동지원사 1인
주요 서비스	자립 및 지역사회 참여 활성화 프로그램 (참여형 or 창의형)	재활 및 교육 프로그램	신체활동, 가사활동, 사회활동 지원
서비스 제공시간	평일 9:00~18:00	평일 9:00~18:00	24시간 중 선택
서비스 제공기간	만 65세 생일까지 (단, 3년마다 재신청)	기관마다 상이	만 65세 생일까지 (단, 3년마다 재평가)

출처: 보건복지부(2020). 발달장애인 활동서비스 사업안내. 한국장애인개발원. 장애인주간보호시설 운영 현황 실태조사.

5. 주간활동서비스의 기대성과

주간보호서비스와 활동지원서비스에 대한 서비스가 발달장애인과 주 양육자인 어머니와 가족에게 긍정적인 영향을 주는 것을 알 수 있었다. 즉, 주간보호서비스와 활동지원서비스 등을 통한 발달장애인의 낮 활동을 지원하는 것

이 발달장애인 당사자의 일상생활 기술능력 및 사회생활 기술능력 향상과 도전적 행동 감소 효과를 가져올 뿐 아니라, 주 양육자인 어머니의 돌봄 부담과 스트레스를 경감시키는 데 가장 큰 역할을 하고 있는 것으로 나타났다. 그러나 장애인복지관이나 활동지원서비스, 주간보호서비스와 같은 지역사회 중심의 발달장애인 지원서비스가 중증 및 고령 발달장애인에 대한 서비스 기피 및 배제함으로 인해 중증 및 고령 발달장애인이 사회로부터 고립되는 문제가 여전히 존재하므로, 중증 혹은 고령 발달장애인을 위한 서비스 구축이 필요하다.

선진 복지국가들의 정책 및 제도적 사회복지서비스는 세계적인 흐름에 발맞춰가고 있으며 우리도 커뮤니티 케어의 관점에서 발달장애인을 위한 제도와 정책이 마련되어야 한다고 하였다. 이미 오랜 세월 사회와의 단절과 고립을 경험한 발달장애인들은 지역사회 안에서 국가 지원의 사회보장을 통해 삶을 영위하고자 하는 욕구를 가지고 있으므로, 지역사회가 주체가 되어 발달장애인들이 원하는 서비스를 다양하게 이용할 수 있는 정책과 제도를 마련해야 한다.

발달장애인 주간활동서비스 제도 도입 이후에 커뮤니티 케어를 기반으로 하는 주간활동서비스 내용에 대한 고찰과 성인 발달장애인에게 의미 있는 사회참여가 될 수 있는 돌봄 프로그램을 전개하기 위해 앞으로 전개되어야 할 주간활동서비스를 활성화하기 위한 방안을 모색하는 것을 목적으로 하고 있다. 주간활동서비스의 전반적인 내용과 사회활동 실태분석, 선제적으로 주간활동서비스를 실시하고 있는 영국 켄트주의 사례를 분석해봄으로써 주간활동서비스의 개선방안을 도출하는 문헌연구를 진행하였다(최선경, 2019). 전반적으로 평균 4.31 정도로 긍정적으로 평가되고 있으며, '이 서비스를 다시 이용하고 싶다'(4.83점), '이 서비스는 장애자녀 및 우리 가족에게 도움이 된다.'(4.73점), '우리 자녀는 이 서비스를 좋아한다.'(4.58점), '이 서비스로 인해 우리 자녀(장애인)는 변화하였다.'(4.51점)로 전체적인 서비스 만족도가 높은 것으로 나타났다. 주간활동서비스 이용 후의 긍정적인 변화 여부에 대하여 '있다'가 100%로 서비스 이용 후 긍정적인 변화가 큰 것으로 나타났다.

2020년 한국장애인개발원에 따르면 주간활동서비스 이용 후 변화된 점으로는 '긍정적 감정변화'(81.0%) 응답이 가장 많았고, 다음으로 '신체적 능력향상'(62.1%), '사회적 관계망 형성'(60.7%) 등의 순으로 나타나, 전반적으로 주간활동서비스를 통해 이용자들의 불안정한 감정 요소가 많이 해소되고 사회성이 향상되는 점을 확인할 수 있었다. 어떻게 보면, 주간활동서비스는 주간보호서비스와 활동지원서비스의 중간적 모형의 서비스라고 할 수 있다. 왜냐하면, 주간보호서비스가 가지고 있는 낮 시간 동안 돌봄과 다양한 프로그램의 제공을 통해 자립능력 및 사회성 향상, 이를 통한 가족 돌봄 부담 경감의 목적성을 함께 이어가면서 단점인 대규모 활동의 한계성을 보완하는 서비스이며, 활동지원서비스가 가지는 당사자 선택권 존중을 통한 활동 지원의 장점과 바우처 시간의 부족으로 충분한 시간을 낮 활동으로써 영위하지 못함에서 오는 해소되지 못한 문제들에 대한 대안적인 서비스 모형이라고 할 수 있기 때문이다. 턱없이 부족한 성인발달장애인 지원을 위한 복지 인프라 문제를 해결하고자 하는 국가적 차원의 대안이라는 점, 발달장애인의 당면과제인 경제적인 어려움, 발달장애인 당사자의 도전적 행동 등과 같은 특성으로 인한 어려움으로 갈 곳을 잃고 가정 내에 고립된 성인발달장애인들이 주간활동서비스라는 국가의 지원을 통해 활동성을 높일 수 있다는 점에서도 의미가 있다. 단순히 서비스를 이용하는 것이 아니라 대상자의 욕구를 반영한 서비스인가, 접근성이 용이한 서비스인가에 따라 영향력이 다르므로 그에 맞는 정책과 제도가 마련되어야 한다고 하였다. 주간활동서비스는 발달장애인이 바우처를 사용하여 낮 시간에 다양한 사회서비스를 이용할 수 있도록 하며, 무엇보다도 개인의 욕구를 반영한 활동을 할 수 있다는 점에서 발달장애인의 삶을 더욱 풍요롭게 할 수 있을 것으로 기대된다.

보건복지부의 '지역사회 통합 돌봄' 선도사업은 탈시설 및 주거지원, 지역사회 돌봄 지원 등에 대한 방안을 제시하며 커뮤니티 케어의 정착을 모색하고 있다. 발달장애인 주간활동서비스는 이러한 정부 정책에 발맞춰 발달장애인이 자신이 거주하는 곳에서 가까운 낮 활동 서비스 제공 공간을 이용하며 자신의 욕구에 기반으로 바우처를 이용한 사회서비스를 지원하고자 한다는 점에서 의미가 크다고 할 수 있다. 다만, '지역'이 주체가 되기 위해서는 커뮤니티 케어가 자리매김할 수 있도록 하였다. 돌봄이 필요한 사람들이 자신이 살고 있는 지역 안에서 자신이 필요로 하는 서비스를 제공받을 수 있도록 하는 것이다. 그렇게 되기 위해서는 지역은 지역이 가진 강점을 활용하여 사회적·경제적, 인적·물적 지지체계를 촘촘하게 형성되어 있어야 한다. 이러한 지역이 가지는 자산을 다양하게 활용하여 욕구에 부합하는 맞춤형 서비스를 제공할 수 있도록 하는 것이 진정한 의미의 커뮤니티 케어를 제공하는 것이다. 발달장애인이 지역사회의 구성원으로서 살아갈 수 있도록 하기 위해 제도적, 정책적인 지원이 뒷받침되어야 한다.

발달장애인의 주간활동서비스는 이러한 커뮤니티 케어에 입각하여 발달장애인들이 지역을 구성하는 주민으로서 불편함 없이 생활을 영위할 수 있도록 지원하는 것을 목표로 한다. 주간활동서비스 제공기관을 통해 발달장애인이 자신이 사는 지역에서 자신의 선택과 욕구에 맞는 서비스를 제공받고, 그 지역이 가지고 있는 다양한 자원을 적극적으로 활용하면서 지역주민들과 다르지 않은 보통의 삶을 영위하도록 할 것이다. 이렇게 지역사회와의 소통은 지역주민들이 발달장애인에 대해 더 많이 알고 이해할 기회가 될 것이며, 발달장애인이 지역주민의 한 사람으로서 자리매김할 수 있도록 하는 중추적 역할을 할 것이다.

제7장

발달장애와 진로·직업

1. 진로·직업 교육

진로 교육은 개인이 만족스럽고 생산적인 사람으로 인지할 수 있도록 진로에 대한 방향을 세우고 선택하며, 그에 맞게 준비를 하고 선택한 진로를 계속 발달할 수 있도록 돕기 위해 제공되는 모든 경험이다. 개인이 자기의 적성, 흥미, 능력에 알맞은 일을 자각, 탐색, 준비, 유지 개선할 수 있도록 취학 전부터 시작하여 평생 가정과 학교 및 지역사회와의 공통적인 노력으로 학습하는 경험이다. 즉 진로교육은 생산적인 사회구성원, 행복한 개인으로서 여러 역할을 경험하며 자신의 삶을 영위할 수 있도록 성장을 돕는 교육과정이다.

한국진로교육학회(1999)는 진로교육은 현명한 진로선택과 진로발달을 통하여 생산적 사회 구성원으로서 그리고 행복한 개인으로서 사람이 살 수 있도록 성장을 돕는 교육의 과정으로 정의하였으며 「진로교육법」 제2조(정의)에서의 진로교육이란 국가 및 지방자치단체 등이 학생에게 자신의 소질과 적성을 바탕으로 직업세계를 이해하고 자신의 진로를 탐색·설계할 수 있도록 학교와 지역사회의 협력을 통하여 진로심리검사, 진로상담, 진로정보 제공, 진로체험, 취업지원 등의 활동으로 정의하고 있다. 더불어 진로지도와 취업지도를 포함하는 포괄적인 인생의 전체 학습과정으로서 넓은 의미의 직업교육으로 간주하며 진로교육의 핵심은 전인교육을 추진하기 위함에 있다. 개개인의 자아실현을 위한 준비과정으로 정의하며, 진로교육은 넓은 의미의 직업교육이며 직업적성교육으로 합리적인 진학지도와 현명한 선택을 돕는 직업지도를 포함하는 진로지도의 상위개념으로 진로교육의 개념을 규정하고 있다. 국민들의 직업에 대한 관점이 변하면서 진로교육의 개념도 변화해 가고 있다.

과거에는 단순히 직업을 생계유지의 수단으로 봄으로써 진로교육도 그 직업에서 요구하는 기술이나 지식을 배우게 하는 데 초점이 있었던 반면 점차적으로 직업을 보는 관점이 자아실현 수단으로 변화함에 따라 진로교육의 개념도 직업을 통하여 개인의 자아를 실현해 나아가도록 하는 교육의 관점으로 바뀌고 있다.

장애학생들을 위한 진로교육을 살펴보면 장애인이 자신의 장애를 정확히 인식하고 긍정적으로 받아들이며 이를 적극적으로 극복해 나가면서 자신의 능력 및 요구에 맞는 진로를 인식하고 탐색하여 적절한 진로를 선택하여야 한다. 선택한 진로에서 요구되는 능력과 태도를 배양하여 생활인으로서 자신에게 적합한 일을 수행하면서 자립적으로 행복한 삶을 살 수 있도록 가정, 학교, 사회에서 수행되는 전체 행동, 즉 삶이라고 할 수 있다. 즉 일과 직업세계를 중심으로 한 계획적, 의도적, 체계적인 교육을 통하여 각 개인의 진로를 탐색하고 이를 합리적으로 준비하고 선택하여 결정할 수 있는 능력을 길러주기 위한 종합적인 교육활동이다.「장애인 등에 대한 특수교육법」 제2조에서 진로직업교육이란 특수교육 대상 학생의 학교에서 사회 등으로의 원활한 이동을 위하여 관련 기관의 협력을 통해 직업재활훈련, 자립생활훈련 등을 실시하는 것을 말한다.

이상에서 진로교육의 개념에 대해 종합해 보면 진로교육은 진로지도와 직업지도를 포함하는 개념으로 생애에 걸쳐 이루어지는 포괄적인 개념으로 규정하기도 하며 어떤 정의이든 공통으로 일과 직업 관련 요소는 핵심적으로 포함되어 있다. 즉 진로교육과 직업교육은 생애에 걸쳐 이루어지는 학생들을 행복한 개인과 동시에 국가의 생산적인 사회구성원으로 하며 진로교육과 직업교육은 서로 독립적 개념이 아닌 상호보완 요소와 함께 광의의 개념을 가지고 있다. 초등학교 특수교육 대상 학생들의 진로·직업교육에 대한 통합학급 교사와 특수학급 교사의 인식을 비교하고 연수경험 및 운영 경험에 대한 통합학급 교사와 특수학급 교사의 인식에 차이를 알아봄으로써 이를 통해 특수교육 대상 학생을 위한 진로·직업 교육의 지원을 위한 기초자료로써 연구에 의미가 있을 것이며, 나아가 초등학교 특수교육 대상 학생을 위한 진로·직업교육 운영의 활성화에 도움이 될 것으로 기대한다.

초등학교 특수교육은 진로와 관련한 인식이 생겨나며 이 시기에 형성된 진로 인식을 거쳐 중학생부터 진로탐색의 단계로 나아가게 된다(한국교육개발원, 1985). 초등학교 진로교육은 진로 인식에만 한정할 것이 아니라 초등학교 수준에 맞는 진로탐색과 진로준비까지도 동시에 이루어져야 한다(한국진로교육학회,

1999). 초등학교의 진로 인식 단계는 주로 초등학교 고학년 수준에서 이루어지며, 일의 고마움(가족과 이웃 사람들이 하는 일에 대한 고마움 인식), 일의 세계(일의 목적과 소중함, 산업과 직업, 직업의 다양함), 나의 소질(나의 흥미 발견, 소질과 직업과의 관계), 장래의 계획(장래포부의 성취방법, 존경하는 인물), 직업인에 대한 존경심 및 일의 태도의 교육이 필요하다. 진로 발달과 관련하여 다양한 관점들을 종합하여 보면 인생의 단계마다 각기 다른 진로발달 과업이 있다. 이에 따라 진로 발달 양상이 달라지는데 초등학생 시기는 자신의 진로의사결정에 대한 기본적인 개념을 가지고 자기가 수립한 진로선택과 계획 실행에 따라 진로 자아개념을 형성해 가며(이종범, 2005) 자신의 가능성을 탐색하고 직업세계에 대한 가치를 함양하고 긍정적인 태도로 진로인식 및 탐색하는 단계이다.

경기도교육정보연구원(2020)에서 초등학교 진로교육이 중요한 이유를 다음과 같이 세 가지 측면에서 강조하였다(정종희, 강찬성, 김재호, 장현진, 2020).

첫째, 급격한 사회 경제적 변화에 현명하게 대처해 나가기 위해서는 어린 시절부터 자신의 진로를 위한 지도를 받을 필요가 있다.

둘째, 최근 아동 발달 분야와 인성에 대한 연구 결과는 초등학교 3~4학년 시기는 자신의 진로 및 직업에 대한 큰 관심을 가지기 시작하며, 6학년 시기가 되면 많은 학생이 대체로 자신의 진로를 선택하게 되므로 이 시기에 일과 직업의 세계에 대한 다양한 지식과 자기 인식 및 의사 결정과정을 위한 지도가 꼭 필요하다.

셋째, 초등학교 수준에서 아동들은 장차 그들의 포부와 성취에 긍정적 또는 부정적 영향을 미칠 수 있는 직업 지각과 직업 선호에 동화되기 시작한다는 것이다. 만일 초등학교 시기에 부정적 태도와 자아를 형성하게 되면 후에 실업이나 청소년 범죄와 같은 사회적 병리 현상의 일환으로 발전할 가능성이 커지므로 이 시기에 진로 및 직업에 대한 올바른 인식과 건전한 태도를 갖출 수 있는 능력을 기를 필요가 있다고 주장하였다.

이처럼 급격한 사회·경제적 변화에 따라 모든 교육에서 진로교육을 병행해야 할 필요성이 있으며 최근 인성과 아동발달 분야에서 초등학교 학생들에게도 진로지도가 필요하다는 많은 연구결과들이 나오고 있다(김충기, 1989). 초등학교 학생들에게 진로지도를 실시함으로 개개인의 흥미와 소질을 발견하고 자아에 대한 이해를 높이게 된다. 이는 자아존중감을 향상시키는 데 도움을 주어 청소년 시기 및 성인기에 있어 더욱 성숙하고 효율적인 진로 발달을 성취할 수 있게 된다.

따라서 급변하는 사회 속에서 성인기에 성숙되고 효율적인 진로 발달을 성취하기 위해서는 초등학교 과정에서부터 진로발달 단계에 맞춰 적합한 진로·직업교육이 꼭 필요하다. 따라서 초등학교에서의 진로·직업교육에 대한 교육 주체인 통합학급 교사와 특수학급 교사의 인식을 비교함으로써 초등학교에서의 진로·직업교육의 필요성에 대한 당위성을 부여하는 데 가치가 있을 것으로 생각된다.

2. 특수교육과정에서 진로·직업 교육정책

특수교육과정은 1998년에서 2008년 개정까지 10년이 걸렸으나 2008년에서 2015까지는 3~4년 만에 개정이 되었다는 것을 볼 수 있어 최근 특수교육 교육과정에서 변화가 컸음을 알 수 있었다. 시대별로 특수교육과정의 주요한 개정사항의 변화를 살펴보면 다음과 같다.

1998년 제7차 교육과정에서는 기본교육과정, (국민)공통 교육과정, 선택(중심) 교육과정으로 구성되어 있었으며 이중 기본교육과정은 지적장애·정서장애 학교에서 주로 사용하였고, 시각·청각·지체장애 학교에서는 공통교육과정과 고등학교 전문 선택 직업 중심 교육과정으로 운영되었다. 여기서 7차 교육과정은 교육적 요구에 부응하여 학생의 개인차에 따른 개별화 교육을 강조하고 있다는 점에서 매우 긍정적이나, 장애 분류에 따라 교육과정을 운영한 점에서 그 한계를 알 수 있었다.

2008년 특수학교 교육과정에서는 비 장애학생과 장애 학생의 분리 교육을 지양하고 통합교육을 강조하였으며, 장애 분류에 따라 교육과정을 일률적으로 운영하지 않고 개별적 특성을 반영하여 교육과정 운영을 개정했다는 점이 주목할 만하다. 그리고 교육과정 구성 방침에서는 특수교육 대상자의 다양한 교육적 요구를 지원해야 한다는 조항을 추가하였다. 교과 시수는 줄어들었으나 현장실습을 강조하여 취업과의 연계성을 고려했음을 알 수 있었다.

2011년 특수교육과정을 요약하면, 교과 교육과정인 기본교육과정 개선에 초점을 두고, 다양한 장애 특성과 수준을 보이는 개별 학생의 요구를 반영하였으며, 대체·대안 과정으로써 기본교육과정의 성격을 강화하였다. 장애 학생 역량 강화를 위한 교육과정을 구성하고, 장애 학생의 직업교육을 강화하기 위한 것으로 '직업 적응 및 기초 직무 능력 배양, 시대사회적 변화 반영 및 요구에 따른 직종 추가, 현장실습 확대 및 강화'를 모두 포함할 수 있도록 재구조화하였다. 이를 통해 진로·직업교육을 강조하였으며, 이를 기반으로 진로·직업 교육 시수를 그대로 유지하게 되었고 현장실습에 대해 계속해서 강조하고 있다.

2015년 개정 특수교육 교육과정에서는 일반 학교의 특수학급 학생들과 일반학급의 특수교육 대상자들에게 교과 내용 대신 진로와 직업교육, 생활기능, 현장실습 등을 편성하여 운영할 수 있도록 한 점이 주목할 만하다. 이상에서 특수교육 교육과정에서 살펴볼 수 있는 진로·직업 교육과 관련된 정책은 교육과정 개정이 진행되면서 개별화 교육, 학생 개개인의 다양한 요구 수용, 현장실습 강화, 진로·직업 교육 강화의 방향으로 진보되고 있다.

다음으로 특수교육 교육과정 정책의 변천에서 진로·직업교육 관련 내용은 지속적으로 유지되어온 부분과 교육과정 개정에 따라 변화된 부분으로 나누어 살펴볼 수 있다. 특수교육 교육과정은 1998년의 제7차 교육과정에서 기본교육과정이 도입되면서 큰 틀에서 기본교육과정, (국민)공통 교육과정, 선택(중심)교육과정이라는 교육과정 구성이 확립되었다. 이러한 특수교육 교육과정 구성은 이후의 교육과정 개정에서 약간의 변화가 있기는 하였으나 현재까지 그 틀이 유지되고 있다. 진로·직업교육 측면에서 살펴볼 때, 1998년과 2008년 기본교육과정에서는 중학교와 고등학교에서 교과명이 직업이었으나 2011년 개정에서부터는 진로와 직업으로 교과 명칭이 바뀌었는데, 이는 특수교육진흥법에서 직업교육과 진로·직업교육이 각각 규정되다가 2008년 장애인 등에 대한 특수교육법에서 진로 및 직업교육으로 제정되는 것과 맥락을 같이한다. 공통교육과정에서 고등부 선택 교육과정은 1998년에 전문선택 직업 교과가 편성된 이래 현재까지 유지되고 있다. 다만, 이 과목들은 1998년에 7개 과목에서 2011년에 부분적인 과목 명칭의 변경이 있고 난 뒤 2015년 개정 특수교육 교육과정에서는 11개 과목으로의 확대 및 전문교과 Ⅲ으로 편제되어 과목 명칭 변경, 과목 확대, 편제 변경 등의 전반적인 개정이 이루어졌다.

진로·직업교육 과정을 포함한 특수교육 교육과정의 대상은 1998년과 2008년에서 큰 차이를 보인다. 1998년에는 장애 유형에 따라 지적장애 학교 및 정서장애 학교에서는 기본교육과정을 사용하는 것이 원칙이었고 시각, 청각, 지체장애 학교에서는 공통교육과정과 고등학교 전문 선택 직업중심으로 편성·운영하도록 하였다. 그러나 이러한 정책은 2008년 이후부터 기본교육과정은 공통교육과정과 선택 교육과정의 적용이 어려운 경우에 편성·운영할 수 있도록 함으로써 장애 유형보다는 장애학생의 개별적인 장애 정도와 특성을 반영할 수 있도록 하였다. 이러한 2008 특수교육 교육과정에서의 변화는 2011, 2015 특수교육 교육과정 개정에서도 그대로 이어지고 있다. 진로·직업교육 관련 과목 중 기본교육과정의 직업, 진로와 직업의 시수는 한 차례 크게 줄어든 후 최근에는 그대로 유지되고 있다. 즉, 1998년 제7차 교육과정에서는 중학교 및 고등학교 직업 시수는 각각 340시간, 408시간이었으나 2008 특수교육 교육과정에서는 중학교와 고등학교 각각 204시간, 272시간으로 줄었다. 그러나 2011, 2015 특수교육 교육과정에서는 진로·직업교육에 대한 중요성이 강조되는 시대적인 흐름과 함께 시수도 유지되고 있다. 특수교육 교육과정에서 진로·직업교육의 현장실습이 강조된 것은 2008년 특수교육 교육과정부터이다. 2008 특수교육 교육과정에서 전문 선택 직업을 주로 하는 고등학교를 포함하여 진로·직업교육에서의 다양한 형태의 현장실습이 강조되었는데, 이는 2008년부터 시작되는 3차 특수교육 발전 5개년 계획에서 현장실습이 강조되는 것과 맥락을 같이 한다. 이러한 현장실습 강조는 2011, 2015 특수교육과정에서도 그대로 유지되거나 강화됨으로써 진로·직업교육의 중요한 교수·

학습의 방향을 설정하고 있다.

마지막으로, 최근에 통합교육을 받는 장애 학생들의 수가 증가함에 따라 특수교육 교육과정에서 이 학생들에 대한 진로 · 직업교육을 활성화하는 것은 중요한 과제였다. 그리하여 2015 개정 특수교육 교육과정에서 일반학급 및 특수학급에 배치된 특수교육 대상 학생들에게 교과의 내용을 대신하여 생활기능 및 진로와 현장실습, 직업교육 등으로 편성 운영할 수 있도록 한 점은 통합교육을 받는 학생들에게 진로 · 직업교육을 실질적으로 할 수 있는 근거가 되었다. 이처럼 특수교육 교육과정 변천의 흐름을 살펴볼 때 진로 · 직업 교육과 관련된 정책은 교육과정 개정이 진행되면서 개별화 교육, 현장실습 강화, 진로 · 직업 교육 강화, 학생 개개인의 다양한 요구 수용 등의 방향으로 진보되고 있다. 또한, 진로 · 직업 교육을 강조함과 동시에 실제성을 높인 현장실습을 강조해온 흐름을 파악할 수 있었다. 이러한 교육과정의 흐름과 발달장애 학생의 진로 · 직업 지원 관련법인 특수교육법은 맥을 같이 하고 있다.

3. 발달장애 학생의 진로 · 직업교육

1) 지역사회와 연계한 전공과 교육과정 운영

발달장애학생을 위한 전공과 교육과정 운영에서는 단순 반복형 직무훈련과 관련된 진로 · 직업교육이 아닌, 실제 학생이 졸업 후에 살아갈지가 발달장애 학생의 역량과 특성을 반영한 전공과 진로 · 직업교육 현재 발달장애학생을 위한 진로 · 직업교육에서는 학생 개개인의 역량과 개별적 특성을 반영한 개별화된 직업교육이 체계적으로 운영되고 있지 않다. 장애학생은 장애별 특성의 다양성과 개인차, 중복장애로 인한 장애 유형의 차별성 등으로 자신만의 능력과 개별적 특성에 적합한 직무를 개발하기가 쉽지 않다. 발달장애 학생을 위한 직업훈련 교육과정 운영을 단순 반복적인 직무 위주로 선별하다 보면,

결국 단순 조립과 포장 등과 관련된 직무들이 대부분을 차지하게 된다. 이는 4차 산업혁명 시대를 맞이하여 단순 반복과 관련된 직무가 빠르게 인공지능 시스템으로 대체되고 있는 현실에 부합하지 않는 시대착오적인 진로·직업교육으로 시급한 수정이 요구되는 사항이다. 우리는 급속하게 변화하는 직업 세계 변화를 고려하여 발달장애 학생의 훈련 직종을 다양하게 연구해야 하며, 무엇보다 4차 산업혁명 시대에는 단순 반복된 직무 중 대부분은 자동화된 시스템과 로봇이 대신할 가능성이 큰 만큼 속도는 느리지만, 차별화된 경쟁력을 내세워 발달장애 학생들이 지닌 장점을 발휘할 수 있는 직무를 개발해야 할 필요가 있다. 발달장애 학생의 장애 특성과 직업기능을 연계하여 장애 학생에게 적합한 직무개발과 직종을 위한 활발한 연구가 진행되어야 한다. 이렇게 개발된 연구 자료를 바탕으로 발달장애 학생의 강점과 연계된 직무를 훈련할 수 있는 교육과정 운영이 필요하다.

2) 지역사회와 연계한 전공과 교육과정 운영

발달장애 학생을 위한 전공과 교육과정 운영에서는 단순 반복형 직무훈련과 관련된 진로·직업교육이 아닌, 실제 학생이 졸업 후에 살아갈 지역사회와 연계한 전공과 교육과정을 운영한다면 졸업 후 지역사회 내에서 취업과 연계성을 높일 수 있을 것이다.

(1) ONE-STOP 통합지원 체제

발달장애 학생의 진로·직업교육을 전 생애적 관점에서 일관되고 지속적인 지원을 위해 꼭 필요한 것은 지역 단위의 원스톱 통합서비스 지원이다. 이에 대해 전공과는 특성상 지역사회 및 관계 기관의 협력 여부와 정도에 따라 전공과 학생의 취업과 고용을 판가름 짓는다고 해도 과언이 아니라고 주장하며, 2018년을 기점으로 교육부-고용노동부-보건복지부가 범정부 차원의 협력과 공조 체제를 마련한 것은 매우 고무적인 일이나, 여전히 지역사회 단위에서의 협력체계 구축과 연계 기관 확대가 부족한 것이 사실이라고 주장하였다.

이에 다양한 부처 간 통합적 지원체계 구축 마련이 보다 확대되어야 할 필요가 있으며, 지역사회 수준의 협의체 구성을 통한 통합지원 프로그램 실시 등 제도적 체제가 현실화하여야 한다고 주장했다. 또한, 관계 기관 연계사업 실행 차원에서 직업훈련 코디네이터의 역할을 고려해 볼 필요가 있으며, 직업훈련 코디네이터가 수행해야 할 역할을 기준으로 살펴보면, 추후 교육부-고용노동부 간 연계사업에서 다양한 역할을 기대할 수 있다고 의견을 제시했다. 교육부(2019)에서는 장애인 진로·직업교육을 위한 생애주기별 통합지원체계를 구축 방안으로 교육·복지·고용 통합 연계 시스템 구축, 진로·직업교육 전문 인력배치, 장애 친화적 지역사회 통합 환경 조성을 제시했다.

첫째, 교육·복지·고용 통합 연계 시스템 구축 방안으로 관계부처(교육부, 복지부, 고용부) 중앙 상설협의체 활성화와 관련하여 장애 학생 현장실습 및 취업 지원을 효과적으로 지원하기 위해 관계부처 및 기관(교육부, 보건복지부, 고용노동부, 국립특수교육원, 한국장애인고용공단, 한국장애인개발원) 담당 부서장 및 업무 담당자로 협의체를 구성하고 관계부처(기관)의 장애인 교육 고용 복지정책의 주요 이슈 및 현장 지원 사업이 유기적으로 연계될 수 있도록 상시협의 운영을 강화하며 지역 단위의 원스톱 통합서비스 지원을 위한 협의체를 활성화할 수 있도록 하는 방안을 제시했다. 그리고 주요 정책 및 사업에 대한 현장 안내 컨설팅, 모니터링, 우수사례 발굴 보급 등을 공동으로 추진하는 활동을 통해 관계부처 중장기 계획을 기초로 매년 범부처 차원의 장애 학생 진로·직업교육 시행 계획 수립 추진하고 있다.

장애 학생 원스톱 취업 지원 연계 시스템 구축과 관련해서는 진로 직업교육의 효율화 및 안정화를 위해 3개 부처(교육·복지·고용)로 나누어진 장애 학생 취업 지원체계를 일원화된 협업시스템으로 구축하는 것으로 현재 나이스 시스템 기능을 개선(2019)하여 연계 시스템 구축 및 시범 운영(2020)을 하고 이 연계 시스템을 전면 시행(2022)하여 장애 학생의 직업평가-직업교육-고용지원-사후관리 서비스를 일원화하여 원스톱으로 지원한다는 내용이다. 이를 역할별로 구분해 보면, 교육부에서는 나이스 시스템을 통해 학령기 진로 직업교육 이력과 요구사항 등을 작성하여 서비스 의뢰를 하고, 고용노동부(공단)에서는 직업

상담 및 평가, 서비스 분류 및 매칭, 취업 지원 및 사후관리 서비스 제공을 하고, 보건복지부(장애인 개발원)에서는 발달장애인 일자리 사업, 취업 전(보호 고용, 직업훈련) 서비스 및 사후관리 서비스를 제공한다는 것이다.

둘째, 진로 · 직업교육 전문 인력배치에 관한 방안으로 중등 과정을 운영하는 특수학교에 '진로 진학 상담' 자격이 있는 학교의 진로 직업교육계획 수립, 직업상담, 직업적성 흥미 등 발굴, 개별 학생의 진로 설계의 체계적 관리 지원 등의 소임을 수행은 진로 전담 교사를 1명 이상 배치하고, 현장실습 운영 및 취업처 발굴 지원을 전문적으로 지원하기 위한 특수학교 및 특수교육 지원센터에 전문 인력배치를 제시하였다.

셋째, 장애 친화적 지역사회 통합 환경 조성을 위한 방안으로 발달장애학생 체험활동 지원을 위한 제도적 기반 마련과 관련하여 장애 유형 및 특성에 적합한 진로체험 기회 제공에 대한 국가 및 지방자치단체의 책무를 강화하기 위해 법령(진로 교육법, 행정기관 등의 진로 체험 제공에 관한 규정)을 개정(2021)하고, 공공 및 민간기관의 협력을 강화하여 분야별 전문성을 활용한 진로체험 확대 및 사회적 분위기 조성을 위하여 공공, 민간과의 업무협약 체결 확대하는 방안을 제시하였다. 장애 학생 진로 · 직업교육 특성화 특수교육지원센터 지정 · 확대와 관련하여 특수교육지원센터 중 일반 학교에 통합되어 있는 장애 학생 지원을 강화하기 위해 진로 직업교육 특성화센터로 지정 운영하는 방안과 통합형 직업교육 거점학교의 집중적 직업교육 방안을 제시하였다.

진로 · 직업교육 특성화 지원센터와 통합형 직업교육 거점학교의 역할을 대상, 역할, 인력에 따라 비교해 보자면 진로와 직업교육 특성화 지원센터의 대상은 고등학교 3학년 학생이며 역할은 전문기관과 연계하여 직업상담, 평가, 현장실습 및 취업 지원을 하는 것이다. 인력은 취업지원관과 직무지도원이다. 통합형 직업교육 거점학교의 경우 대상은 고등학생 전체이며 역할은 진로 및 직업 교과교육, 직업 전문 직종 교육이고 인력은 특수교사와 전문 강사이다.

장애 유형 중 특히 발달장애 학생의 경우, 전 생애에 걸친 생애주기별 맞춤형 통합지원 시스템이 절실한 상황이다. 발달장애 학생들의 보호자나 부모가 지원이 가능할 때는 지원받을 수 있으나 그렇지 않은 상황이 발생할 경우, 지원에 대한 공백이 생기거나 제대로 된 지원을 받지 못하는 상황이 발생할 위험이 크다. 특히, 교육부에서 나이스 시스템을 통해 학령기 진로·직업교육 이력을 기록하고 관리한다고 하였는데 학령기 외에도 출생에서 사망에 이르기까지 보건복지부 등의 이력 관리시스템을 통해 발달장애 학생의 진로·직업교육에 필요한 이력들이 기록·관리되어야 할 것이다.

(2) 가정과 연계한 지속적 맞춤형 지원

발달장애 학생을 위한 진로·직업교육에서 발달장애인 개개인의 특성에 맞는 개별화 교육은 매우 중요하다. 그런데도 공교육에서 한 교사가 발달장애 학생을 가르치는 기간은 길지 않다. 이런 상황에서 개별화된 진로·직업교육을 연계성 있게 지속해서 한다는 것은 우리나라 교육환경에서는 매우 어려운 상황이라 볼 수 있다. 이에 발달장애 학생의 특성, 강점, 재능 등을 가장 잘 파악하고 있고 오랫동안 가까이서 지켜본 장애학생 부모와 협력적으로 진로·직업교육을 하는 것이 대안이 될 수 있다고 생각한다. 발달장애학생을 위한 진로·직업교육에서 간과할 수 없는 것 중 하나는 학교와 가정에서의 일관되고 지속적인 교육을 해야 한다는 것이다.

이와 관련하여 교육부(2019)에서 제시한 장애 학생의 진로·직업교육 활성화를 위한 방안 중 학부모 정보제공 확대 및 지원역량 강화와 관련된 방안인 찾아가는 학부모 정책 설명회 추진과 온·오프라인 플랫폼을 활용한 정보제공 방안을 살펴보고자 한다.

첫째, 시·도 교육청 및 단위 학교 요구를 반영하여 진로 직업교육정책에 대한 공감대 형성을 위해 정책 설명 자료는 광고지, PPT, 영상 등의 형태로 제작하고 강의, 공감 토크, 간담회, 토론회, 세미나, 워크숍 등 다양한 형식으로 학부모 정책 설명회를 추진하는 방안을 제시하고 있다.

둘째, 온·오프라인 플랫폼을 활용한 정보제공과 관련하여 진로·직업교육 관련 수시 정보제공을 위해 국립특수교육원의 장애자녀 부모지원 온라인종합시스템 '온 맘' 활성화 방안과 학부모에게 정보제공 기회를 강화하기 위해 학부모용 '진로 레터'를 발간하는 방안을 제시하고 있다.

이처럼 발달장애 학생을 최전선에서 지원해 줄 수 있는 학부모를 위한 정책 설명회나 온·오프라인 플랫폼을 활용한 정보제공과 더불어 유사한 유형의 발달장애 학생을 양육하고 있는 학부모 네트워크를 구성할 수 있도록 지원하거나 이미 형성되어 있는 학부모 네트워크를 지속해서 운영할 수 있도록 행정적, 재정적 지원을 하면서 학부모 정책 설명회와 온·오프라인 플랫폼을 병행하여 운영한다면 발달장애 학생의 진로·직업 교육에 더욱 지속적이고 일관되며 실제적인 지원이 가능하다고 본다. 다음으로 발달장애 학생의 맞춤형 진로·직업교육을 위해 교육부(2019)에서 제시한 방안을 살펴보면 다음과 같다.

첫째, 학생 맞춤형 진로체험 기회 확대 방안으로 장애 학생의 진로 탐색 활동 및 미래 진로 설계지원 강화를 위해 특수학교(중학교) 자유 학년제 확대 및 운영 지원과 장애 학생의 진로 탐색 체험, 진로 정보 등을 제공하여 자유학기(년)제와 고등학교 직업 교육과정 간 연계를 권장하였다. 또한, 장애유형 및 특성을 고려한 맞춤형 진로체험 지원을 강화하는 방안을 제시하고 있다. 구체적인 내용을 살펴보면 장애 학생의 특기 및 적성, 직업적 흥미, 진로 성향 등을 파악하기 위하여 장애 유형 및 특성에 적합한 직업탐색 프로그램 제공을 위하여 지역사회 장애인 직업 재활 전문기관(한국장애인직업재활시설협회 등)과 협력 추진, 장애 특성을 고려한 양질의 진로 체험활동 지원 강화 방안을 제시하고 있다. 장애 맞춤 직업탐색 프로그램은 직업평가, 직업탐색, 직업 준비훈련, 학부모 교육 중심으로 학교의 요구에 따라 구성하도록 하였으며, 장애맞춤 체험처 발굴, 공공 및 민간기관 진로체험 행사 발굴 안내, 거점 특수교육지원센터 지정운영, 실제와 유사한 직업체험 경험을 제공하기 위해 한국장애인고용공단과 협업하여 기업이 참여한 직업체험 실습실인 발달장애인 훈련센터(2019년 13개에서 2020년 20개로 증설) 설치 확대 방안을 제시하고 있다.

발달장애인 훈련센터 지원체계는 중학교와 고등학교 1학년 시기에 직업체험 기본과정 후 고등학교 2학년 시기 직업체험 심화 과정을 거쳐 고등학교 3학년과 전공과정 시기에 고용 연계형 직업훈련 과정으로 이루어져 있다.

둘째, 학생 맞춤형 진로 역량 개발지원 강화와 관련하여 예술 체육 분야의 전문 직업인 양성을 위한 중점 교육과정 및 프로그램 운영 지원 확대('체육, 예술' 등 특정 교과를 중심으로 교과별 50% 범위에서 시수를 감축하여 해당 교과를 집중 편성 운영. 2015 개정 특수교육 교육과정), 고등학교 과정에서 현장 중심 직업교육 강화를 위한 직업교육 중점 학교 확대 및 내실화 지원 특수교육 교육과정(고등학교 단위 배당 시 교과별 50% 범위에서 시수를 감축하여 '진로와 직업' 교과를 중심으로 편성운영. 2015 개정 특수교육 교육과정), 중도 중복 장애(시각+발달, 청각+발달 등) 학생의 눈높이에 맞는 일상생활 및 체험중심의 진로·직업교육 프로그램 운영 지원 모형 개발 보급(중도 중복장애 학생이 포함된 학급의 교육과정 편성 운영 시 교과별 50% 범위에서 시수를 감축하여, 창의적 체험활동으로 편성 운영. 2015 개정 특수교육 교육과정) 등을 통해 유연한 교육과정 운영을 지원 확대하는 방안을 제시하였다.

셋째, 학생 진로 역량의 체계적 관리를 위한 기반 구축과 관련하여 전문적 직업평가 체계 구축, 장애 학생 직업 흥미검사 활용 체계 구축, 장애인 전문 직업평가기관과 연계한 직업평가 체계 구축 방안을 제시하였다. 학교에서 사회로의 성공적인 전환역량 향상을 위해 중증장애 학생 전환역량향상 프로그램(주거, 여가, 고용, 의사소통 등 성인기 삶에 필요한 다양한 영역의 역량을 고려하되, 전환역량을 평가할 수 있는 평가 체크리스트 포함) 개발 보급방안을 제시하고 있다. 여기서 미국의 생애주기별 전환교육계획 수립 지원 사례를 제시하였는데 그 내용은 다음과 같다. 만 16세 이후 의무적으로 IEP(Individualized Education Plan, 개별화 교육계획)에 전환 교육계획을 포함하여 수립(Individuals with Disabilities Education Act: IDEA, 2004)하여 장애 학생이 고등교육, 직업교육, 고용(지원 고용 포함), 평생교육, 성인 서비스, 독립생활, 지역사회 참여 등을 포함하는 졸업 이후 활동으로의 이동을 촉진하기 위해 장애 학생의 학업 및 기능적 성취를 향상시키는 결과 지향적인 과정을 고려하여 설계하고 여기에 참여하는 사람들은 학생, 가족, 특수교사, 진로직업 교사, 관련 서비스 제공자, 직업평가자, 학교관리자, 지역사회 서비스 대표자 등이 포함된다.

장애 학생 직업 흥미검사 활용 체계 구축과 관련해서는 장애 학생의 다양한 특성을 고려하여 장애 학생 직업 흥미검사 도구 개발을 완료하고 온라인 및 서적형 도구를 제작 보급하는 방안을 제시하였다. 장애인 전문 직업평가기관과 연계한 직업평가 체계 구축과 관련해서는 개별 학생의 진로 역량에 대한 풍부한 정보제공을 위해 장애인 전문 직업 평가기관인 한국장애인직업재활시설협회, 한국장애인개발원 등과 연계하여 직업평가 체계를 구축하고 운영하는 방안을 제시하였다.

또한, 교육부에서 제시된 방안에는 학령기 장애 학생에 관련된 내용만을 다루고 있는데 학령기의 발달장애 학생에 대해서는 교육부에서 일관되게 이력관리시스템을 도입하여 관리하되, 출생에서 사망에 이르기까지 발달장애 학생의 전 생애적 관점에서 이력 관리시스템이 도입되어 부처 간 통합적으로 운영되어야 할 필요가 있다. 이에 따라 교육부, 고용노동부, 보건복지부의 연계시스템을 통해 발달장애 학생의 이력을 통합적으로 관리할 필요가 있다.

4. 특수교육 대상 학생의 진로 · 직업교육

1) 초등학교 특수교육 대상 학생의 진로·직업교육 내용

「장애인 등에 대한 특수교육법」 제1조에서는 특수교육의 목적을 특수교육 대상 학생의 자아실현과 사회통합에 두고 있다. 이처럼 특수교육 대상 학생의 자아실현과 사회통합을 이루기 위해서는 이들에게 사회적 자립을 위한 진로 · 직업교육이 선행되어야 하며 이를 체계화하고 활성화할 필요가 있다(국립특수교육원, 2010). 특히 제7차 교육과정은 진로교육의 중요성을 크게 강조하고 있으며 폭넓은 교양을 바탕으로 진로를 개척하는 사람이라는 인간상을 추구하고 있어 일반적인 직업인으로서 사회통합을 추구해야 하는 특수교육 대상 학생들의 내실 있는 진로 · 직업교육이 필요한 시대가 되었으며, 특수교육 대상 학생에게 진로 · 직업교육은 일반학생에게 있어서의 진로 · 직업교육보다 더 중요한 의미를 지닌다. 특수교육 대상 학생의 경우 장애로 인해 수반되는 물리적 · 사회적 어려움 때문에 자신의 흥미와 적성에 적합한 직업을 선택할 기회의 폭이 좁고, 자신의 미래를 준비하는 데 일반학생보다 더 많은 시간과 훈련이 요구되기 때문이다.

박희찬(2016)의 연구에 의하면 일반적으로 진로·직업에 관련한 특수교육 대상 학생의 특성을 다음과 같이 제시한다.

첫째, 진로를 결정할 때 선택의 폭이 제한될 수 있다.

둘째, 특수교육 대상 학생은 일반 학생보다 상호의존성이 크다.

셋째, 특수교육 대상 학생은 일반적인 진로발달 단계인 진로인식, 진로탐색, 진로준비, 진로전문화가 계열적 혹은 순차적으로 이루어지기 어려울 것이다.

넷째, 특수교육 대상 학생의 경우 지역사회의 일반사업장에 취업하는 형태인 일반고용 이외에 보호작업장 또는 다른 직업 형태에 취업할 수 있다.

이런 특성으로 인해 특수교육 대상 학생은 일반 학생들의 진로·직업교육의 차이가 있을 수 있다. 특수교육 대상 학생의 진로·직업교육은 교육활동 전반에서 이루어지는 교육이어야 하며 다양한 프로그램을 제작하고 활용해야 한다. 또한 각 학생의 발달단계에 따른 진로지도가 되어야 하는데 특수교육의 최종 목표는 특수교육 대상 학생들이 학교를 떠나 성인생활에서 성공적으로 자립하여 독립적인 삶을 추구할 수 있도록 한다. 학교에서 학생들이 졸업할 때 무엇을 습득하고, 무엇을 수행할 수 있는지 다시 생각해 보아야 하며 특히 조기 및 지속적인 진로교육체제를 구축하는 것이 필요하다. 학교에서 사회로 진출하는 전환을 위한 준비교육은 되도록 빨리 실시되어야 하며 진로교육을 유치원부터 시작하여, 초등학교, 중학교, 고등학교 차근차근 준비하는 것이 바람직하다.

「장애인 등에 대한 특수교육법」 제23조(진로 및 직업교육의 지원)에서 특수교육 대상 학생의 진로·직업교육 경우 중학교 과정 이상의 각급 학교의 장은 특수교육 대상 학생의 특성 및 요구에 따른 진로 및 직업교육을 지원하기 위하여 직업평가·고용지원·사후관리 등의 직업재활훈련 및 일상생활적응훈련·사회적응훈련 등의 자립생활훈련을 실시한다. 대통령령으로 정하는 자격이 있는 진로 및 직업교육을 담당하는 전문인력을 두어야 한다고 명시되어 있다. 이에 따라 2011 개정 특수교육 교육과정 기본교육과정에서 '진로와 직업'을 통해 이를 근거로 중학교 과정 이상의 각급 학교에서만 특수교육 대상 학생을 위한 직업교육을 실시하고 있다. 이에 반해 특수교육의 정책 및 진로·직업교육의 실시가 특수학교와 중등 특수학급에 치중되어 있어 초등학교에 재학하고 있는 특수교육 대상 학생에게는 진로·직업교육이 원활하게 이루어지지 않는 경향을 보이며, 초등학교 시기의 정책적인 진로·직업교육을 미실시하고 있는 것이 교육현실이다. 현재 장애학생의 취업률은 「장애인 등에 대한 특수교육법」과 같은 정책적 노력에도 불구하고 35% 안팎에 머물지 못하고 있으며(교육부, 2013), 상대적으로 많은 진로·직업교육이 실행되는 특수학교의 경우에도 취업까지 연결되지 않거나, 저조한 취업률에 대해 장애학생들의 진로·직업교육에 대한 다양한 주장들이 제기되었다. 그중 하나로 많은 전문가는 「장애인 등에 대한 특수교육법」 제23조(진로 및 직업교육의 지원)에서 제시하는 것처럼 중·고등부 중심의 정책과 교육을 지적하고 있으며 진로·직업교육은 초등학교 때부터 이루어져야 한다고 주장한다. 특히 제도적인 면에서 뒷받침이 되어 초등학교에서부터 진로·직업교육을 실시한 근거를 마련해주고 이에 필요한 교육과정의 개발이 필요하다. 그러나 초등학교 특수교육의 진로교육은 특수학급 교육과정의 어려움으로 진로교육이 제대로 이루어지지 않는다고 하였다. 일반 초등학교에 다니는 특수교육 대상 학생의 경우 여러 연구에서 나타나듯이 정규 교육과정에서 제공하는 진로교육은 5~6학년에 재학 중인 특수교육 대상 학생만 통합학급 교사가 창의적 체험활동에 편제된 진로교육 시간에 수정된 교육내용 없이 일반학생과 더불어 진로교육을 하고 있다. 대체로 특수학급 교사 임의대로 진로·직업교육 과정을 편성하여 학급별로 독립적인 진로·직업교육을 실시하는 경우가 대부분이다. 초등부 진로·직업교육 관련 특수학급 교사들은 진로·직업의 필요성이 요구되나 초등학교 특수교육 대상 학생을 위한 교육과정이 없기 때문에 운영 및 계획에 어려움이 있어 프로그램 개발과 교육과정에 많은 요구사항이 있었다.

진로발달단계 측면에서 초등학교 특수교육 대상 학생의 진로·직업교육을 살펴보면 일반적으로 취학 전부터 진로인식이 발달하고 있음을 밝히고 있다. 진로·직업교육 조기 실시의 필요성을 언급하고 있는데, 특히 특수교육 대상 학생들은 일반 학생들보다 자신의 흥미와 적성, 능력 및 장애 상태에 맞는 진로를 인식하고 있다. 탐색, 준비하는 데 시간이 오래 걸리며 교수방법에도 차이를 나타내기 때문에 이들을 위한 진로·직업교육은 초등학교 시기에 이루어져야 한다.

특수교육 대상 학생의 학교에서의 진로·직업교육은 크게 초등학교에서 고등학교까지 진로인식, 진로탐색, 진로준비, 진로적응(직업배치)의 4단계로 구성되는데 진로인식은 유치부와 초등학교 단계에서, 진로탐색은 초등학교와 중학교에서, 진로준비는 중학교와 고등학교에서, 그리고 진로적응은 고등학교 졸업이나 전공과 수료 시에 주로 이루어진다(황미애, 2013). 단계에 따라 진로·직업교육의 내용과 방법이 달라질 수 있지만, 이들 단계가 서로 중복되고, 장애학생의 수준에 따라 진행이 느리거나 빠르게 진행되기도 한다. 보통 초등학교 과정에서는 진로인식의 단계를 적용하게 되는데, 이 단계의 목적은 일에 대한 인식, 일하는 사람의 역할, 그리고 학생이 성인이 되었을 때 어떻게 일과 관련하여 사회의 구성원이 되는지에 대한 인식을 갖게 하는 것이다(정인숙, 김언아, 김형일, 박재국, 임소인, 2007). 또한 초등학교 특수교육 대상 학생들에 대한 체계적인 진로·직업교육은 장애학생들의 기능 수준을 높일 뿐만 아니라, 사회에 대한 의존을 감소시키고 자기의사 결정력을 높이며 사회에 성공적으로 통합하여 삶의 질을 높일 수 있다.

이에 개정된 2011 개정 특수교육 교육과정을 보면, 초등학교의 진로·직업교육은 '실과'를 바탕으로 이루어지게 되어 있으며 초등학교에 적용되는 '실과'는 학생의 실천적 경험과 실생활의 유용성을 중시하는 교과로서 자신의 일상생활과 가정의 일에 필요한 기본 소양과 다양한 경험을 제공하여 직업에 대한 관심과 탐색의 기회를 주는 교과이다(교육과학기술부, 2010a). 2011년 개정 특수교육 교육과정 편성 운영에 의하면 편제와 시간 배당은 해당학년의 교육과정을 따르되, 교육과정을 조정하여 운영할 수 있다. 학생의 장애정도와 능력을 고려하여 특수교육 교과용 도서 및 관련 교수·학습 자료를 활용할 수 있으며 중도·중복장애학생이 있는 학교의 학급은 해당 학생의 수행 수준을 고려하여 교과의 내용을 대신하여 생활기능 영역을 편성·운영할 수 있다(교육과학기술부, 2012). 교육방법에 있어서 초등학교 특수학급에서는 공통 교육과정과 특수교육 기본 교육과정을 혼용하여 교육과정 편성·운영 시 재량권을 배분받아

(국립특수교육원, 2012) 교육과정에 근거하여 특수학급 교사는 창의적 체험활동 시간에 현장체험학습을 주로 활용과 실기 중심 활동(요리 활동, 공예 활동 등)으로 진로·직업교육을 실시한다.

이상으로 초등학교 특수교육 대상 학생의 진로·직업교육은 공통교육과정과 특수교육 기본 교육과정을 혼용하여 교육과정 편성·운영 시 재량권을 배분받아 창의적 체험활동 시간이나 실과 등을 활용하여 장애 정도에 따라 내용을 수정하고 선정하여 실시해야 한다. 또한 특수교육 대상 학생의 진로·직업교육은 진로 발달단계나 장애특성을 고려할 때 일반학생과 마찬가지로 초등학교부터 실시해야 한다.

따라서 초등학교 특수교육 대상 학생의 진로·직업교육의 주체인 통합학급 교사와 특수학급 교사의 인식 차이를 통해 진로·직업교육을 위한 필요성과 운영방법, 운영내용, 더불어 특수교육 대상 학생의 진로·직업교육의 발전 방안 등을 제시하고 초등학교 특수교육 대상 학생의 진로·직업교육에 법적 제도화를 이끌어내는 데 기초자료로 활용될 수 있을 것으로 기대한다.

2) 중등 특수학급 교육과정

(1) 중등 특수학급의 개념

특수교육은 근본적으로 헌법 제31조 제1항에서 규정하고 있는 '모든 국민은 능력에 따라 균등하게 교육을 받을 권리를 가진다.'라는 규정에 따라 '특별한 교육적 배려가 필요한 자'를 교육하기 위한 교육체제의 하나라고 볼 수 있다(이유훈, 김경진, 박정연, 2000). 나아가 특수교육 진흥법 제2조 제11항에 따르면 '특수학급'이란 '특수교육대상자의 통합교육을 실시하기 위하여 일반 학교에 설치된 학급을 말한다.'라고 명시하고 있다.

「초중등교육법」, 「장애인 등에 대한 특수교육법」, 「장애인복지법」, 「장애인 차별 금지 및 권리구제 등에 관한 법률」 등의 많은 법으로 통합교육을 규정하고 법에 근거하여 특수학급이 설치되도록 교육적인 토대가 마련되어 있다. 따라서 중등 특수학급은 앞서 언급된 법적인 근거를 토대로 '장애학생의 통합교육을 위하여 일반 중·고등학교에 설치된 학급'이라고 할 수 있다.

(2) 초등 특수학급과의 차이점

일반학급은 주로 생활연령이나 정신연령을 동시에 고려하고 그들의 행동적, 정서적 문제성을 고려하여 능력상으로 동질성에 가깝도록 편성하는 것이 기본원리이다. 그러나 특수학급에 편성된 아동은 개인 간의 차가 심한 독특한 특성을 가진 아동들이다. 그러므로 이러한 아동들을 수용하는 특수학급은 일반학급과 다른 차이를 지닌다. 다음은 초등 특수학급과의 차이를 정리하였다.

첫째, 초등학교의 특수학급은 담임교사가 상주하여 학생들을 관찰할 수 있고, 교육과정도 담임교사 주도 아래 실시된다. 초등학교 특수교사는 학급담임교사와의 관계 속에서 특수학급[1] 대상 학생을 지원하게 된다. 하지만 중등학교 특수학급은 원적학급[2] 담임교사는 물론이고 교과지도를 담당하는 교사들과도 유기적인 관계를 맺고 특수학급 대상 학생을 지원해야 한다. 특수학급 대상 학생의 통합교과 수업의 참여, 문제행동이 발생하였을 때, 지도, 평가 조정 등에 관하여 공동의 노력을 기울여야 하는 부담이 있다. 특수교육 대상[3] 학생 역시 통합교과를 담당하는 교사가 호의적이지 않은 경우 적응하는 데 심각한 어려움을 겪게 된다. 초등 특수학급과의 차이를 교과담당 교사가 각각 다르기 때문에 장애학생과 교사들이 겪어야 하는 이해관계 문제와 심리적인 갈등문제, 학교생활 적응문제 등이 발생한다고 지적하였다.

둘째, 초등 특수학급은 주로 생활적응교육과 기초교과 위주로 진행된다. 하지만 중등 특수학급은 기능적 생활중심 교육을 강조한다. 학교에서 배운 내용과 기능을 실제 생활에서 활용할 수 있도록 하는 것이 목표가 되는 것이다. 특히 고등학교의 특수학급 대상 학생은 진로지도 및 직업에 대한 탐색 및 직업 전 교육, 사회생활 적응능력 향상 및 대인관계 기술 등을 교육과정 속에 담아 교육하게 된다.

셋째, 이러한 이유로 중등 특수학급 교사는 더욱 많은 특수교육 관련 서비

---

1) 특수교육대상자의 통합교육을 실시하기 위해 일반 학교에 설치된 학급.
2) 특수학급에서 수업을 받는 학생의 원 소속반임
3) 특수교육을 필요로 하는 학생으로 진단평가된 사람을 지칭

스와 이를 담당해줄 교사 및 전문지식을 가진 자원 인사에 대한 정보 등에 밝아야 한다. 실제로 특성화 고등학교 특수학급 담당교사는 직업과 취업에 깊이 관여하고 있다.

넷째, 초등 특수학급 대상 학생들의 정신연령과 생활연령의 차이는 크지 않다. 또 개개인과의 격차도 크게 벌어지지 않는다. 하지만 중등 특수학급은 체구는 성장하였지만, 정신연령과 생활연령의 차이가 아주 크다. 이에 따라 교사는 교육과정의 재구성과 교수자료의 선택에 많은 고민이 필요하다. 교사가 많은 재량을 발휘하여 과도하게 수정된 교육과정에 의한 수업을 진행할 경우 학생들이 너무 쉽게 느껴 흥미를 잃게 되거나 아무것도 배운 것이 없게 되는 결과를 초래할 수 있게 된다.

5. 고등진로 · 직업교육 단계별 교수전략

학교에서 실시되는 취업 준비 활동은 특수교사, 일반교사, 직업교사 그리고 보조원 등 많은 인사들이 연관되어 운영된다. 또 학교에서는 직업교과, 교과수업, 직업기술 수업, 진로기술, 교내 직장체험 수업, 진로상담, 자기결정교수, 학교연계업체, 그리고 직업평가 등 다양한 내용이 다루어진다. 이러한 취업 준비 활동들은 지역사회와 연계하여 수행될 필요가 있으며 학생들을 위한 취업준비는 적절한 교육과정을 제공하는 것으로부터 출발한다. 일부 학생은 생활기술에 중점을 둔 기능적 교육과정이 있어야 하지만 일부 학생은 전통적인 교과수업에 비중을 두기도 한다. 그러나 중요한 것은 학생의 전반적인 교육 경력이 반영되는 진로발달에 중점을 두어야 한다는 것이다. 그리고 고등학교에 진학하기 이전에 교과수업과 실제 작업 경험을 적절하게 조절하여 기회와 경험을 할 수 있도록 제공하는 것이 바람직하다.

이처럼 장애학생의 학교에서의 직업교육은 크게 초등학교에서 고등학교까지 진로인식, 진로탐색, 진로준비, 진로적응의 4단계로 구성된다. 이들 단계는 서로 중복되고, 장애학생의 수중에 따라 진행이 빠르거나 느리게 진행되기도 한다. 각 단계는 기술의 적용과 지도해야 할 내용의 범위에 중점을 두고 있다. 이들 기술은 초등부에서부터 고등부까지의 진로교육의 교수전략과 학습계획을 위한 안내 자료로 활용할 수 있을 것이다.

첫 번째 단계는 초등학교 수준에서 시작하여 중학교로 이어진다. 우리나라의 경우 초등학교 시기가 진로인식 단계에 해당하는 시기라고 할 수 있다. 학령기 초기부터 체계적으로 진로교육을 하는 것은 우리 학교 교육의 인지적·정의적 교육목표 달성 측면에서도 매우 중요하다.

두 번째 단계는 중학교 수준에서 시작하여 고등학교로 이어진다. 이 단계의 목적은 다양한 생활패턴 및 직업과 관련하여 학생이 자신의 관심 사항과 능력을 탐색하도록 지원하는 것이다. 학생이 학교와 지역사회에서 직접 경험을 통해 자신의 독특한 능력과 요구를 탐색하도록 기회를 제공할 수 있을 것이다. 진로탐색과 관련된 활동에는 학교주관 기업, 교내직장, 서비스 학습 프로그램, 지역사회 직장 등이 될 수 있다. 이러한 활동을 통해 학생들은 실제 현장과 관련된 기술을 학급에서 어떻게 배울 수 있는지 이해하게 될 것이다.

세 번째 단계인 진로준비단계는 초등학교뿐만 아니라 고등학교 수준에서 우선시되는 단계이다. 진로준비단계의 목적은 학생의 관심 사항과 장차 생활패턴 선택을 통해 진로 결정을 하도록 지원하는 것이다. 초등학교 초기에는 학생을 위해 자기 결정과 고용 준비 기술, 그리고 자기 인식 등을 개발하기 위해 다양한 선택 기회가 제공된다. 고등학교에 입학하면서부터는 보수나 무보수 직업경험을 통해 특정한 직무 기술뿐만 아니라 학생의 취직을 위한 기술에 중점을 둔다.

네 번째 단계인 진로적응 단계는 고등학교 3학년에 해당한다. 이 단계의 목적은 학생이 여러 가지 졸업 후의 환경에 전환하기 위한 학생들의 계획을 마무리 짓도록 하는 것이다. 학생이 선택한 생활에 준비를 할 수 있도록 기관간 협력이 이 단계에서 이루어질 수 있다.

이렇듯 학교 환경은 장애학생들에게 직장 경험을 제공할 수 있는 훌륭한 장이 될 수 있다. 왜냐하면 직장 상황이 학생들이 재학하고 있는 학교 환경과 비슷하기 때문이다. 교내 직업훈련 경험을 하기 위해 대표적으로 학교 주관 기업이 하나의 방안이 될 수 있다. 학교 주관 기업은 학교가 학생들이 물품을 생산하게 하거나 판매를 위한 서비스에 종사할 기회를 제공하기 위해 학교가 지원하는 활동이다. 이곳에서 학생들은 경쟁 고용 상황에서 갖추어야 할 작업 습관, 작업행동, 사회적 기술 등을 익히게 된다. 그 외에도 교내식당 종사, 사무실 보조, 손님 접대, 교사보조, 교내청소 보조, 스쿨버스 보조 등의 교내 직무 기술을 통해 다양한 직무 기술을 경험하는 기회를 가질 수 있다.

6. 고등학교 및 전공과 졸업 진로 현황

2020년 고등학교 및 전공과 졸업 특수교육대상자 진로 현황을 보면 다음과 같다(교육부, 2020). 2020년 2월 특수학교 고교 과정 졸업자의 취업률은 6.3%, 2020년 2월 고교 특수학급 졸업생의 취업률은 34.2%, 2020년 2월 고교 일반 학급을 졸업한 특수교육 대상자의 취업률은 13.2%로 나타났다. 2020년 2월 특수학교 전공과 이수자의 취업률은 41.7%, 2020년 2월 특수학급 전공과 이수자의 취업률은 68.2%로 나타났다. 이상에서 살펴본 것과 같이 특수교육 대상자 중 고등학교 졸업자의 경우 취업률은 23.4%에 그쳤으나, 전공과 졸업자의 경우 취업률은 42.9%에 이른다.

이에 전공과 설치를 확대 운영하여 취업률을 높이는 것이 매우 시급한 일임을 알 수 있었다. 특히 전공과 선발 과정에서 취업 가능성이 큰 발달장애 학생만 선발할 것이 아니라, 전공과 교육과정의 내실화를 통해 발달장애 학생의 취업률을 높일 수 있도록 지원 방안을 마련해야 할 것이다.

2021년 고등학교 및 전공과 졸업 특수교육대상자 진로 현황을 보면 다음과 같다(교육부, 2021). 2021년 2월 특수학교 고교 과정 졸업자의 취업률은 7%, 2021년 2월 고교 특수학급 졸업생의 취업률은 33.8%, 2021년 2월 고교 일반 학급을 졸업한 특수교육 대상자의 취업률은 13.2%로 나타났다. 2021년 2월 특수학교 전공과 이수자의 취업률은 43.0%, 2021년 2월 특수학급 전공과 이수자의 취업률은 82.5%로 나타났다. 2020년도에 이어 2021년에도 특수교육 대상자 중 고등학교 졸업자의 경우 취업률은 23.6%에 그쳤으나, 전공과 졸업자의 경우 취업률은 44.7%에 이른다는 사실을 알 수 있었다.

이에 전공과 설치를 확대 운영하여 취업률을 높이는 것이 매우 시급한 일임을 알 수 있었다. 특히 전공과 선발 과정에서 취업 가능성이 큰 발달장애 학생만 선발할 것이 아니라, 전공과 교육과정의 내실화를 통해 발달장애 학생의 취업률을 높일 수 있도록 지원 방안을 마련해야 할 것이다. 또한 2020년도 전체 취업률 31.3%에서 2021년도 전체 취업률 32.9%로 취업률이 1.6% 증가함을 살펴볼 수 있었다. 취업률이 전년도와 비교해 소폭 상승한 것은 긍정적인 현상이나 특수교육대상자들이 졸업 후에 취업하지 못하는 비율이 높다.

제8장

발달장애와 지원고용

1. 발달장애와 고용

1) 지원고용의 배경

지원고용이 등장하게 된 배경은 장애와 상관없이 모든 인간이 누려야 할 삶의 질에 대한 관심의 증대와 장애인에 대한 편견의 극복, 종래의 장애인 고용에 대한 한계점 부각 및 장애인 재활에 관한 기술의 향상 등을 들 수 있다. 지원고용의 목표는 개인이 경쟁 고용에서 유급고용을 획득하고 유지할 수 있도록 지원하는 것으로 중증장애인들이 비장애인과 통합된 실제 작업현장에 취업하는 기회가 매우 제한되는 상황에 대한 반동으로 시작되었다.

지원고용은 세 가지 서로 다른 사회적 인식의 변화에 의해 생겨났는데, 첫째는 중증장애인도 일할 수 있는 능력이 있고, 일하고자 하는 욕구가 있다는 연구결과에 기초한 인식변화이다. 둘째는 통합을 강조하는 지원고용의 개념이 등장한 것이다. 중증장애인도 최소제한환경에서 무상의 적절한 공교육을 받을 수 있게 되면서 교육, 직업, 여가활동을 통합 환경에서 즐길 수 있는 지원 프로그램 개발이 요청되었다. 셋째는 계속된 지원에 대한 욕구의 대두 변화이다.

미국은 시간 제한적인 서비스를 제공하고 있었지만, 연구결과들은 지속적인 서비스 지원에 대한 욕구를 반영하고 있었다. 내담자, 부모, 서비스 제공자들은 시간 제한적인 직업서비스와 지속적인 비 직업프로그램 중 후자를 선호하는 경향을 보였다. 이러한 개념의 변화와 함께 중증장애인들을 경쟁 고용에 배치하기 위한 지원고용프로그램은 1970년대 후반 일리노이, 버지니아, 워싱턴, 위스콘신(Illinois, Virginia, Washington & Wisconsin) 등의 지역에서 대학의 연구사업으로 시작되었다. 초기에 대부분의 경우 지원고용프로그램은 한 대학에서 그 효율성을 제시하는 형태로 이루어졌으나 1980년대에는 중증장애인의 삶의 질을 향상하기 위한 전국 규모의 운동으로 확산하면서 대학기반의 연구 활동은 매우 활발히 전개되었고, 그 결과 정책에도 변화를 주었다.

그러한 결과 지원고용은 장애인들을 지원하기 위한 주간 프로그램보다 비용이 훨씬 덜 들고, 지역의 여러 가지 장애인 고용프로그램들이 지원고용 접근법을 채택한다면 같은 비용으로 훨씬 많은 장애인에게 서비스 제공이 가능하고 좋은 성과를 올릴 수 있다는 것이 입증되었다(오길승, 2003). 우리나라에서는 1989년에 서울 시립정신지체인복지관에서 지원고용이라는 명칭을 사용하지 않았지만, 정신지체인의 통합고용 활성화를 위해 지원고용담당자를 배치하는 등 지원고용의 기초를 준비하였다고 한다. 그러나 우리나라에서는 '지원고용'이라는 명칭과 함께 정식으로 소개되기 시작한 것은 1992년경으로 보고 있다. 이때부터 부분적으로 자료가 소개되고, 일부 재활종사자들의 관심 대상이 되었으며, 1993년에 이르러서는 지원고용에 관한 논문이 발표되기 시작하였다(김종인 외, 2001). 1990년대 초에 지원고용을 실시한 예로써 서부장애인 종합복지관과 서울장애인 종합복지관의 사례를 들 수 있다. 서부장애인 종합복지관에서는 1994년에 성인재활프로그램의 일환을 지원고용프로그램으로 실시하여 서비스를 제공하고 있다. 서울장애인 종합복지관에서는 1993년을 기점으로 그동안 실시해오던 직업훈련프로그램에서 지원고용을 중심으로 하는 직업적응훈련과 현장훈련 체제로 전환하게 된다.

이러한 전환은 서비스 수요자의 장애정도가 중증화되는 경향을 반영하고 이와 함께 기존의 직업훈련이 현장과 연결되지 못하는 한계를 극복하기 위한 노력의 일환이었다. 또한 장애인복지관 이외에도 정신지체 특수학교에서 지원고용의 원리를 이용한 졸업생의 현장훈련 및 취업에 대한 시도가 모색되기도 하였으며, 한국장애인 고용촉진공단에서도 지원고용에 대한 시범사업을 거쳐 각 지방사무소에서 지원고용 사업을 실시하고 있다. 중증장애인들의 성공적인 고용프로그램으로 여겨지는 지원고용 개념의 사회체제 변화는 여러 가지 주된 개념을 담고 있다. 첫째는 직장에서의 비장애인과의 통합, 둘째는 직업유지를 촉진하기 위한 장기적이고 지속적인 지원에 대한 규정, 셋째는 실제 작업에 대한 임금 지급, 넷째는 기관 간 협력과 서비스에 대한 재정지원, 다섯째는 실제적인 중증장애인의 직업배치, 마지막으로 고용기회 확대를 위한 선 배치-후 훈련의 개념이다.

이러한 장기적인 지원 조항 때문에 이러한 서비스 전달 유형을 '지원고용'이라 불리게 되었으며 작업현장에서 중증장애인들이 사회적 · 물리적으로 통합될 기회를 확장하게 되었다. 즉, 고용에 있어 어려움을 겪는 중증장애인이 지속적인 지원을 받으며, 지역사회 내에서 작업 활동을 하고 최소한의 독립성이라도 획득할 기회를 제공하는 것이다. 다시 말해 지원고용의 핵심 철학은 정신지체를 비롯한 직업적 중증장애인을 비장애인과 더불어 경쟁고용으로 통합시키는 것을 궁극적인 목표로 하는 정상화(normalization)의 이념이다. 원래 지원고용은 통합 · 경쟁고용이 매우 어려운 중증장애인에게 비장애인과 통합하여 고용하며, 1주일에 20시간 이상씩 정기적으로 일을 하고 정상적인 월급과 수당을 받으며, 부족한 노동력만큼 정부가 계속 지원해 주는 제도를 말하는 것이다.

2. 지원고용의 의의 및 필요성

지원고용의 이론적 기초가 되는 의의와 필요성에 대하여 살펴보기로 한다. 지원고용(supported employment)이란 공공기금의 지원을 받는 통합된 환경에 배치되어 임금을 받으며, 직업활동을 계속하는 것을 말한다. 즉 경쟁적 노동, 통합된 작업환경, 지속적인 서비스의 제공 등 세 가지 요인을 내포하고 있다. 경쟁적 노동이란 주당 20시간 이상의 전일제나 시간제로 고용되어 노동법에 근거하여 임금을 받는 상태이다. 노동표준법은 고용주로 하여금 동일지역에 고용된 비장애인이 수행하는 것과 동일 유형의 노동을 질적으로나 양적인 면에서 동일 수준으로 수행하며, 개인의 생산성과 관련하여 비장애인과 동일 수준이나, 최저임금 수준 이하의 낮은 수준으로 임금을 지급할 수 있는 융통성을 부여하고 있다. 이러한 기준을 설정한 것은 작업 활동센터에서 중증 장애인이 받는 토큰임금이 아니라 지원고용 프로그램에서 공정하고 경쟁적인 임금을 받을 수 있도록 보장하고 있다.

지원고용프로그램은 고용기간 동안 집중적이고도 지속적인 지원을 받지 않고서는 독자적으로 업무를 수행할 수 없는 개인으로서, 정신지체아(IQ<55), 자폐인, 중증 외상성 뇌 손상자, 만성적 정신질환자, 신체장애인 등을 대상으로 삼고 있다. 지원고용 체계는 통합된 작업환경을 강조하고 있다. 통합된 작업환경이란 대다수 노동자가 비장애인들로 구성된 작업장으로 정의할 수 있다.

지금까지는 대부분 정신지체장애인이나 신체장애인들에게 주로 실시해 오던 장기 직업재활서비스 유형인 보호작업장 수준의 직업재활을 탈피하려는 것이다. 지원고용 체계는 대규모의 분리된 보호작업장과 전일제 훈련식 프로그램을 지양하고, 장애인의 정상화라는 철학적 기저를 바탕으로 비장애인과의 통합에 중점을 두고 있는 점을 특징으로 들 수 있다. 이러한 지원고용의 목적과 정의를 통하여 볼 때, 지원고용은 전통적인 직업재활의 원리 및 방법과 비교해 보면 많은 차이가 나고 있다.

이러한 지원고용 모형의 도입과 필요성을 살펴보면 다음과 같이 요약할 수 있다(Wehman, 1986). 첫째, 대부분 중증장애인들은 전문가의 도움을 받지 않고서는 직업을 가질 수 없다. 둘째, 전문가의 지원이 없으면 이들은 고용상태를 계속 유지할 수 없다. 셋째, 특정 직업훈련장에서 학습한 기능을 실제의 작업현장에 일반화시키는 데 어려움을 겪는다. 넷째, 재정적 지원이 제한된 상황에서 가장 효과적인 장애인 고용지원 형태는 지원고용 프로그램이다. 다섯째, 지원고용과 같이 특수한 방법으로 배치하고 훈련함으로써 직업현장의 요구에 대처할 수 있다.

지원고용의 기대효과 면에서 보면, 지원고용은 중증장애인들의 경제활동을 넓힐 기회를 제공해 준다. 그리고 노동은 개인의 생활을 안정시켜 주고, 개인의 사회생활 범위를 넓혀 주며, 사회에 기여할 기회를 제공해 준다. 또한 노동은 일정한 수입을 보장해 주기 때문에 개인이 지역사회에 참여할 새로운 기회를 얻게 되고, 지역사회 내에서 소비자의 역할을 넓혀가게 된다.

장애인들도 비장애인들과 같은 노동을 통하여 얻을 수 있는 경제적 혜택과 사회적 및 개인적으로 누릴 수 있게 된다. 그리고 지원고용은 지역사회의 복지 측면에서 일익을 담당할 수 있다. 아울러 지속적인 공공지원을 통해서 근로자의 훈련 및 감독에 드는 추가비용을 절약할 수 있다. 사업주는 노동자의 생산성에 근거하여 임금을 지불할 수 있기 때문에 경제적 손실을 부담해야 하는 것이 아니라 일반적인 생산 활동에 대한 임금만을 지불하므로 추가의 부담을 가질 필요가 없다.

〈표 8-1〉 고용에 대한 전통적인 접근과 지원고용의 비교

기준	전통적 접근	지원고용 접근
기본 접근	선훈련 후배치	선배치 후훈련
기본 가정	특정 상황에서 학습된 행동은 다른 상황으로 전이됨	직무를 수행해야 할 작업환경 내에서 학습할 때 가장 효과적, 발달장애인들의 학습전이와 일반화가 어려움
개입 유형	치료활동, 일상활동, 작업활동	과제분석: 실제의 작업환경 내에서 개인별, 직업별로 훈련 실시
지원, 지도, 감독	개인의 필요와 욕구보다는 프로그램의 규모나 규정의 정도에 따라 결정됨	개인의 기능이 향상됨에 따라 집중적인 수준에서 점진적으로 줄여나감, 훈련의 양은 개인의 필요에 따라 정해짐
진단, 평가	학습이나 훈련이 이루어지기 전에 개인에 대한 평가가 일반적으로 실시됨	훈련 시작 전과 훈련과정에서 구체적인 직무수행 가능성이 개인과 환경 모두에서 진단과 평가가 이루어짐
프로그램의 유형	일상 활동, 작업 활동, 보호고용	전환 작업, 개별배치, 이동작업단, 소기업
통합 기회	통합이 제한적이나 주류사회와 분리됨	통합이 강조되며, 지역사회 중심을 둔 프로그램이 많이 참가함
작업과 관련된 기능	작업기능은 작업을 갖기 위한 전제조건으로 생각하고 작업과정에서 크게 강조되지 않음	작업현장에서 직업기능이 지도되고 강조됨
임금	임금수준이 낮고 임금인상의 기회가 제한됨	경쟁적 임금체제 혹은 작업결과에 따라 비교적 높은 수준의 임금을 받음

출처: 조은영(2008). 발달장애인의 지원고용을 위한 전환계획과 사정체계 탐색. 대구대학교 교육대학원 석사학위논문.

사회적 측면의 이점으로 장애인 자신이 지역사회 내에서 생활하며 일할 수 있고 장애인 스스로 생활의 일부나마 책임을 지게 됨으로써 공공 프로그램에 대한 의존도를 낮추게 된다. 결국 노동을 통한 수입이 발생하면 국가의 지원 규모는 줄어들게 되고, 나아가 보호 및 수혜대상에서 납세자로 바뀌게 된다

(Wehman & Moon, 1988). 지원고용은 중도장애인을 위하여 특별히 고안된 프로그램의 구체적인 예이며, 기본적인 지원고용의 가치를 9가지로 개관하였다. 〈표 8-2〉에서 보듯이, 지원고용의 초점은 장애인이 동등한 임금과 혜택을 받는 지역사회에 통합된다는 점이다.

〈표 8-2〉 지원고용의 가치

종류	내용
동등한 임금과 혜택	장애인은 동일한 혹은 유사한 업무를 수행하는 동료들과 같은 임금과 혜택을 받아야 한다.
지역사회 연계	사람들은 수용, 성장, 발달을 위해 지역사회의 공식적, 비공식적 네트워크와 연계될 필요가 있다.
모든 사람은 일을 할 수 있음	장애의 정도 혹은 형태와 관계없이 누구나 직업을 가질 권리와 능력을 갖추고 있다.
능력에 초점	장애를 가진 사람은 그들이 장애보다는 능력, 강점, 흥미의 관점에서 인식되어야 한다.
지속적인 지원	지원고용 서비스 이용자는 그들이 지원을 필요로 하는 한 그들의 열망을 성취하는 데 필요한 지원을 제공받을 것이다.
실제적인 직업	지역사회 내 일반사업체의 노동시장에서 고용이 이루어진다.
기회에 대한 권리	장애와 상관없이 모든 사람은 그들이 선택한 직업에서 일할 기회를 가져야 한다.
자기결정 권리	모든 사람은 스스로 의사결정을 할 권리가 있다.
시스템의 변화	전통적 시스템은 소비자가 자신을 조절할 수 있도록 보장하는 방향으로 변화되어야 하며, 이는 지원고용의 핵심 요소이다.

출처: 조은영(2008). 발달장애인의 지원고용을 위한 전환계획과 사정체계 탐색. 대구대학교 교육대학원 석사학위논문.

지원고용을 통하여 중증장애인들에게 일반 지역사회 환경에서 통합고용을 제공하게 되었고, 직무지도원이 장애인에게 지원을 제공할 때, 그 역할을 더욱 세심하게 고려될 필요가 있다.

이상과 같은 필요성을 감안하면, 장애인 지원고용을 위한 직업재활 여건이 열악한 우리의 현실에서 장애인의 정상화 내지 주류화(Mainstreaming)란 완전통합의 적극적으로 검토하고 도입해야 할 장애인을 위한 고용지원프로그램이라고 본다.

3. 지원고용의 과정

지원고용의 과정은 학자에 따라 어떤 과정을 더 중요시하느냐에 따라 약간의 차이를 보이고 있지만 대체로 그 단계나 내용은 비슷하다. 지원고용의 과정을 지역사회조사 및 직무분석, 직업연결, 직업배치, 직업유지 등 네 단계로 설명하고 있다. 지역사회조사 및 직무분석 단계에서는 전화, 우편, 직접방문을 통하여 지역사회에 있는 기업체를 발굴하고, 그 기업체에서 요구하는 직업기술 및 사회적 행동에 대한 분석이 이루어진다.

직업연결단계에는 장애인의 훈련이 포함되며, 직업유지 단계에서는 장애인이 직업에 적응할 수 있도록 지원하는 과정을 포함하고 있다.

지원고용의 과정을 직업개발, 진로계획 수립, 훈련, 계속된 지원으로 구분하였다. 진로계획 수립과정에는 장애근로자 삶의 질을 향상하기 위한 바람직한 고용에 관한 것이 포함된다. 직업개발에서는 장애근로자의 욕구를 충족시킬 수 있는 가장 최선의 직업이 어떤 것인지를 결정하기 위하여 다양한 직업들을 분석하게 된다.

훈련단계에서는 최선이라고 생각되는 직업에 장애인이 배치되고 훈련받게 된다. 그리고 마지막 계속된 지원단계에서 장애근로자가 직업을 유지할 수 있도록 필요한 지원이 지속해서 제공된다. 지원고용의 과정을 지역사회조사 및 직무분석, 직업훈련, 직업연결 및 배치, 사후지도, 기관 간 조정 등 다섯 단계로 제시하고 있다.

사후지도 단계는 앞에서 설명한 직업유지나 계속된 지원의 활동과 유사하며, 다만 앞에 있는 다른 것이 있다면 기관 간 조정단계이다. 기관 간 조정이란 장애인의 직업배치와 유지에 관계하고 있는 기관의 모든 서비스가 계속 조정되어야 함을 의미한다. 이러한 서비스는 직업배치 전에 제공되는 서비스뿐만 아니라 직업배치 후에 제공되는 사회성 훈련, 출·퇴근 훈련 등이 포함된다.

지원고용의 전달단계를 직업개발과 생태학적 평가, 포괄적인 직업배치, 집중적인 현장훈련과 옹호, 작업자의 수행능력에 대한 지속적인 평가, 계속 지원(사후지도)으로 구분할 수 있다. 생태학적 평가란 작업자의 총체적인 생활과 점진적인 직업의 맥락에서 평가된다는 의미이며, 개인의 장점과 제한점이 지역사회 및 작업현장의 지원체계와 관련되어 평가된다. 직업배치 단계에서는 장애인의 욕구와 동기, 가족의 지지, 신체적 능력, 사회적 행동과 일상생활기술 등과 현장의 직업 접근성, 고용주와 기타 근로자들의 이해도, 회사의 지원체계들이 고려되어야 함을 강조하고 있다.

지원고용의 절차를 직업진로 계획수립, 직업개발, 직업의 적합성 비교 분석, 지원계획 및 직업조정, 직업배치, 계속된 지원, 종결 등 일곱 단계로 나눌 수 있다. 지원고용의 과정을 현장훈련 및 옹호, 계속적인 내담자 평가, 직업배치, 직업유지 및 사후지도의 네 가지 단계로 제시한다(조은영, 2008).

〈표 8-3〉 지원고용의 과정

단계	내용
직업배치	직업배치는 지역사회에서 유용한 직업에 대한 분석(job analysis)으로 시작하여 직무요구 조건들, 이직 요인들, 대중 교통수단 등에 대한 조사를 통해 이루어지고 적용될 직무와 내담자 능력 사이에 약간의 불일치가 보이더라도 내담자의 흥미에 토대하여 직업배치가 이루어지며, 지원서비스도 결정됨
⇩	
현장훈련과 옹호	직업코치는 행동주의적 기술들을 이용하여 필요한 직무기술들을 가르치고 내담자를 대신하여 고용주와 협상하는 과정에서 작업장 개조와 같은 방법으로 내담자를 옹호함
⇩	
계속적 평가	지원서비스를 계속하여 제공하는 것과 더불어 고용주와 내담자를 정규적으로 평가하고 이 과정은 내담자 직무만족의 정도, 성취수준, 그리고 내담자의 직업성취에 대한 고용주 지각을 파악하여 적응훈련과 같은 필요한 조치들을 행함
⇩	
사후지도	내담자가 직면하는 새로운 동료근로자, 생산물, 감독자, 교통수단, 주거, 가족관계 등의 영역에 있어서 변화는 때때로 부수적인 훈련을 해야 할 만큼 충격적일 수 있고 계속적이고 정기적인 사후지도는 직업코치가 내담자의 잠재적 문제들을 발견하고 그 해결방법을 찾음

출처: 조은영(2008). 발달장애인의 지원고용을 위한 전환계획과 사정체계 탐색. 대구대학교 교육대학원 석사학위논문.

1) 효과적인 지원고용을 위한 방안

효과적인 지원고용을 위한 방안으로 우리나라의 실정에 맞게 도입 시행하기 위해서는 지원고용이 가지는 근본적인 개념, 즉 중증장애인의 고용, 비장애인과 통합고용, 정상적 임금을 받는 고용, 정부의 계속적 지원 등에 대한 이해와 함께 지원고용프로그램을 시행할 재활상담사 혹은 직업재활사 등 전문인력 양성 및 지원고용 전달 체계를 마련해야 할 것이다.

장애인 지원고용의 한국적 모형을 개발하는 데 있어서 지원고용의 정의와 역할, 내용과 함께 직업조치로써 직업개발, 수요자 사정(consumer assessment), 직업배치 직업현장에서의 훈련, 계속된 사정과 사후지도, 그리고 직업코치를 위해 시간조절 및 관리 등도 면밀히 검토하고 포함해야 할 것이라고 지적한다. 아울러 지원고용의 대상이 되는 장애인의 범위와 분류, 그리고 수반되어야 할 예산, 재활전문가의 훈련 등도 고려해야 한다.

한국장애인고용촉진공단(1996)은 정신지체인의 고용안정을 위한 지원체계연구에서 정신지체인의 직장 적응과정에서 나타난 문제점을 취업준비 및 고용 후의 지원프로그램에 적극 반영, 정신지체장애인에 대한 생활지도 프로그램 개발, 정신지체장애인 취업준비 훈련으로 일상생활 지도와 아울러 체력관리에 대한 훈련 실시, 사업주의 생산성 손실분에 대한 지원, 정신지체인 관련 직업재활전문가 양성을 위한 제도 마련을 제시하고 있다.

지원고용이 중증장애인의 고용을 지원하는 성공적인 제도로 정착되기 위해서는 직무지도원의 양성문제, 훈련기간의 문제, 훈련사업체 선정의 문제가 해결되어야 한다고 제시하고 있다.

지원고용의 활성화를 공단과 재활기관 상호협력으로 지원고용 사업에 대한 연계 추진사업이 요구되며, 협력으로 사업 추진 시 상호 간의 원활한 의사소통과 명백한 업무분장이 요구된다. 직업영역 사업의 현장실습 절차(협력기관 발굴 및 선정→실습사업체의 발굴 및 선정→직무지도원 선정→실습생 선발→오리엔테이션→현장실습→현장실습 종결 취업 연결→사후지도)에 충실하게 사업을 추진해야 한다.

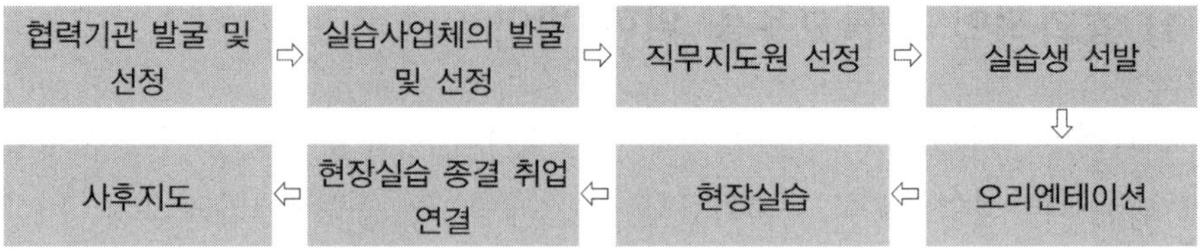

[그림 8-1] 직업영역 사업의 현장실습 절차

출처: 한국장애인고용촉진공단(1996). 장애인고용 1996년 봄호.

지속적인 직무지도원 교육, 활용 및 관리를 위한 예산 확보가 중요하며, 탄력적인 실습기간 조정이 요구되며, 사후지도를 위한 직무지도원 배치가 선행되어야 한다. 부모들의 역할과 협조가 절대적으로 필요하므로 부모교육이 강화되어야 하며, 이러한 동향에서 제시하고 있는 지원고용의 결과에 영향을 미치는 요인들로 직무지도원, 관련 기관 간 협력, 훈련기간의 선정, 사업체 선정, 사후지도, 부모의 역할을 들고 있다. 그러므로 이러한 요인들을 어떻게 설정하고 역할을 강화하느냐에 지원고용의 성과가 결정된다.

지원고용의 과정과 효과성에 대하여 진로계획 수립, 직업개발, 훈련, 계속적인 지원으로 구분하고 있고, 지역사회 중심의 사업체 개발 및 명단입수 정리, 개별재활계획 수립, 개발업체의 조사 분석을 통한 대상자 선정 및 실습과 취업 준비, 대상자 지원고용 및 사후지원 등이 있다.

이와 같이 지원고용의 과정은 목표나 관점에 있어서 약간의 차이를 보이지만 대체로 절차나 내용 면에서 유사성을 보이며 모두 장애근로자가 직업에 적응할 수 있도록 지원하는 과정으로 이루어져 있다. 이러한 과정에서 장애근로자 본인의 직업욕구를 중요시함은 물론 장애근로자의 직업유지를 위한 평가를 체계적으로 시행해야 하며, 고용주와의 지속적인 신뢰 관계 형성에 대한 책임을 지닌 직무지도원의 역할이 직업유지에 많은 영향을 미치게 되므로 고용주의 장애근로자에 대한 긍정적인 만족 역시 중요하게 고려해야 한다.

장애인들은 지원고용을 통한 대안적 노동 자원으로 발전하게 되었으며, 이전보다 장애인에게 많은 경제적 이익과 부차적인 이익의 증가를 안겨 주었다. 장애인의 경제적 지원을 주요 목적으로 하는 지원고용의 필요성 및 그에 따른 효과성을 잘 나타낸 결과라 할 수 있다.

지원고용의 효과성에 대한 또 다른 척도로써 나타나는 것이 작업장 통합 혹은 비장애 근로자와의 상호작용 및 작업을 함께할 기회이다. 통합이란 환경이 요구하는 수준과 근로자가 희망하는 수준 모두에서의 작업장 문화에 근로자가 참여하는 것으로 작업장 내에서 동등한 구성원으로서 장애인 근로자와 비장애인 근로자가 함께 참여하는 고용통합을 간주하였다.

장애근로자의 직무만족에 관해 살펴보면, 작업환경과 동료와의 관계는 최소한의 기술 및 능력이 있어야 하는 직무와 더불어 직무 성공 및 만족에 기여하는 가장 중요한 요인이 될 수 있으며 이러한 물리적 통합만이 모든 통합을 지칭하는 것은 아니다. 물리적 통합뿐만 아니라 장애근로자와 비장애 동료와의 사회적 상호작용 역시 통합의 한 유형이며 개인의 사회적 참여 및 수용에 대한 좋은 척도가 된다. 동료와의 사회적 상호작용은 장애근로자의 직무 효율성을 높일 수 있으며, 이를 통해 지원고용의 효과성 역시 높일 수 있게 된다. 작업장 통합의 정의는 완전고용 상황을 구성하는 모든 특성을 통합할 만큼 충분히 포괄적이어야 하고, 다양한 직무환경과 개인적 차이점을 적용할 만큼 충분히 유연성이 있어야 한다(Wehman, 2003).

지원고용은 고용을 통해 일방적인 수혜자의 역할이 아닌 경제적 주체의 역할을 장애인에게 제시함으로써 경제적·사회적으로 독립할 기회를 제공해 준다. 이러한 역할을 장애인 스스로가 해 나갈 수 있도록 장애인 본인을 비롯하여 고용주, 그리고 직무지도원 등의 전문가가 지원의 필요성이 인정되는 한 고용유지를 위한 지원을 지속해서 제공해야 하며, 아울러 지원고용 프로그램의 효과성을 정기적이고 지속해서 평가하는 것 역시 필요하다.

2) 지원고용 전문가의 역할

지원고용 서비스의 질은 지원고용 서비스의 직무를 수행하는 담당자인 지원고용 담당자의 역량에 따라 직접적인 영향을 받는다. 지원고용 대상자에게 성공적인 고용창출이 가능하도록 하는 조력자이자 동료이고, 상황에 따라 다양한 역할을 수행할 수 있는 사람이며, 지원고용 담당자가 지닌 전문성과 능력에 의해 지원고용의 성패가 결정되고, 지원고용이라는 기계가 원활하게 움직일 수 있도록 해 주는 윤활유의 역할을 한다(김종인, 이상진, 이종길, 우주형, 2001). 지원고용을 담당하는 전문가를 직무지도원(jobcoach)이라 명명할 수 있다. 지원고용 담당자의 역할은 다음과 같다.

첫째, 지원고용 담당자의 가장 중요한 역할 중의 하나는 지역사회 내에 지원고용을 수용할 수 있는 기업체를 찾아내고 적절한 대상 기업을 선정하는 일이다.

둘째, 지원고용 담당자의 상담기능과 관계하여 초기에는 중증장애인의 부모로부터 자신의 자녀 취직에 대한 충분한 심리적 지지와 확신을 얻을 필요가 있으므로 가족들과의 정보교환 및 계속적 상담이 필요하다.

셋째, 지원고용 담당자는 내담자의 재활과정에 적절한 기존의 의료적 및 심리적 자료들을 수집하고 최근의 일반 의료평가를 포함한 부수적 서비스를 결정하며, 활용할 수 있는 적절한 여타의 자원 및 전문가들의 의견을 구한다.

넷째, 지원고용 담당자는 관리자 혹은 경영자로서 기능하기도 한다. 개별배치 지원고용 유형에서 지원고용담당자는 내담자가 일하는 장소의 외부적 자원이기 때문에 형식적 직무감독 및 훈련이 이루어질 위험과 내담자의 작업환경이 어떻게 구성되어 기능하는지에 대한 피상적 견해를 가질 위험이 있다.

다섯째, 지원고용담당자는 조정자의 역할을 한다. 지원고용 담당자는 사업체고용주들에 대해 매우 중요한 역할을 수행하며, 지원고용, 그룹홈 책임자, 사업체, 내담자 가족의 중재역을 통해 직업을 유지하기 힘든 심한 장애인 내담자의 고용 서비스를 충족시켜주는 역할을 한다. 또한 사후지도에 필요한 자원을 배양하기 위한 각종 노력을 통해 지원고용이 성공을 거둘 수 있도록 한다. 지원고용 담당자의 능력과 임무에 관해 살펴보면, 지원고용 담당자에게 요구되는 능력들은 다음과 같다.

① 장애조건들을 지닌 내담자의 직무요구 조건들에 대한 지식
② 고용주의 직무요구조건들에 대한 이해
③ 효과적인 훈련능력

④ 훌륭한 의사소통 기술 등 대인관계 기술
⑤ 과제 및 직무분석에 대한 지식 및 기술
⑥ 행동수정 및 훈련 기술들에 대한 이해
⑦ 산업과정 및 기준에 대한 지식과 이해
⑧ 프로그램 성취목표들의 설정 능력
⑨ 경영기술
⑩ 재정운용기술
⑪ 직무-환경 분석기술
⑫ 유용한 내담자 평가기술
⑬ 고용창출을 위한 고용주에 대한 서비스 마케팅 능력
⑭ 내담자로부터 보호자에 이르기까지 교육 및 정보제공 노력
⑮ 효과적인 서비스 조정 및 옹호서비스 제공

지원고용 담당자는 장애인에 대한 이해와 경험이 있는 사람으로서 서류 관계의 일 처리와 장애인의 권리에 대한 확고한 신념을 가져야 하며, 위의 능력과 더불어 지원고용 담당자들은 내담자에 대한 적절하고 지지적인 감독제공, 장애의 정도와 프로그램 요구 사이의 관계 이해, 효과적인 프로그램 점검 및 평가체계 수행능력, 직업 및 개인적 적응 기술에 대한 지식, 장애의 정도와 프로그램 요건들 사이의 관계에 대한 이해, 자기관리 기법을 가져야 한다. 지원고용전문가의 역할과 책임을 다음의 〈표 8-4〉와 같다.

〈표 8-4〉 지원고용 전문가의 역할과 책임

활동영역	역할	책임
직업개발 활동	• 장애인의 기능적 제한성에 대한 이해를 위한 고용주 교육	• 고용주가 요구하는 직무기술 확보 • 작업수행에 필요한 기술 확인 • 작업과 관련된 사회, 대인적 기술 확인 • 기관 내의 담당자와 계속된 접촉
실습준비 활동	• 출 · 퇴근을 위한 교통지도	• 버스의 노선 및 승 · 하차 지점확인 • 동행하에 출 · 퇴근 지도 및 독립적인 출 · 퇴근 가능성 유무 확인 • 기관 내 담당자의 계속된 접촉

활동영역	역할	책임
작업장에서의 고용 활동	• 작업장 내의 식당, 휴게실, 식수대, 사물함, 편의시설, 일반적 건물배치에 대한 안내 • 상급자나 작업동료에게 소개 • 상급자나 작업동료와의 의사소통 증진 • 현장 작업훈련 및 감독 제공 • 작업훈련 동안 필요한 생산지원 • 작업행동강화를 위한 행동수정과 지원 서비스 제공 • 지원소거를 위해 지도받아야 할 사항에 대한 대상자 교육 • 대상자의 권익옹호 활동	• 작업수행과 사회, 대인적 기술관찰 • 장애인의 특성 및 기능적 제한성의 이해를 위한 작업동료, 상급자의 교육 • 동료, 상급자와의 의사소통 통로 마련 • 행동수정 전략 숙지 및 활용 • 지원을 위한 연락체계 구축 • 대상자 가족과 긴밀한 관계 유지 • 기관 내의 담당자와 계속된 접촉
고용배치 후의 활동	• 계속적 또는 간헐적인 지도 감독 • 필요시 추가계획수립 및 지원 • 대상자의 권익옹호 활동	• 계획에 따른 수행능력 평가 • 행동수정 전략 사용 • 기관 내의 담당자와 계속된 접촉

출처: 김종인 외(2001). 지원고용의 한국적 모형개발에 관한 연구. 한국장애인단체총연맹.

〈표 8-4〉 지원고용 전문가의 역할과 책임의 내용을 살펴볼 때 지원고용 전문가는 장애인이 직장에 적응할 수 있도록 장애인근로자를 지원하고 사업주와 장애인과 좋은 관계를 유지할 수 있도록 하는 역할뿐만 아니라 지역사회 속에서 장애인근로자에게 필요한 서비스를 중재해 주는 중요한 역할을 한다고 볼 수 있다.

3) 지원고용의 과제

지원고용의 원리, 절차, 지원고용을 통한 재활의 효과는 재활의 패러다임 전환이라고 일컬어질 정도로 새로운 관점이 많이 포함되어 있다. 이러한 장점에도 불구하고, 현실적으로 우리나라에서 지원고용을 적용하기 위해 해결해야 할 과제가 많은 것도 사실이다. 우리나라에서 지원고용을 통한 새로운 재활방법을 모색하기 위한 과제로 지원고용을 실시하기 위한 환경의 개선, 지원고용 대상자의 장애 정도의 고려, 지원고용 실시 모델의 개발, 지원고용 전문가의 양성, 시험과제의 실시, 모니터링의 실시 등 여섯 가지를 중심으로 제시하고자 한다.

(1) 환경의 개선

장애인 고용의 환경은 물리적 환경, 인적인 환경, 그리고 재활기술의 환경 등으로 구성된다. 장애인을 위한 긍정적인 환경은 재활을 통하여 개인의 성장, 발달, 복지를 촉진하고 개인의 삶의 질을 향상하는 환경이다.

첫째, 물리적 환경으로 지역사회의 이동, 출·퇴근, 건물에서의 접근이 더 용이해야 한다. 대도시 지역에서의 과잉인구, 교통의 혼잡은 장애인이 비록 지원고용을 통한 취업이 이루어졌다 하더라도 이동과 출·퇴근에 상당한 어려움을 갖게 만든다.

둘째, 지원고용을 위한 인적인 환경도 매우 중요한 요소가 된다. 장애인의 취업에 대한 국민의 의식이 개선되지 않거나 고용주들이 장애인의 취업을 거부하게 될 때 지원고용을 통한 새로운 재활의 시도도 한계를 드러낼 수밖에 없다. 취업을 담당하는 전문가들이 패러다임 마비상태에서 계속 분리된 프로그램을 계획하고 진행하기를 고집하면 지원고용의 관점을 받아들여지기가 어렵다.

셋째, 지원고용을 위한 기술적인 환경이 조성되어야 한다. 관련 전문가들이 계속 연구하여 지식과 정보를 개발하고 이를 교환함으로써 지원고용을 위한 기술적인 향상을 도모할 수 있을 것이다.

(2) 장애 정도의 고려

장애인의 직업재활은 세 가지 유형의 다리(three bridges)로 설명된다(Will, 1984).

첫 번째 다리는 특별한 훈련이나 지원 없이 취업이 가능한 집단을 대상으로 비장애인을 위한 직업훈련원이나 정규학교에서의 직업지도를 통하여 직업의 기초기술을 습득하게 하여 스스로 취업을 할 수 있도록 여건을 조성해 주는 것이다. 대표적으로 일반 직업훈련원이나 실업계 학교에서 장애인이 훈련받아 취업하는 경우로 장애 정도는 경증일 가능성이 크다.

두 번째 다리는 일정한 기간에 한시적으로 직업재활을 위한 서비스를 제공하는 것으로, 주로 일정한 시간에 한정하여 실시되는 현장훈련이나 직업적응 훈련이 여기에 해당한다.

세 번째 다리는 장애의 정도가 심하여 사업체에 취업하거나 직업을 유지하기 위해서 계속된 지원이 제공되어야 하는 경우이다. 이 경우 지원고용 전문가나 직업재활상담가의 계속해서 지원이 없는 경우 취업 자체가 어렵거나 비록 취업이 되어도 직업을 유지하는 데 상당한 어려움이 있는 경우이다.

이러한 세 가지 유형의 다리에 비추어 볼 때, 지원고용은 세 번째 다리에 해당하는 접근방식이라고 할 수 있으나, 현재 우리나라의 장애인 고용은 장애인들의 작업능력에도 제한이 있으나 그 외에 재활담당기관의 지원능력의 한계, 일반 국민이나 고용주의 장애인 직업 가능성에 대한 낮은 평가로 인하여 경도의 장애인도 지역사회 사업체에 취업하는 데 어려움을 겪고 있다.

이러한 현실에 비추어볼 때, 지원고용의 초기 단계인 우리나라의 경우 두 번째 및 세 번째 다리를 중심으로 지원고용에 주력하여 중증장애인을 지원고용의 대상자로 해야 한다.

(3) 지원고용 모델의 개발

지원고용에 대한 모델은 크게 개별배치 모델, 소집단작업 모델, 이동작업대원 모델, 소기업 모델로 나눌 수 있으며 개별배치 모델은 분산 배치(scattered-site)의 지원고용 방법으로 일컬어지기도 한다. 개별배치를 위한 작업은 각 개인에게 준비된 구체적인 직업목표와 결과에 기초하여 지역사회 내 사업체 안에서 개발된다. 안정성을 지닌 적절한 취업지를 구한 후에 고용전문가는 만족스러운 작업수행을 보증하기 위해서 사업장 안에서나 혹은 사업장 밖에서 직업훈련, 고용관리, 지원서비스를 제공할 수 있어야 한다.

소집단작업 모델은 특정 사업장 안에 소집단으로 지원고용의 기회를 제공하는 것으로, 주로 한 사업장에서 8명을 넘지 않는 소규모로 이루어진다. 사업장 안에 배치된 지원고용인들은 고용주와 서비스 제공자 사이에 만들어지는 협정에 따라 일을 수행한다. 이동작업대원 모델은 일련의 작업구성원이 이동하면서 작업을 실시하는 특성에 비추어 붙여진 이름으로, 장애인에게 소집단으로 고용기회를 제공한다는 점에서 소집단작업 접근과 유사하다. 이 모델에서는 지역사회에 있는 다양한 사업체와 서비스를 제공하는 계약을 체결하고 청소, 집 관리, 운동장 관리 등의 작업을 위한 이동작업대원을 구성하게 된다.

소기업 모델은 상품을 생산하거나 지역사회에 서비스를 제공하는 소규모의 사업체를 설립하거나 운영하는 형태이다. 이들 소기업은 작업수행을 통하여 이익을 얻고, 기업의 수익으로 근로자들의 임금이 지급되어 통상적으로 일반 기업과 같은 형태로 운영된다.

우리나라에서는 지원고용의 적용이 초기에 해당하고 아직 지원고용전문가가 양성되기 이전의 단계라는 현실적 요건을 고려할 때 소집단작업 모델이 다른 지원고용 모델보다 적용하기가 용이할 것으로 보이나, 개별배치 모델이 지닌 장점도 크므로 경증장애인을 중심으로 이 모델이 계속 시도되어야 할 것이며, 소기업 모델도 중증장애인을 중심으로 기존의 보호작업장 유형을 변형하여 시도할 수 있다고 본다. 이동작업대원은 최근 용역 대행업체가 차츰 발전하는 추세에 따라 공공장소 및 건물의 청소 등에 대한 용역업무 계약을 시도해 볼 수 있다.

(4) 지원고용전문가의 양성

지원고용에서 가장 중요한 역할을 하는 것은 지원고용 전문가이며 지원고용이 제대로 이루어지기 위해서는 지원고용전문가가 적절한 활동을 할 수 있도록 훈련되어야 한다. 지원고용전문가의 활동은 크게 직종개발 활동, 사업체의 작업장 지도 활동, 사후지도 활동, 기타 활동으로 나눌 수 있다.

우리나라에서는 직업재활학과나 재활학과를 중심으로 직업과 관련된 재활 전문 인력을 양성하고 있다. 지원고용 전문가의 양성 및 자질 향상은 단기적으로 볼 때 연수나 사례발표회 등을 통하여 이루어져야 할 것이며, 장기적으로 볼 때 대학에서 더욱 체계적으로 양성되어야 할 것이다.

(5) 지원고용 단계별 시험 과제

지원고용의 단계를 살펴보면 다음과 같다.

첫째, 취업을 위한 지원고용의 계획을 수립하는 것이다. 이 단계에서는 개개의 장애인에게 지원고용을 통하여 어떤 사업체에서 어떤 일을 하게 될지 계획하는 것으로 기존의 자료를 검토하고 관련 전문가들의 의견을 수집하되, 장애인의 특성과 흥미, 필요를 반영하여 취업을 위한 계획을 작성한다.

둘째, 사업체의 발굴과 직종개발이다. 일단 취업을 위한 개개인의 계획이 수립된 다음에는 지원고용이 가능한 사업체와 구체적인 직종을 발굴하는 일이 이루어져야 한다. 이 단계에서는 장애인을 위한 지원고용의 계획과 사업체 직종 간의 적합성 비교분석(comparison analysis)이 이루어진다. 이 분석을 통하여 개인의 특성과 사업장의 조건이 가장 일치하는 순서로 배치하게 된다.

셋째, 비교분석 결과를 토대로 배치된 사업체에서 장애인이 직무수행이나 적응을 적절히 할 수 있도록 계속적으로 지원하고 가르치는 단계이다. 이 단계에서 고용전문가는 특정한 장애인이 특정한 사업체에서 취업하기 위한 구체적이고도 개별적인 내용을 습득할 수 있도록 가르친다.

넷째, 계속적인 지원의 단계이다. 지원고용전문가는 장애인의 취업에 필요한 지원을 직접적 혹은 간접적으로(작업 동료를 훈련하여) 계속 제공한다.

위의 네 단계는 분리된 개개의 단계라기보다는 연속적으로 이루어지는 단계들이고, 또한 계속 반복될 수 있는 단계들이다.

(6) 모니터링의 실시

지원고용이 실시되는 과정과 결과에 대한 모니터링을 통하여 그 효과성과 효율성을 평가할 수 있어야 한다. 모니터링은 지원고용의 실시 과정이 지원고용의 원리에 따라 이루어지는지 확인할 수 있게 해 주며, 지원고용의 결과가 장애인의 삶의 질 향상에 실질적으로 기여할 수 있는지를 평가하는 데 유용하다.

4. 발달장애인의 직업유지 및 선행연구

1) 직업유지의 개념

직업유지는 직업과 유지라는 단어의 조합으로, 실제로 직업을 획득하게 된 이후에 직업생활을 꾸준히 유지해 나가는 것을 의미한다. 표준국어대사전에 의하면, 직업(職業)이란 "생계를 유지하기 위하여 자신의 적성과 능력에 따라 일정한 기간 계속하여 종사하는 일"을 말한다. 영어로는 Job, Work, Career, Profession, Vocation 등이 있다. 각각의 단어에 담겨있는 의미는 약간씩의 차이가 있는데, 잡(Job)은 "정기적으로 보수를 받고 하는 일, 직장, 일자리"를 의미하며, 워크(Work)는 "생계나 벌이를 위해 육체적 · 정신적 노동을 하는 것"을, 커리어(Career)는 보통 "시간이 지날수록 책임도 커지는 직장생활, 경력"을 의미한다.

프로페션(Profession)은 "특히 많은 교육이 필요한 전문적인 직종"을 의미하며, 보우케이션(Vocation)은 "어떤 일에 대한 소명의식, 천직과 같이 숙련된 전문적이고 기술적인 일"을 말한다. 이를 정리하면 다음의 〈표 8-5〉와 같다.

〈표 8-5〉 직업 용어별 개념의 차이

Job	Work	Career	Profession	Vocation
직무, 역할	모든 종류의 일	경력, 이력 등 일과 관련된 경험	전문적인 직종	천직, 소명 등 숙련된 전문적인 일

〈표 8-5〉와 같이 '직업'이라는 단어에는 단순한 생계유지를 위한 일부터 자아실현 혹은 천직, 소명의식과 같은 모든 개념과 의미를 함축하고 있다고 할 수 있다. 직업유지(Job maintenance)란 생계유지를 위해 스스로의 적성과 능력에 따라 일정 기간 계속하여 변함없이 종사하는 것을 의미한다. 장애인 당사자의 적성과 수행할 수 있는 능력, 재능 등의 강점을 발견하고 적절한 직업을 선택하여 취업할 수 있도록 지원하는 것도 중요하지만, 취업 이후에 직업을 꾸준

히 유지하는 것은 더욱 중요하다. 직업을 유지한다는 것은 지역사회 내에서 한 개인이 자리매김할 수 있는 중요한 지표로 작용할 수 있기 때문이다. 그러나 장애인들에게 있어 직업을 선택하는 것에도 어려움이 있지만, 원하는 직무로 취업하고, 이를 유지한다는 것은 더욱 어려운 과제라고 할 수 있다.

이와 같이 장애인의 취업은 직업을 획득하는 것뿐만 아니라 직업을 유지하는 것이 중요하며, 이를 직업재활서비스의 성과 중 중요한 한 부분으로 판단하고 있기 때문에 국내외 많은 연구자들에 의해 직업재활의 성과 또는 고용성과의 측정범위로 사용되고 있다. 그러나 직업유지의 개념과 기준은 직업재활과 관련된 학계나 현장에서도 달리 적용하고 있는 것을 알 수 있는데, 우리나라의 고용노동부 산하 한국장애인고용공단에서는 「장애인 취업시원 업무처리규칙」(제정 2008.4.7. 규칙 제240호) 제6장 취업 후 적응지도, 제92조(취업 후 적응지도의 시기)에서 상담원은 장애인이 취업한 날로부터 30일 이내 방문, 전화, 팩스, 우편이나 전자우편(e-mail) 등의 방법으로 1회 이상 취업 후 적응지도를 하여야 한다고 명시하고 있다.

보건복지부 산하 한국장애인개발원에서는 장애인복지법 제21조(직업) 및 제29조의2(한국장애인개발원의 설립 등)에 따라 시행하고 있는 「중증장애인 직업재활지원사업 운영규정」(제정 2008.1.1.)에서 중증장애인의 경우 취업유지를 위해 취업 후 장애유형에 따른 적합한 방법으로 120일 동안 정기적 방문지도를 포함하여 적극 지도하여야 한다고 명시하고 있다.

한편 미국의 경우에는 장애인직업재활 프로그램에서 직업재활서비스 지원을 통해 취업된 경우, 직업유지 기간이 취업한 일로부터 60일이 넘어야만 성공적인 직업재활로 규정한다. 지역사회에서 일정기간 이상의 일을 하면서 지역사회에 통합하는 과정으로 6개월 이상 직업을 유지하는 것으로 정의(심경순, 2001)하고, 지역사회에서 직장을 구하고 유지하기 위해 30일 이상 일을 하면서 지역사회에 통합되는 과정으로 정의하였다(김재익, 2011).

2) 직업유지의 선행연구

발달장애인의 직업유지에 어떠한 요인이 영향을 미치는지에 대해서 이채식(2005)은 개념적 기술 요인(언어, 수 개념, 언어학습능력, 시간개념), 사회적 기술 요인(일상생활능력, 안전에 관한 능력, 이동능력, 금전관리능력), 직업적 기술 요인(직업생활 태도 능력, 작업도구 수행능력, 작업동료와의 협조성, 직업적 행동특성), 사회적 지지요인(가족 지지, 전문가 지지)을 제시하였다.

개인적 요인(자립생활능력, 직무관련 능력, 일반적 특성), 가족 및 사회적 요인(가족의 지지, 전문적 지지, 사회적 지지), 직장환경 요인(작업환경, 고용주의 인식)을 제시하였다(설진화, 2009). 인구학적 요인(연령, 교육수준, 결혼상태), 장애・심리요인(타인 도움 여부, 차별경험, 자아존중감), 직업관련 변수(임금, 근무유형, 자격증 여부, 직무만족도)를 제시하였다(박주영, 2017). 이처럼 직업유지에 대한 기준은 대부분 직업유지 기간으로 설정하고 있음을 알 수 있는데, 이는 근본적으로 직업재활이 지속적이고 안정적으로 직업을 유지하는 데에 의의를 두고 있기 때문이다.

직업유지를 위한 직업재활서비스는 장애인 당사자가 직장 생활에 잘 적응할 수 있도록 직장 내에서의 불편한 관계를 점검・파악하고 그것을 개선・조정함으로써 갈등적 요소를 제거하고 만족스러운 직장생활을 경험하고 자립할 수 있도록 지원하는 데에 있는 것이다(석말숙, 2009).

이상의 선행연구들을 살펴보고, 본 연구에서는 직업유지의 개념을 크게 두 가지로 설정하고자 한다. 첫 번째는 연구대상의 조사 시점에서 직업유지 여부로 설정하여 직업을 유지 중인 경우와 유지하지 않고 있는 경우로 구분하여 살펴보고자 한다. 두 번째는 현재 직업유지 여부와 관계없이 가장 오랫동안 직업을 유지한 기간의 개월 수를 조사하여 어떠한 요인들이 직업유지에 영향을 미치는지 살펴보고자 한다.

발달장애인의 직업유지를 위해서는 다양한 요인들이 고려되고 검토되어야 한다. 직업재활서비스 요인, 개인 요인, 주변 환경적 요인(가족체계), 고용환경 요인, 나아가 법과 제도적인 요인까지도 발달장애인의 직업유지에 영향을 미치기 때문이다.

5. 지원고용의 영향요인과 기대효과

1) 지원고용의 영향을 미치는 요인

지원고용의 영향을 미치는 요인으로 14개를 찾아내고, 그중에 정신지체인의 지원고용에 가장 많은 영향을 미치는 12가지 요인을 제시하였다. 일의 의미와 가치, 현행 지원고용 관련 규정, 직업재활 전문가, 작업현장에서 비장애근로자와의 통합, 보조금 및 근로에 따른 사회보장급여 삭감, 기관 간의 공식적인 조정, 지원전략, 직업개발, 체계적인 행동훈련, 가족의 개입, 중증장애인의 개인적인 특성, 학교의 적절한 훈련프로그램 등을 제시하고 있다. 특히 가족의 지원과 태도가 직업배치에서 아주 중요한 요인이라고 지적하고 있다. 지원고용에 대하여 지지적인 가족 성원들은 직업을 개발하고 장애인의 작업 습성을 개선하는 데 도움을 줄 수 있으며, 장애인의 능력이나 흥미에 대한 정확한 정보를 제공해 줄 수 있을 뿐만 아니라 가족들은 출·퇴근에 대한 도움을 줄 수 있으므로 지원고용 전문가에게는 계획수립 단계에서 가족을 개입시키는 의도적인 노력이 요구된다고 하였다.

중증장애인 독립생활을 위한 직업배치와 작업환경에 영향을 미치는 관련변인으로 장애인과 관련된 요인, 재활전문가와 관련된 요인, 고용주 및 환경과 관련된 요인, 기술 중심의 훈련접근법, 장애인에 대한 태도, 재활상담자의 역할과 기능, 직무개발을 위한 산업체 분석기술, 구체적인 목표와 하위목표의 개발하였다. 장애인과 관련된 요인에서 외모, 높은 수준의 지능, 작업에 대한 동기, 의사소통기술, 작업경험, 결혼상태, 교육 정도, 건강의 유지 등이 직업재활에 영향을 미치는 것으로 나타났다. 그러므로 지원고용전문가는 직업배치를 할 때, 장애인의 이러한 특성을 고려하는 것이 필요하다.

지원고용에 영향을 미치는 요인을 고용주 또는 작업 감독자 요인, 직업배치와 관련된 요인, 장애인 개인적인 요인 등으로 분류하기도 한다. 즉 고용주 또는 작업감독자들이 가지고 있는 작업수행에 대한 기대수준이나 장애인에 대한 편견 등이 장애인의 고용에 영향을 미치며, 배치된 작업장의 작업일정이나 교통편의 등과 같은 기업체의 특성과 장애인의 작업습관, 작업만족 등과 같은 개인적인 특성들이 장애인의 고용에 영향을 주는 것으로 보고 있다.

발달장애인의 진로지도에 관련된 요인을 생태학적 관점에서 개인적인 요인(individual factors), 상황적인 요인(context factors), 중재요인(mediating factors), 작업환경요인(work factors), 산출요인(output factors)으로 분류하고 있다. 여기서 개인적인 요소는 성별, 심신의 능력, 작업경험, 흥미, 욕구, 인내력, 가치 등이 포함되며, 개인의 상황요인에는 사회 경제적 지위, 가족, 관련 법률 등이 포함된다. 중재요인에는 개인의 신념과 행동패턴, 개인과 환경 간의 상호작용에 영향을 미치는 문화, 편견, 편의시설 등이 포함되며, 환경적인 요인에는 조직의 문화, 작업환경 등이 포함된다.

앞에서 살펴본 바와 같이 지원고용에 영향을 미치는 요인은 매우 다양하나 대체로 장애인 개인적인 요인과 작업환경의 요인, 지원고용 전문가 및 장애인 훈련과 관련된 요인, 그리고 사회의 장애인에 대한 인식, 관련 법률, 물리적 접근성 등을 포함하는 사회·환경적인 요인으로 대별되고 있다. 참고로 한국장애인고용촉진공단의 시범사업 실시 후 지원고용에 대한 가능성 검토 단계에서의 살펴보면 지원고용 실시 후의 사례보고에서 실습생(발달장애인), 사업체, 직무지도원, 실습담당자(현장책임자), 가족을 결과에 영향을 미치는 주요인으로 보고 지원고용의 활성화를 위해서는 유관기관과의 협력체계 확대, 가족에 대한 접근강화, 탄력적 실습기간, 소수의 실습생 배치, 실습생에 대한 안전대책 마련, 직무지도원의 양성이 이루어져야 한다고 보고 있다.

지원고용 실시 후 발달장애인, 사업체, 관련 기관, 발달장애인 부모를 훈련 결과에 영향을 미치는 요인으로 효과적인 지원고용이 이루어지기 위해서는 훈련 전 예비교육 실시, 탄력적 훈련기간 설정, 사업체 직무분석, 개별배치모델 지향, 접근 가능한 직업군 선정, 사후지도 강화, 지원고용팀의 구성, 안전대책수립 등을 설명하였다.

장애인고용촉진공단에서 중증장애인 지원고용을 도입하게 된 배경을 설명하는 과정에서 효과적인 지원고용을 위해서 발달장애인에 대한 일반적인 지식과 공동작업 경험이 있는 직무지도원이 양성되어야 한다. 적어도 발달장애인이 현장실습을 수행할 수 있을 정도의 자조능력을 갖추고 있어야 한다. 현장실습이나 고용할 사업주에 대한 별도관리 비용의 지원이 실질적으로 모색되어야 한다. 프로그램을 담당할 인력에 대한 확충이 기본적으로 충족되어야 한다.

2) 지원고용의 기대효과

지원고용은 중증장애인들이 경제활동을 할 수 있는 기회를 제공해 준다. 노동은 개인의 생활을 안정시켜 주고, 개인의 사회활동 범위를 넓혀 주며, 사회에 기여할 기회를 제공해 준다. 노동은 일정한 수입을 보장해 주기 때문에 개인이 지역사회에 참여할 새로운 기회를 갖게 되고, 지역사회 내에서 소비자의 역할을 넓혀가게 된다. 장애인들도 비장애인처럼 노동을 통하여 얻을 수 있는 개인적, 사회적 및 경제적 혜택을 누릴 수 있게 된다. 지원고용은 지역사회의 복지 측면에 일익을 담당할 수 있다.

고용주는 지원고용 프로그램을 통해서 경쟁 노동시장에서는 고용이 불가능한 중증장애인들을 고용할 수 있게 된다. 아울러, 지속적인 공공지원을 통해서 근로자의 훈련 및 감독에 소요되는 초과비용을 절약할 수 있다.

사업주는 노동자의 생산성에 근거하여 임금을 지불할 수 있기 때문에 경제적 손실을 감내해야 하는 것이 아니라 일반적인 생산 활동에 대한 임금만을 지불하므로 추가의 부담을 가질 필요가 없다. 사회적 측면에서도 여러 가지 이점이 있다.

발달장애인이 자신의 지역사회 내에서 생활하며 일할 수 있는 사회적 이점 외에도 장애인 스스로 생활의 일부나마 책임을 지게 되고, 이로써 공공 프로그램에 대한 의존도를 낮추게 된다. 결국, 개인의 노동을 통한 수입이 발생하면 국가의 지원규모는 줄어들게 되고 나아가 지금까지의 보호 및 수혜 대상자에서 납세자로 바뀌게 된다.

지원고용을 통한 장애인의 고용 확대는 개인적, 사회적 및 경제적 측면에서 여러 가지 긍정적인 효과를 기대할 수 있기 때문에 적극 추진되어야 할 과제이다.

발달장애와 직업진로상담

제9장

발달장애 가족상담

1. 장애아동 가족지원

가족지원이란 가족의 체계를 강화하고 유지하기 위해서 제공되는 모든 활동 특히 가족이 자녀의 장애를 이해하고 조정할 수 있도록 도와주는 것을 의미한다(O'Shea et al., 2010). 가족지원은 장애아를 가진 가족의 가족체계를 강화하고 유지하기 위한 모든 활동을 일컫는 포괄적 의미가 있으므로 가족들은 단순한 서비스 수용자로서가 아니라 서비스 전달 과정 전반에 걸쳐 계획하고 실행하는 적극적인 파트너로서 역할을 하게 된다(김영희, 이병인, 2014).

가족지원은 원조의 개념이 아닌 가족의 기능을 지지하고 강화하여 개인과 가족의 능력을 향상, 발전시키기 위해 가족에게 서비스 선택과 정보제공 등의 권한을 부여하여 자신의 문제를 해결할 수 있는 역량과 독립적 자생력을 기르는 방향으로 정책과 실무를 변화시켜 나가려는 모든 활동이다(오혜경, 2001).

장애인의 가족들은 장애아가 발달단계를 통과할 때마다 스트레스를 경험한다. 가족이 발달단계에 적응적으로 대처하고 자기효능감을 가질 수 있도록 생활주기와 발달단계를 고려한 지원서비스가 필요하다(양숙미, 2017). 전문적인 상담을 통해서 교육, 직업, 결혼 및 기타 수많은 선택과 결정에서 합리적이고 현실적이며 논리적이고 융통성 있는 의사결정을 하도록 지원할 필요가 있다(김춘경, 이수연, 이윤주, 정종진, 최웅용, 2016a).

장애자녀를 둔 가정의 부모는 일반적인 양육환경과 사회적 환경의 변화에 더해 부모 자신이 장애 출현이라는 예상하지 못한 현실에 대한 적응에서부터 경제적 어려움, 장애아동으로 인한 추가적인 부모 역할의 확대 및 그에 따른 가족구성원 간의 갈등 해결 문제 등 해결해야 할 다양한 문제들과 직면하게 되며 이러한 환경으로 인해 부모들의 다양한 요구가 발생하게 된다(김천국, 김진희, 2012). 장애아동을 양육한 부모님들의 요구 조사한 선행연구를 정리해보면 다음과 같다.

첫째, 발달장애아동의 부모들은 장애자녀의 양육에 대한 정보가 절실하게 필요하다고 이야기하고 있었다. 장애아동 부모들은 아동이 장애와 관련된 진단을 받는 그 순간부터 아동이 성장함에 따라 여러 가지 불확실한 상태에 직면하게 되며, 특히 미래에 대한 불확실성으로 인하여 장애 발생의 원인, 치료방법, 교육방법, 장래전망 등에 관한 많은 정보가 필요하게 된다(정귀옥, 이종렬, 박천만, 2005). 자녀에 대한 정보, 지역사회 서비스, 경제적인 문제, 가족 및 사회적 지원, 다른 사람에게 설명하기, 자녀양육, 전문적 지원의 순으로 나타나 자녀에 대한 정보영역이 가장 높은 요구를 나타내고 있다(김천국, 김진희, 2012). 경제적인 문제, 다른 사람에게 설명하기, 지역사회 서비스영역에서 장애아동의 부모들보다 지적장애, 자폐성 장애아동의 부모가 더 높은 요구를 보였다. 또한 현재 장애아동 관련 기관들이 정보를 제공하는 허브의 역할을 하고 있지만 비공식적인 정보제공으로 올 수 있는 혼란을 방지하고 보다 구체적이고 신뢰도 높은 정보를 제공하기 위한 적극적인 역할이 필요하다.

둘째, 발달장애아동의 가족에 대한 다양한 지원을 요청하고 있었다. 장애아동의 치료 교육 프로그램에 장애아동의 부모나 형제 그리고 기타 관련된 주변 인물들까지 이들의 참여가 매우 가치 있다는 점이 많은 연구에서 입증되기 시작하였다. 장애아동이 전문적 치료 교육기관에서 아무리 좋은 내용을 많이 그리고 열심히 배웠다 치더라도 배운 것을 치료 교육기관 이외의 상황에서 예컨대 가정에서 또 실제 여러 가지 생활 속에서 적절하게 활용하고 일반화시킬 수 없다면 그 치료 교육의 효과는 감소할 것이다(조윤경, 강지현, 이경아, 2014). 장애아동 가족구성원 중 특히 부모는 자녀의 진단, 평가 및 개별화 교육계획에서 중요한 정보를 제공하고 자녀교육에 있어서 중요한 의사결정을 하며 시행 과정에서 보조교사로 활동하는 등 중요한 역할을 할 수 있기 때문에 장애아동 교육에 있어 부모를 포함한 가족구성원들의 참여는 필수적이다(이미선, 김경진, 2000). 장애아동의 회복을 돕는 전문가들의 입장에서는 가족과의 협조적 관계가 불가피하다. 특히 가족보호 이외의 지역사회 내 다른 대안이 절대적으로 부족한 우리나라 현실상 가족이 협조하지 않을 경우 전문가의 노력만으로는 재활과 회복에 관한 어떤 것도 성취하기 어렵다(서미경, 2014). 장애아동 가족지원은 특정 장애가 있는 대상에 대한 지원뿐만 아니라 그 가족에 대한 체계적인 지원이 필요함을 이야기하고 있다. 특히 발달장애자녀를 돌보는 어머니들을 위한 신체적, 심리적, 정서적인 지원을 위한 의료나 복지가 체계적으로 도입되어야 할 것이다(여형남, 박혜인, 신정순, 2018). 배우자를 비롯한 가족의 지원이 양육스트레스를 해소하는 데 큰 영향을 끼치는 만큼 가족교육 및 상담 등 가정지원체계의 개발이 필요하다(정귀옥, 이종렬, 박천만, 2005). 최근의 연구들은 가족지원을 통해 가족의 역량을 강화할 수 있으며, 학교와 복지관 등의 공공기관이 부모역량강화 프로그램을 제공하는 주요한 장소가 되고 있다(김기룡, 2009). 그러나 형제-자매나 가족 전체를 대상으로 캠프를 실시하는 등의 시도가 이루어지고는 있으나 대부분 심리-정서적 차원의 프로그램 수준에 머무르고 있어 장애인 가족으로서 겪어야 하는 총체적 어려움을 지원할 수 있는 지원정책이나 프로그램은 부족한 실정이다(박명화, 2011). 부모 멘토링이나 부모 결연 프로그램이 필요하고 부부역량을 강화할 수 있는 상담프로그램의 개발과 보급이 필요하며 자조모임 프로그램의 계획과 실행이 요구된다고 하였다(김웅기, 2018). 양육자들이 직면하게 되는 현실적인 문제에 대해서 상담 프로그램을 제공하고 사례관리에 대한 기관 내 기관 간 협조체계가 구축되어야 한다(김수정, 2011). 이를 위해서는 국가 차원에서 정보제공 및 상담시스템을 구축하여 가족들의 정보접근성을 확보해야 할 것이다. 그뿐만 아니라 가족들의 욕구에 부합되는 상담을 적기에 받을 수 있는 시스템 강화 및 인프라구축이 필요하다고 이야기하였다.

셋째, 장애아동 부모들을 연결해주는 연결망의 필요성 그리고 학교와의 연계가 필요하다. 장애아동 가족의 자녀 양육부담 및 서비스 욕구를 조사한 연구에서는, 부모 및 가족지원 서비스를 원활히 하기 위해서 부모상담 및 치료위주의 접근을 지양하고 효과적인 부모역할에 대한 부모들의 구체적인 관심사를 중심으로 부모들을 서로 연결하고 이 연결망을 통해 개인과 집단이 역량강화하는 접근방법을 활용할 필요가 있다(이지수, 2008). 자폐성 장애아동 어머니의 양육 경험에 대한 연구에서는 조기발견의 어려움, 치료실에 의존한 자녀교육, 교사에 따라 달라지는 자녀에 대한 태도, 선호도에 따른 교육 시도로 분류하였다(임경아, 김건희, 2017). 어머니들은 조기에 자녀의 남다른 특징을 인식했음에도 불구하고 진단이나 조기중재를 일찍 하지 않았음을 안타깝게 생각하였다. 그리고 치료실 중심의 중재에 의존하고 있었으며 이는 교육 현장에서의 교사의 태도에 대한 불안이나 자녀의 학습 상황에 대한 불안 때문이라고 하였다. 자폐성 장애아동을 교육하면서 교사들의 일관되지 못한 태도로 인해 그리고 자녀교육을 위한 적절한 방법을 알지 못하는 안타까움을 경험하였다. 따라서 학교와의 연계 그리고 전문적 교육 상담지원이 활성화될 필요가 있다.

넷째, 발달장애아동에 대한 국가적인 차원의 항구적인 체계와 평생교육에 대한 요구들이었다. 발달장애자녀를 위한 부모의 평생계획 관련 요구를 조사한 박미진 등(2015)은 생계보장, 장애인고용, 주택보장 등 경제적인 지원정책이 보완되어야 하고 대부분의 부모가 평생교육을 희망하고 있으며 국가의 평생계획 지원 분야에서는 평생교육계획과 일상생활기술 분야 등을 요구하는 것으로 나타났다. 유영준 등(2011)은 장애아동 청소년 가족의 지원요구에 관한 연구에서 장애아동에 대한 수당 지원과 재활치료 바우처, 장애아동을 위한 평생교육 프로그램, 의료비, 활동보조, 교육비 순으로 정리하고 있다.

이러한 평생교육의 범위 안에는 발달장애자녀에 대한 진로교육의 요구가 들어있다. 진로교육은 직업준비로서의 교육이다. 진로교육 운동은 1972년 미국 연방 특수교육기구가 진로교육으로서의 직업교육 제공을 최우선 정책으로 정하고 재정지원을 결정하면서 시작되었다. 직업에 대한 개념은 아동기부터 형성되기 때문에 부모와 교사를 포함하는 모든 관계자가 참여하여 발달단계에 알맞게 교육되어야 한다(이상진, 2000).

성인기의 중요한 특징은 부모와 분리하여 스스로의 삶을 영위하는 것이며 이를 위해서 성인기 이전부터 자립생활 지원에 관한 교육이 필요하다(임진선, 2018). 장애인의 자립이란 '장애인 자신의 건강관리, 식사조절, 취침시간 등 모든 일상의 활동과 금전관리, 주거지를 정하는 일까지 스스로의 선택과 판단에 의해 의사결정 과정에 참여하는 일' 등을 포함한다. 원칙적으로 자립생활은 장애인의 통제된 환경에서 단순히 의존성을 키우는 비인격적인 상황에서 벗어나 스스로 자신의 삶에 대한 주체성을 확보하려는 과정이다(윤재영, 박정현, 전경철, 2015). 즉, 가족 집단 대상 서비스 제공자들은 일시적이고 단편적인 가족지원 서비스 제공이 아니라 평생 보살피고 배려하며 함께 더불어 살아가는 공동체 일원으로 장애아동 및 그들 가족집단에 대한 지원이 지속되어 사회구성원으로 함께할 수 있는 국가 차원의 항구적 노력과 지원체계 구축을 위한 노력이 필요하다(장재형, 2012).

2. 발달장애와 부모상담

상담은 모든 사태에 개입하여 도움을 주는 것으로 '인위적인 만남을 통해 생활 곳곳에서 사람들의 바람직한 변화를 돕는 과정'을 일컫는 것으로 정의할 수 있다. 바람직한 변화를 돕는 과정이 때로는 사람들의 생활을 지도하고, 심리상의 갈등과 문제를 예방·치료하며, 인격의 성장을 조력하고 자아실현을 돕는 등 다양한 형태로 나타난다(김향지, 2001). 이는 상담에서 다루는 정보제공, 의사결정, 행동과 태도 변화, 심리적 갈등, 성격장애 등에 관한 내용은 교육, 지도, 인식교육, 자아실현, 인간관계, 심리치료의 여러 영역이 서로 겹치고 포함되는 성질이 있으며 더욱이 발달장애아동 부모상담 개념에는 부모교육을 비롯한 부모활동 관련 영역들과 상담영역이 혼용되고 중첩되는 부분이 있다.

장애아동 부모상담은 장애가 있는 자녀의 부모가 사고의 합리성과 환경의 영향력을 강조하면서 자신의 일상생활을 다루는 교육, 훈련, 자아실현을 위한 각종 프로그램의 운영 등에 주로 참여하는 종합적 접근을 시도하는 것이다. 부모교육이 장애자녀의 성장 발달을 위한 중재와 부모의 자질 향상과 역할기능 발달을 위한 것이라면 부모상담은 심리적 갈등 문제에 도움을 주며, 장애자녀와의 상호작용에서 효율적으로 작용할 수 있는 태도상의 문제, 타인의 변화보다 부모 자신의 변화를 강조하는 것이라고 볼 수 있다.

발달장애인 부모상담의 목표는 일반적인 상담이나 장애아동 부모상담의 목표와 크게 다르지 않다. 따라서 성인 발달장애인 부모의 상담은 발달장애인을 자녀로 둔 부모의 자녀 교육과 훈련, 돌봄 문제, 부모 자신의 심리적 갈등 등 다양한 문제를 예방·치료하고, 부모 자신의 인격성장과 자아실현 등 바람직한 변화를 돕는 것이라고 할 수 있다. 이러한 부모상담은 상담자와의 신뢰관계 속에서 부모가 자기의 의사나 감정을 솔직하게 표현하고 부모 자신이 가지고 있는 생각이나 감정들을 그대로 이해하고 수용할 수 있도록 도와주는 것이다.

발달장애인 부모는 자녀를 돌보는 과정에서 스트레스, 불안, 우울 등 부정적 정서를 경험하고 이러한 부정적 정서는 장애자녀에게 직접적인 영향을 미치므로 부모들의 심리적 문제를 해결할 수 있는 상담적 접근이 필요하다. 장애부모 상담이 부모가 자녀와의 상호작용에 있어 효율적인 태도를 갖게 하고 심리적인 갈등을 해결할 수 있도록 도움을 주는 것으로 볼 때, 발달장애인 부모상담 역시 부모 자신의 심리적 문제해결과 정서적인 변화를 위한 상담이 강조되어야 한다. 또한 자녀 돌봄으로 인해 발생하는 여러 가지 심리적인 문제에 공감해주며 돌봄과 관련된 정보를 제공하고 부모가 돌봄에 대한 자신감과 믿음을 얻도록 해주는 상담프로그램이 필요하며, 이는 돌봄 스트레스를 줄이고 부모 효능감을 높이는 데 중요한 요소로 지적되고 있다(김성천, 정수연, 장혜림, 2002). 장애자녀를 둔 부모가 경험하는 위기에 대해 자녀의 발달단계별 사회적·심리적 사건을 기점으로 다음과 같다.

첫째, 자녀출산 시 건강한 아기가 태어날 것을 기대하던 부모들은 큰 충격과 슬픔에 빠지게 된다.

둘째, 자녀가 장애진단 및 치료를 시작할 시기에 오며, 전문가로부터 만족할 만한 설명을 들을 때까지 불안에 휩싸이게 된다.

셋째, 자녀가 학령기 전 교육을 받거나 초등학교에 들어갈 무렵에 겪게 되며 비장애아동들과 구별되는 자녀의 능력 한계를 분명하게 깨닫게 되면서 스트레스를 받는다.

넷째, 사춘기에 일어나며 자녀의 성적 변화로 인해 불안감을 느끼게 된다.

다섯째, 자녀가 학교교육을 마칠 때 겪게 되는데 자녀의 연령증가와 신체적인 성숙으로 개인적인 욕구도 변화가 오게 된다. 이때 자녀의 미래를 준비하게 되면서 부모는 이러한 과정이 순조롭게 진행될 것인지에 대한 불안과 취업이 어려운 현실에 대한 불안을 느끼게 된다.

마지막으로 부모가 고령이 되어 더 이상 자녀를 돌보기 힘들 때가 되며, 부모는 자녀의 취업, 결혼, 생계유지 등 불확실성 때문에 미래에 대한 두려움과 불안을 느낀다.

장애부모들은 장애자녀를 수용하고 적응하는 과정에서 충격에서 수용까지 심리적 변화를 겪게 된다(오승혜, 1998).

첫째, 충격의 단계로 부모는 자녀의 장애진단 결과를 믿지 않고 부정하려 한다.

둘째, 거부의 단계로 부모는 상당한 혼란에 빠지며 분노의 감정을 표현한다.

셋째, 죄의식의 단계로 더 이상 장애를 부정할 수 없는 상태가 되면 충격과 격한 감정이 가라앉으면서 자녀의 장애를 받아들이는 타협을 하며 죄책감을 느낀다.

넷째, 수용의 단계로 부모는 자녀의 장애를 받아들이며 자녀에 대해 긍정적인 생각과 치료와 재활의 계획을 세운다.

그러나 마지막 적응단계의 개념에 대해 올샨스키(Olshansky, 1962)는 적응이 어느 단계에 이르러 완성되는 것이 아니라 자녀의 삶의 전환기 때마다 만성적인 슬픔 과정을 반복하여 경험한다고 하였다. 만성적인 슬픔은 처음 자녀의 장애진단을 받을 시기에는 심각하지 않다가 자녀의 인생 주기마다 강한 슬픔과 고통의 감정이 재발하고 되풀이된다.

장애를 수용하고 나름대로 적응하는 가족도 있지만 조사대상 가족의 75%가 시간이 지나도 해결과 수용의 단계를 밟지 못하고 슬픔을 만성적으로 느낀다. 따라서 상담자는 장애부모를 상담하면서 이러한 만성적 슬픔을 충분히 이해하고 수용하는 것이 필요하며, 이러한 감정을 반복하여 표현할 기회를 제공하여 그들의 슬픔을 명료화함으로써 적응을 도울 수 있다. 이는 부모가 가진 슬픔이 완전히 소실하도록 돕는 것이기보다는 자녀의 장애에 조금씩 다가갈 수 있도록 돕는 것이며, 궁극적으로 장애자녀의 기능이 조금씩 나아지는 것에 기쁨을 느끼도록 하는 것이다(김유숙, 2006).

발달장애인 부모는 자녀에게 장애가 있다는 것을 인식하면서부터 자녀의 장애수준이 나아지기를 바라며 유아기, 아동기, 청소년기를 지나 성인이 되기까지 조기교실, 장애전담 어린이집, 치료기관, 특수학교, 장애인복지관, 병원 등 다양한 기관을 이용하여 왔으며 성인이 된 이후에도 이러한 기관들을 이용하고 있다. 그들은 병원, 학교, 장애인복지관, 아동청소년발달센터 등 기관에서 특수교육, 영역별 치료교육, 체험학습, 사회적응훈련프로그램, 주간보호 등 다양한 프로그램을 이용하며 특수교사, 치료교사, 사회복지사, 의사 등 다양한 전문가들과 상담을 통해 자녀의 양육에 대한 정보 등 조력을 받으며 양육하였다.

장애부모의 상담은 상담전문가에 의해 부모의 개인적인 문제가 다루어지기보다는 주로 특수교육, 사회복지, 정신의학 분야의 전문가들에 의해 개별상담, 집단상담, 프로그램 참여 등 자녀교육과 연계된 부모교육의 한 부분으로 인식되어 이루어져 온 것이 사실이다.

상애 부모교육의 내용을 자녀의 교육방법, 각종 판별 및 검사의 올바른 지식, 지역사회의 정보제공을 받는 방법, 행동수정기법, 가정 내 자녀 훈련방법, 온 가족이 특수교육에 참여하는 방법, 장애 관련 지식, 자녀의 미래 계획의 방법, 자녀에 대한 적절한 교육목표 설정, 가족 내 문제를 위한 개별상담 및 집단상담 등으로 정리하였다. 장애 부모가 한 인간으로서 겪게 되는 심리적 변화를 다루고 앞으로 겪게 될 심리적 변화를 예상하게 함으로써 변화에 적응하고 장애자녀와 관련된 부정적인 감정과 자신의 성격특성 역동을 경험하는 등 부모 개인의 영역보다는 주로 장애자녀 영역의 내용임을 보여주고 있다. 그러나 장애자녀 부모들은 자녀가 받을 수 있는 각종 서비스와 더불어 부모 자신이 받을 수 있는 훈련 및 상담받고 싶어 하는 강한 욕구가 있다.

장애자녀 부모 상담모형 개발을 위한 상담 욕구 분석 연구에서 장애 부모도 하나의 인간으로서 그들 자신만의 삶을 누리고 즐길 권리와 의무가 있을 뿐만 아니라 그들 자신이 상담전문가의 도움이 필요함을 밝혀냈다(심혜숙, 송종원, 2004). 또한, 장애자녀를 가진 부모의 역할과 더불어 각자의 문제를 스스로 해결해 낼 수 있는 한 개인으로 성장해 갈 수 있도록 도움을 주는 상담모형의 필요성을 제기하였다.

장애자녀의 부모는 자신과 자녀의 미래와 관련된 문제, 장애자녀의 형제자매, 가족 그리고 이웃 친지와의 관계와 관련된 문제, 현실적 문제와 경제적 문제 그리고 자신의 생활이나 자녀나 가족 혹은 이웃에 적절히 대처하지 못하는 자신의 모습과 가치관이나 성격 등 자신과 관련된 문제에 관한 내용으로 상담을 원하고 있다. 각종 상담프로그램에 참여를 희망하는 부모가 60~70%에 달하고 있으며, 부모 자신의 심리적 건강을 위한 프로그램의 필요성에 높은 공감(69.9%)을 보이며, 장애 부모로서가 아닌 한 개인으로서 상담체계의 필요성에도 높은 공감(68.6%)을 나타내어 장애자녀를 둔 부모들의 상담에 대한 욕구를 보여주고 있다. 이와 더불어 장애 부모들은 깊은 이해심을 가지고 자신의 고민을 들어주는 차분한 청취자, 진단과 예측의 이해에 대한 도움, 의학적·윤리적 문제의 도움, 전문가들의 접촉을 통한 이해와 협조방법 등에 대한 도움, 정보의 믿을 만한 소식, 시설이나 서비스에 대한 상담, 장애로 인해 달라진 일상생활에 대한 처리 문제, 개인적인 정서적 지원 등의 상담을 원하고 있다.

발달장애인 부모들은 자녀가 공교육을 마친 후 생애 전환기에서 전환과정이 순조롭게 이루어질 것인지에 대한 불안과 고령이 된 부모가 지속적으로 자녀를 돌볼 수 있을지에 대한 불안으로 위기와 두려움을 경험하고 이로 인해 고통과 슬픔이 재발하는 만성적인 슬픔을 지니고 있음을 알 수 있다. 그러나 발달장애인 부모의 심리적 문제해결의 필요성이 절실하고 상담요구가 높은 것에 비해 부모상담과 관련된 상담가가 참조할 만한 자료가 희박하고 상담전문가에 의한 심리상담 지원 등 실질적인 상담 실천은 매우 부족한 실정이다.

3. 발달장애와 양육지원

현재까지 국내에서 이루어진 발달장애인과 가족의 삶에 관한 연구는 유아기와 아동기, 청소년기 자녀와 관련된 연구에 집중되어 있다. 장애자녀를 둔 부모상담에 관한 사례 또한 유아기와 아동기, 청소년기에 있는 부모를 대상으로 한 상담사례가 대부분을 차지하고 있다. 이러한 연구들은 주로 부모상담이 장애자녀의 부모역할을 강조하는 부모교육의 한 부분으로 인식돼 부모 자신이 심리적 문제해결을 위한 상담접근은 미흡한 실정이며, 특히 성인기 장애자녀를 돌보는 부모의 심리지원을 위한 상담접근 사례는 매우 희박하다. 그러나 발달장애인 부모의 돌봄 부담과 적응, 사회서비스 등 관련된 많은 상담사례에서 부모와 가족의 심리정서적 지원을 위한 가족상담, 휴식지원서비스, 가족 간 관계증진 프로그램 등 전문상담접근의 중요성을 강조한다. 발달장애인을 둔 부모의 스트레스는 경제적, 신체적, 심리적, 사회적 스트레스의 네 가지 영역에서 심리적 스트레스를 가장 높게 나타냈지만, 취학 전 아동을 둔 부모는 경제직 스트레스를 가장 높게 나타냈다.

발달장애아동 어머니의 돌봄 스트레스에서 가족갈등이 높을수록 어머니의 돌봄 스트레스도 높게 나왔으나 가족의 강점이 높을수록 돌봄 스트레스는 낮은 것으로 나타났다. 돌봄 스트레스는 결국 부모의 우울로 이어질 수 있는데, 발달장애아동 부모의 보호부담과 사회적 지지가 우울에 미치는 영향에 대한 상담사례에서 조사대상 부모의 36.8%가 가벼운 우울 이상을 경험하고 있으며 6.1%는 중등도 심한 우울을 경험하는 것으로 나타났고, 보호 부담이 높을수록 부모의 우울 수준은 유의미하게 높은 것으로 드러났다. 이는 발달장애아동 부모의 개인 심리상담의 중요성과 가족별 특성에 부합하는 가족상담, 가족기능 강화프로그램 등을 실시하여 가족 간 갈등을 최소화할 수 있는 상담지원의 필요성을 나타내고 있다.

발달장애인 부모의 전문 심리상담 지원은 전국 가구평균소득 100% 이하인 발달장애인 부모 중 정서적 어려움이 있는 부모를 대상으로 전국에서 실시하고 있으며 6개월간 지원 후 1회에 한하여 연장이 가능하다. 이러한 조사에서 밝힌 가족 심리상담의 필요성에 대한 질문에서 '매우 필요하다(45.1%)', '필요하다(40.0%)'라고 응답한 것에 비해 상담지원을 받고 있는 비율은 매우 낮은 수준으로 제도적 차원에서 발달장애인 부모와 가족을 위한 심리상담의 확대가 필요함을 나타낸다(이복실, 박주영, 이율희, 2013).

발달장애인 부모들의 심리적 문제해결을 위한 상담 필요성에 대한 높은 공감과 요구가 있으나 현재까지 주로 유아기와 아동기, 청소년기 자녀를 양육하는 부모에 관한 상담사례가 집중되고 있다. 아동기와 청소년기의 부모상담은 교육의 한 부분으로 인식하고 있다는 분석이 있는 데 비해 성인기의 특성으로 교육적인 부분이 어느 정도 배제된 발달장애인 부모상담의 인식을 파악할 수 있는 기존 분석이나 참조할 만한 자료가 매우 부족하다. 따라서 발달장애인 부모들에게 상담을 통해 실질적인 도움을 주기 위해서는 부모들의 실제 호소 문제와 관련된 구체적인 상담요구를 탐색하여 확인할 필요가 있다.

장애아동을 둔 부모의 정신 건강을 조사한 대부분의 연구에서 모성 우울증이 통제집단에 비해 높은 점수를 얻었다(Olsson & Hwang, 2008). 자폐증 아동의 어머니는 자폐증이 없는 아동의 어머니보다 우울 점수가 평균 11.8 높았으며, 자폐증 아동의 아버지보다 우울 점수가 높았다. 아버지보다 더 많은 고통을 겪고 있는 어머니의 일관된 발견은 장애가 있는 아동이 필요로 하는 보살핌과 실제적인 일의 큰 부분을 어머니가 수행하고 있다는 사실에 기인한다.

어머니의 자기 능력은 아버지보다 부모 역할에 더 관련이 있을 수 있으므로 부모는 스트레스와 어려움이 양육 분야에서 발생할 때 더 취약할 수 있다.

장영실(2017)의 연구에서 발달장애아동을 양육하는 부모는 심리적, 사회적으로 많은 어려움을 경험할 수 있다고 하였다. 부모는 자녀의 장애로 인하여 우울, 불안, 갈등, 위축, 긴장감, 죄책감 등을 경험할 수 있으며 이러한 것들에 따른 스트레스 때문에 아동의 양육에 부정적 영향을 미칠 수 있다. 발달장애아동을 양육하는 부모는 장애가 장기적 혹은 영구적으로 지속되는 경향이 있기 때문에 일생 동안 다른 사람의 도움을 받거나 생활시설에서 지내야 한다는 생각은 물론 독립적인 생활을 할 가능성이 낮은 것을 염려하여 만성적 슬픔에 빠지기 쉽다. 또한 발달장애 양육에 따른 부모의 신체적 부담은 발달장애아동은 물론 다른 자녀의 신체적, 사회적, 정서적 발달에 영향을 미칠 수 있으며 자녀 양육에 부적절한 대처로 이어질 수 있다. 이러한 부모의 신체적 부담과 피로는 가족 내의 대화의 단절, 발달장애아동의 치료 활동의 부족, 자녀들의 정서적 불안, 비장애자녀의 학교생활 부적응과 학업 부진, 방임 등을 초래한다.

임지연과 임경원(2018)의 연구에서 발달장애아동의 부모는 사전 준비나 지식을 갖추지 못한 채 장애아동 양육이라는 상황에 내던져졌고 자녀가 성장할수록 심각해지는 문제행동 속에서 지속적인 고통을 겪었으며 편안해야 할 일상은 끊임없이 움직이고 파괴하는 아이로 인해 전쟁과 같은 시간이 되고 때로는 생존의 위협을 느끼기도 했다. 부모들은 자녀의 문제행동에 원인이 없으며 개선도 불가능할 것이라는 좌절감, 높은 수준의 스트레스, 우울로 마음의 고통을 겪었으며 사회와 학교에서 문제행동을 이유로 차별당할 때에도 장애 아이를 낳고 잘못 기른 부모가 감수해야 할 몫이라고 체념했다.

사회적 고립, 문제행동이 심각한 아이들에겐 주어지지 않는 혜택, 접근성이 낮은 행동지원 관련 정보, 직업 생활 포기와 치료비용으로 인해 가중되는 경제적 어려움 등으로 부모들은 더욱 지쳐간 것으로 나타났다. 부모의 어려움 극복에 도움이 된 것은 가족의 협력과 아이에 대한 사랑, 헌신적인 교사와의 소통, 이웃의 수용과 지지들이었다고 하였다.

이신화(2014)는 자폐성 장애아동을 둔 어머니의 양육 경험은 신체적, 정신적으로뿐만 아니라 경제적 부담까지 가중되어 자폐성 장애아동과 어머니를 포함한 그 가족 모두의 삶 전체에 영향을 미친다. 그리고 자폐성 장애아동의 어머니들은 양육과정에서 절망감, 죄책감, 분노, 불안, 우울 등의 심리적 경험을 하게 되며, 자녀의 장애를 수용하기까지 가족구성원들의 지지와 장애에 대한 올바른 사회적 인식은 중요한 지지 요인이었으며 그 중에서도 남편의 역할이 가장 중요한 요인으로 작용하였다.

김종민(2012)의 연구에 의하면, 지적장애자녀를 둔 어머니들의 양육과정에서 느끼고 있는 일반적인 경험들은 병원 의사들의 무관심과 난산의 고통, 가정 내에서 장애형제로 인해 형제들이 겪는 어려움, 자녀의 사춘기 적응, 지속적인 장애치료 그리고 암흑과 같은 장애자녀의 미래에 대한 걱정과 자녀의 치료를 위한 국가의 경제적 지원에 대한 희망을 안고 살아간다. 또한 장애아를 양육하고 교육하는 데 많은 경제적 지출과 장애아 대상의 사회적 편견 그리고 평생 장애아를 키워야 하는 굴레 속에 살면서 장애아의 불확실한 미래에 대한 걱정 등의 고민이 많았다. 장애자녀를 치료하고 교육을 하고 싶어서 보다 큰 도시로 전전해야 했으며 오로지 치료와 교육에 전념하다 보니 경제적인 어려움을 겪게 되고 장애아 위주의 편중된 관심이 장애형제에 대한 무관심으로 이어져서 장애 형제들이 어려움에 직면하게 되므로 어머니들은 이중적인 고통을 경험하면서 자녀 양육의 굴레 속에서 벗어나지 못하는 어려움을 겪게 된다.

차혜경(2008)의 연구를 통해 파악된 발달장애아동 어머니의 양육 경험은 '끝없는 긴장의 재구성'이었다. 어머니들은 자녀의 발달일탈이라는 인과적 조건으로 인해 끝없는 긴장이 발생했다. 자기 장애인식, 사회적 장애인식, 지지체계라는 맥락과 능동적/수동적/낙천적 성격, 발달 일탈 정도, 발달 호전여부, 장애 기간의 중재상황 속에서 발달장애아동 어머니들은 끝없는 긴장을 재구성했다.

한미애 등(2011)은 일반초등학교에 장애아동을 입학시킨 어머니들의 일 년간 경험과 변화를 '긴장의 연속'으로 표현하면서, 취학 전 학교적응 프로그램을 개발하고 시행하여 성공적인 전이가 될 수 있도록 해야 할 것임을 주장하였다.

전체 양육 부담이 가장 높았던 양육유형은 자폐성 장애였으며, 뇌병변장애, 지적장애, 지체장애 순으로 나타났다(유영준, 이명희, 백은령, 최복천, 2011). 발달장애아동의 양육부담이 다른 장애 유형에 비해 매우 크다.

발달장애 청소년을 양육하는 어머니들의 경험을 대상으로 한 연구에서도 같은 내용을 확인할 수 있었다. 올센과 황(Olsen & Hwang, 2001)의 연구에서도 청소년기의 지적장애자녀를 둔 어머니는 자녀의 성장에 따라 증폭되는 불안을 경험한다.

또한 벤저 등(Ben-Zur, Duvdevany, Lury, 2005)의 연구에서는 정신건강, 스트레스, 어려움, 사회적 지지 등의 높은 상관관계가 있으며 지적장애 청소년을 양육하는 어머니에게 사회적 지지의 필요성을 언급하고 있다.

에머슨(Emerson, 2003)은 지적장애 청소년을 양육하는 어머니가 비장애청소년을 양육하는 어머니에 비해 사회경제적으로 불리한 입장이었으며 자녀 양육의 어려움에 대한 사회 심리적 자기평가가 더 크게 영향을 미친다. 김수정(2011)은 지적장애 청소년 어머니의 양육 경험에 관한 현상학적 연구에서 지적

장애자녀를 둔 양육자들은 장애자녀 출산과 함께 성인기 이후 자녀의 삶에 지속적으로 관여하게 되며 지적장애 특성상 자기결정력이 약하며 성인기 이후로까지 만성적으로 진행이 된다고 하는 것은 양육자들에 대한 의존도 및 도움이 클 수밖에 없음을 이야기하였다.

윤정인과 김영근(2018)의 연구에서, 지적장애자녀 어머니들이 장애를 수용하기까지는 다양한 단계의 감정의 변화를 경험하고 그 정도와 크기는 개인마다 차이가 있으며 장애를 수용하기까지의 과정 및 기간도 각기 다르고 지적장애자녀 어머니들과 같은 지지체계는 아픔을 나누고 서로 의지함과 동시에 상호지지 체계로서의 든든한 버팀목이 되었다는 것을 알 수 있다.

김웅기(2018)의 연구에서도 부모의 긍정적인 양육 경험과 축적된 지혜는 문제행동을 적절하게 중재하는 데 효과적이었다. 발달장애아동을 양육하는 가족의 어려움을 해소하기 위한 방안으로 부모 멘토링이나 부모 결연 프로그램을 통해 구체적인 양육 경험과 정보를 나눌 필요가 있다. 또한 가족의 도움 중에 배우자의 지지가 특히 중요했던 것만큼 부부역량을 강화할 수 있는 상담 프로그램의 개발과 보급이 필요하며, 다른 장애부모와의 만남이 삶의 큰 힘이 되었던 것을 비추어 자조모임 프로그램의 계획과 실행이 요구된다. 어머니들 대부분은 장애자녀의 성인기 이후의 삶에 대한 걱정과 불안으로 마음의 부담을 안고 있으며 국가의 복지정책에 대해 선진국 수준의 정책이 갖춰지길 기대하며 그 바람이 이루어지기를 희망하고 있다(윤정인, 김영근, 2018).

발달장애로 인해 아동에게 지적 손상과 심각한 문제행동 등의 어려움이 동반되어 아동과 가족의 삶의 질에 큰 영향을 받고 있기 때문에 발달장애아동의 양육을 위한 양육기술훈련을 하도록 권장하고 있다. 이를 위해 발달장애아동의 부모 및 양육자에게 양육기술을 제공하기 위하여 증거를 기반으로 한 '부모 양육기술훈련' 프로그램을 제공할 것과 프로그램 제공을 통해 발달장애에 대한 지원과 자원이 빈약한 상황에서도 양육기술의 수행이 가능하도록 해야 할 것을 강조하였다(WHO, 2014).

양육 기술은 과학적이어야 하며 그 내용은 근거를 기반으로 한 것이어야 하고 양육 기술의 제공은 체계적이어야 하며, 훈련과 실습을 통해 부모의 양육

역량을 확인하고 점검하는 과정이 필요할 것이다.

발달장애아동의 양육을 위해서 부모는 양육을 위한 전문적인 지식을 습득할 필요가 있다. 부모는 학습한 전문적 지식을 토대로 아동에게 적합한 양육을 실시한다. 이것은 양육이 가지는 교육적 역할이자 기능이라 할 수 있다. 발달장애아동 부모의 양육 경험에서 살펴본 발달장애아동의 양육은 부모와 아동, 그들을 둘러싸고 있는 환경 간의 복잡한 상호작용이었다. 따라서 양육 속성에 의한 어려움을 해결하기 위해서는 부모와 아동에게 가장 적합한 양육 기술이 필요하다.

4. 비장애형제자매 상담접근

1) 비장애형제의 심리적 어려움

비장애형제들은 일반아동이 느끼고 경험하는 상황들보다 아주 특별한 감정과 환경에서 성장하며, 그 안에서 많은 심리적 어려움을 경험하게 된다. 비장애형제들이 학교에 들어가게 되면 자신의 삶이 다른 또래 아이들의 삶과 어떻게 다른지 알게 되고, 학교 안에서 고립감을 느낀다. 어린아이들은 자신이 놓인 상황을 충분히 이해하지 못하기 때문에, 고립감은 두려움과 불안으로 이어질 수 있다. 그런데 사회는 비장애형제들에게 같은 상황에 있는 다른 아이들은 항상 긍정적이고 밝게 살아가며 이기적이지 않다는 메시지를 전한다(전혜인, 정평강, 2009). 이러한 사회 분위기 속에 비장애형제들이 겪는 심리적 어려움은 더욱 간과되어 왔으며, 비장애형제의 심리적 어려움을 비장애형제는 장애형제의 존재로 인해 스스로 폭넓은 감정의 변화를 경험하는 것으로 보고되고 있다. 특히 두려움, 분노, 당혹감, 혼란스러움, 질투, 부담감, 죄책감 등의 감정은 비장애형제가 전형적으로 경험하는 정서적 어려움들인 것으로 알려져 있다(이혜진, 2012).

비장애형제들이 경험하는 사회·정서적 반응으로 두려움, 좌절감, 외로움,

분노, 분개, 당혹스러움, 혼란스러움, 질투, 압박감 등을 언급하였다. 비장애형제들은 본인에게 할당되어야 할 가족의 배려와 관심이 장애형제에게 집중되기 때문에 자신의 연령에서 채워져야 할 관심이나 결핍과 사랑을 느끼고, 동시에 장애형제를 돌보아야 하는 양보, 책임, 의무를 가족에게 강요받게 됨으로써 심리적 어려움을 겪게 된다.

2) 비장애형제 심리적 지원 서비스

2019년 새롭게 제정된「장애인 등에 대한 특수교육법」제28조 제1항에는 '교육감은 특수교육대상자와 그 가족에 대하여 가족상담 등 가족 지원을 제공하여야 한다.'라고 명시되어 있으며, 2022년 일부 개정된「장애인 등에 대한 특수교육법 시행령」제23조(가족지원) 제1항을 보면, '법 제28조 제1항에 따른 가족 지원은 가족상담, 양육상담, 보호자 교육, 가족 지원프로그램 운영 등의 방법으로 한다.'라고 명시되어 있다. 이렇듯 특수교육대상자인 장애아동은 물론, 장애아동 가족을 위한 지원이 필요하다. 다만, 가족지원이라는 영역이 부모지원에 많은 초점이 맞춰져 있으며, 실로 많은 사람이 장애아동 가족지원은 여전히 부모를 위한 지원이라는 인식이 강하다. 그러나 비장애형제들은 아주 어린 시기부터 장애형제로 인한 다양한 심리·정서적 어려움을 경험한다는 선행연구들(이혜진, 2012)을 통해, 점차 비장애형제에 대한 지원이 필요하다는 것이 인식되고 있으며, 이는 형제지원이라는 용어로 사용되고 있다.

양숙미(2003)는 장애아동의 형제지원 프로그램을 상담 프로그램, 훈련프로그램, 사회적 상호작용 촉진프로그램, 심리 교육적 지지집단 프로그램의 네 가지 유형으로 나누고 있다. 상담프로그램은 장애형제와 가족을 이해하는 데 필요한 정보를 제공하고, 장애형제로 인한 부정적인 정서를 완화시키는 데 목표를 두고 있다. 훈련프로그램은 장애아동의 형제를 위한 지원형태로, 상담, 사회적 상호작용을 촉진시키는 것, 장애형제의 교사역할을 하도록 하는 것, 학교에서 지원제공, 성인 장애아동 형제자매 지원하는 것과 장애형제와 관련된 올바른 정보를 제공하여 주는 지원으로 정보제공의 형태로는 책이나 영상 매체를 통한 방법이 있을 수 있다.

적극적인 형태의 지원으로는 장애아동의 형제를 위한 워크숍 등의 프로그램을 포함시키고 있다. 사회적 상호작용 촉진 프로그램은 장애형제와 비장애 형제가 서로 바람직한 형태로 상호작용을 할 수 있도록 도와주는 내용을 포함하고 있다. 심리 교육적 지지집단 프로그램은 지지집단을 활용하여 장애형제와 가족을 이해하기 위한 정보를 제공하고, 집단 성원 간의 상호지지를 촉진시키기 위한 개입프로그램으로 정의하였으며, 캠프, 상호토의 등의 방법이 주로 사용된다.

신현옥 등(2009)은 장애유아 형제지원 프로그램 유형을 장애유아 형제의 심리적, 정서적인 면을 지원할 수 있는 서비스(심리치료, 집단상담), 장애형제와 잘 상호작용할 수 있는 기술훈련, 부모와의 애정욕구를 충족시킬 수 있도록 돕는 서비스, 장애형제를 둔 장애유아 형제 또래들 간의 상호 지원하는 서비스(지지집단모임), 장애형제가 있는 가정의 경제적 지원, 일반인을 대상으로 하는 장애이해교육으로 나누고 있다(신현옥, 주혜영, 이병인, 유지성, 2009). 강성리와 이병인(2011)에서는 형제지원 프로그램의 세부내용을 스트레스 관리 중심 프로그램, 장애이해교육, 집단상담, 부모상담 등을 통한 적응력 향상 프로그램과 구조적 놀이활동, 부-자녀 의사소통 놀이 활동 등을 활용한 놀이활동, 단기 캠프활동, 미술치료・연극치료・통합예술치료 프로그램과 같은 치료 프로그램으로 나누고 있다.

'비장애형제 심리적 지원 서비스'란 많은 형제지원 프로그램 중 비장애형제의 심리・정서적인 부분에 더욱 초점을 맞춰, 상담(개인상담, 집단상담, 가족상담 등)과 심리치료(미술치료, 놀이치료, 음악치료 등)를 통해 비장애형제가 자라면서 경험하는 많은 심리적 어려움을 예방할 수 있도록 조기지원 함으로써, 비장애형제가 보다 건강한 심리・정서적 발달이 이루어질 수 있도록 집중적으로 지원하는 서비스이다.

3) 심리적 지원 서비스의 형태

'비장애형제 심리적 지원 서비스'에는 비장애형제가 경험하는 심리·정서적 어려움을 이해하고, 전문가의 도움을 통해 비장애형제가 심리·정서적인 면에서 보다 나은 삶의 질을 영위할 수 있도록 돕는 상담 및 심리치료 활동을 포함한다.

상담이란 미국심리학회(American Psychological Association, APA)의 상담학 분과인 규정 위원회(1956)는 상담을 '개인이 자신의 개인적 성장을 방해하는 장애물을 어떤 곳에서 만나더라도 극복하도록, 그리고 개인의 자원들의 적정한 발달을 성취하도록 도와주는 과정'으로 정의하였다. 미국상담학회(American Counselors Association, ACA)와 공인상담자를 위한 국가 위원회(National Board for Certified Counselors, NBCC)는 상담은 '병리뿐만 아니라 건강, 개인적 성장, 진로발달 등에 역점을 두어 다루는 인지적, 정서적, 행동적 또는 체계적 개입전략을 통해 정신건강, 심리학적 또는 인간적 발달 원리를 작용하는 것이며, 전문적 상담의 특수성이란 좁게 초점을 맞추는, 즉 모든 전문적 상담자들이 전문적 상담의 일반적 실시를 위한 필요조건을 우선 만족시켜야 한다는 전제에 근거를 두고 있다(김택호, 박제일, 송재홍, 2009).

이철수(2008)는 상담이란 상담사는 도움을 필요로 하는 사람에게 전문적 지식과 기능을 가지고 내담자 자신과 환경에 대한 이해를 증진시키며, 합리적이고 현실적이며 효율적인 행동양식을 증진시키거나 의사결정을 내릴 수 있도록 원조하는 활동이다. 상담이란 '도움을 필요로 하는 내담자와 도움을 주는 전문적인 상담자 간의 관계 형성을 통해 내담자의 자기 이해, 문제 예방과 해결, 삶의 질 향상 등 바람직한 인간적 성장과 변화를 조력하는 과정'이다.

심리치료는 심리적 고통이나 과거부터 현재까지 해결 받지 못한 문제를 가진 사람에게 심리학적 전문지식을 활용하여, 문제를 해결하거나 삶의 질을 향상시키도록 돕는 전문적 활동으로 요약 정의할 수 있다(김춘경, 이수연, 이윤주, 정종진, 최웅용, 2010).

장애아동의 비장애형제를 주목하여, 아동상담에 초점을 맞춰 언어적 기술로 자신의 감정을 온전히 표현하기 어려운 아동 내담자들에게 심리치료의 하위 영역인 미술치료, 놀이치료, 음악치료를, 상담의 도구적 요소로 보는 견해를 따라 상담과 심리치료를 따로 구분 짓지 않고 아동상담의 유형은 관점에 따라 다양하게 구분된다. 예를 들어 아동의 발달 연령을 기준으로 하여 영아, 유아, 초등학생, 청소년 등으로 구분할 수 있으며, 상담이 이루어지는 장소에 따라 가정상담, 기관상담, 학교상담, 개인상담, 집단상담 등으로 구분할 수도 있다.

상담이 이루어지는 집단의 형태에 따라 상담자와 내담자 개인으로 이루어지는 개별상담과 상담자와 여러 명의 내담자로 이루어지는 집단상담으로 구분한다. 집단상담은 참여하는 인원에 따라 다시 소집단상담과 대집단상담으로 구분되며 상담자의 상담유형에 따라 지시적 상담과 비지시적 상담, 상담에 쓰인 도구에 따라 모래놀이치료, 놀이치료, 미술치료, 음악치료, 문학치료, 무용동작치료, 심리극 등으로 구분한다. 따라서 아동상담은 대상자, 장소, 집단유형, 상담유형, 기법 등의 차이에 따라 여러 가지 유형으로 구분할 수 있다(강문희, 김매희, 유정은, 2011). 장애아동을 가진 비장애형제들을 위한 상담은 다음과 같은 특별한 목적을 달성하는 데에 초점을 둔다.

첫째, 비장애형제들이 자신의 개인적인 감정과 문제에 대해서 더 깊고 넓게 이해가 필요하다. 비장애형제들이 상담과정에 참여하면서 그들은 자신의 감정이나 욕구의 근본이 어디에 있는지 알게 된다(김춘경 외, 2010).

둘째, 비장애형제들은 자신의 문제와 감정을 건설적으로 다루어 나갈 수 있도록 하는 기술과 태도를 개발시켜야 한다. 비장애형제들은 상담관계를 통해서 잠재적인 문제가 더 악화되지 않도록 하기 위한 행동요령들을 익히게 될 것이다.

셋째, 상담은 비장애형제들이 온전한 사회성원으로서 가지는 인생의 목적을 추구해 나갈 수 있도록 격려해야 한다. 상담은 개인적인 성장과 만족을 유도함으로써 개인과 전체 가족들의 기능 수행을 증진시킨다.

넷째, 상담은 비장애형제들이 장애형제와의 좋은 관계를 강화시키는 데 도움이 되어야 한다. 형제들은 개인적인 성장을 경험하고 새로운 관계를 발전시키면서 다른 가족구성원뿐 아니라 장애형제와 부정적인 감정을 청산하고 긍정적인 방법으로 관계 맺는 방법을 배우게 된다.

'비장애형제 심리적 지원 서비스'를 집단의 유형에 따른 집단상담, 가족상담, 개인상담으로 나누고, 세부적으로 상담 및 심리치료에 쓰인 도구에 따라 미술치료, 음악치료, 놀이치료로 나누어 이러한 프로그램들이 비장애형제의 심리적 지원에 어떤 역할을 하는지 세부적으로 설명하고자 한다.

(1) 집단상담

집단상담의 상황은 아동의 실제 세계를 축소해 놓은 것으로, 아동들은 서로 대화를 나누고 또래로부터 자신의 감정, 행동에 대한 피드백을 받으면서 상호작용한다. 개인적 상호관계를 가지면서 효과적이거나 비효과적인 사회적 기술을 확인하기도 하고, 다른 아동들이 자신을 어떻게 자각하는지를 들음으로써 자신에 대해서도 배운다. 경우에 따라서는 협동하고, 순응해야 한다는 것을 알게 된다. 아동은 간섭이나 구속이 없는 환경에서 자신의 행동이나 생각을 실제 그대로 실험해 볼 수 있다. 아동 집단상담의 목표는 아동의 문제해결을 위한 기회를 제공하고 개인적으로 성장한다. 이때, 비장애형제에게 이루어지는 집단상담은 대개 또래 비장애형제들과 함께하는, 이른바 자조집단과의 소통을 말하며, 자조집단이 개인의 사고와 행동에 변화를 가져오는 치료적 차원의 효과를 중심으로 제시하였다. '개인의 생활에 있어서 장애가 가져오는 문제를 극복하고 일상적인 욕구의 충족을 위하여 함께 상호 지원을 도모하고, 더 나아가 사회적으로나 개인적으로 긍정적인 변화를 가져오는 것'이라는 의미를 강조한다.

비장애형제를 위한 집단상담 프로그램에서 발달장애아동의 비장애형제 중 만 6세~8세의 아동을 대상으로 집단상담 프로그램을 실시한 결과, 비장애형제의 장애아동에 대한 수용도와 지지도 향상, 적대감 감소에 효과가 있다. 초등학교 고학년을 대상으로 실시한 형제지원 프로그램이 비장애형제가 장애아동을 대하는 태도에 있어 수용도의 증가와 적대감 감소에 기여한다.

집단상담 프로그램을 실시하여 주관적 행복감 및 그의 하위요인과 관계가 있는 자아특성, 대인관계, 능력을 향상시키는 데 효과가 있다. 또한 비장애형제들은 집단상담을 통해 자신이 경험하고 있는 심리적 어려움이 자신에게만 국한된 부정적 감정이 아니라 자신과 비슷한 상황과 환경에 있는 또래 비장애 형제들이 함께 느끼는 감정이라는 걸 깨닫게 됨으로써 죄책감에서 벗어나는 데 많은 도움이 된다. 무엇보다 아이들은 이러한 지지적 집단을 통해 자신의 감정이 수용되는 것을 경험한다. 누군가 자신과 같은 감정을 공유하고 공감해 준다는 것은 실로 엄청난 심리적 힘으로 작용된다. 따라서 비장애형제 집단상담 프로그램은 치료의 목적보다는 공감과 이해를 통한 건강한 감정을 공유함으로써 심리적 안정감을 채워 가는 데 목적을 두는 것이 바람직하다.

(2) 가족 상담

아동들은 가정의 한 성원으로서 가정 내의 역기능적인 여러 환경적인 조건을 무비판적으로 받아들이게 되며, 과정에서 부적응 행동을 학습하게 되거나, 자기가 느끼게 되는 불안이나 공포 등이 원인이 되어 부적응 행동을 유발하기도 한다. 따라서 아동상담을 통해 대상 아동의 부적응 행동을 고쳤다 하더라도 가정의 기능이나 역할이 개선되지 않은 채 종전과 같은 조건이라 할 것 같으면 근본적으로 그 부적응 행동은 고쳐질 수가 없다. 따라서 가족상담을 통해 가족 간의 심리적인 갈등을 해소해 주고 의사소통을 시켜줌으로써 아동을 둘러싼 일차적인 환경, 즉 가정을 아동에게 더욱 좋은 환경으로 바꾸어야 한다(안영진, 2015). 그러므로 가족상담가들은 개인의 심리적 차원의 문제뿐만 아니라 그들이 처한 사회적 맥락까지 반드시 함께 고려할 것을 강조한다.

가족상담은 가족구성원 모두가 좀 더 만족스럽게 가족 전체와 각자의 역할과 기능을 수행할 수 있도록 상담이라는 긍정적인 경험을 통해 가족이 성장하는 것이다(강문희, 김매희, 유정은, 2011). 2007년 제정된 「장애인 등에 대한 특수교육법」 제28조 특수교육 관련 서비스에서는 장애아동 가족지원 서비스의 한 형태로 가족상담을 명시하고 있다. 이처럼 장애아동 가족에게는 가족상담 지원이 더욱 중요한 부분임을 알 수 있다. '장애형제를 둔 비장애형제'에서 살펴본 바와 같이, 비장애형제가 겪는 심리적 어려움에는 대부분 부모의 양육태도에서 영향을 받으며 자신의 감정을 부모에게 표현하지 못하고 장애형제로 인해 부모의 에너지와 관심에서 벗어나 있다는 소외감과 심리적 박탈감이 큰 비중을 차지하는 것을 알 수 있다. 따라서 장애아동 가족상담은 장애아동과 부모를 위한 상담뿐 아니라, 비장애형제와 부모의 건강한 의사소통 구조 및 올바른 애착관계 형성을 위해서도 필요한 부분이다.

가족상담 프로그램을 통해 부자간 의사소통의 변화가 이루어져, 아버지와 비장애형제가 자신의 의사를 무비판적인으로 표현하고 서로의 마음에 공감해주고 지지해주는 모습을 통해 긍정적인 영향이 있으며, 가족치료 프로그램을 통해 현재의 가족이 경험하고 있는 모습으로 부모와 비장애형제가 상호작용을 하면서 응집력과 협력하는 모습이 나타났다. 가족치료 프로그램을 통해 비장애형제의 스트레스 감소와 여러 문제에 대한 긍정적 영향을 주었고, 비장애형제의 심리적·행동문제에 변화를 보여 긍정적인 상관관계가 있다.

장애아동 가족지원에 포함하는 가족상담은 장애아동과 부모를 중심으로 하는 연구들이 더 많은 비중을 차지하고 있다. 점차 비장애형제 심리적 지원 서비스의 중요성이 강조된다면, 장애아동과 부모를 위한 가족상담뿐 아니라 비장애형제와 부모를 위한 가족상담의 영역이 더 넓어질 것이다. 부모와 비장애형제가 서로의 위치뿐 아니라, 각자의 위치에서 가족구성원이 처해있는 상황과 그 안에서 경험하는 심리적 어려움을 이해하게 되고, 서로의 가장 든든한 심리적 지원자가 되어줄 수 있다. 따라서 가족상담을 통해 부모와 비장애형제의 의사소통 구조가 회복되고, 부모와 비장애형제의 애착관계가 회복된다면 장애형제로 인한 가족의 역기능적 구조에서 오는 더 큰 심리적 어려움을 예방하고 비장애형제의 심리적 안정감뿐 아니라 가족구성원 전체의 가족탄력성을 지지해 줄 수 있는 긍정적인 영향을 주게 될 것이다.

(3) 개인상담

상담의 기본 원리에 있어서는 아동상담과 성인상담 간 차이가 없지만, 방법상에서 아동상담의 경우 아동의 발달수준에 맞게 상담기법들을 변형시켜야 한다. 아동 중에서도 어린 아동은 특히 인지적·언어적 기술이 부족하기 때문에 비언어적 의사소통이 중요하다. 한편, 김춘경 외(2004)는 아동은 발달하는 과정에 있기 때문에 그 특성이 고정되지 않고 변화 가능성이 크다고 지적하면서, 아동기의 문제를 다룰 때는 장애보다는 성향 또는 어려움에 초점을 두고, 지금의 상태를 기초로 하여 앞으로의 성장 정도를 판단하고 장애로 발전하는 것을 예방하는 입장에서 접근하는 것이 바람직하다. 아동은 계속 발달하는 과정에 있기 때문에 규정하는 데 있어서는 더욱 신중해야 하지만, 변화 가능성이 매우 높다는 점 때문에 아동상담은 성인상담에 비해 효과가 빨리 나타나고 비교적 오래 지속된다.

개인상담은 비장애형제의 심리적 어려움을 전문 상담사와 함께 풀어나가는 과정을 이야기한다. 집단상담과 대비되는 형식으로, 내담자의 감정 · 성향 · 태도 등에 대해 좀 더 깊이 있게 다루어진다. 대다수의 비장애형제들은 자신의 심리적 어려움을 표현하지 못해 더욱 심한 스트레스로 다가오고, 점점 더 깊은 내면으로 빠져드는 우울감을 경험한다.

개인상담에서는 비장애형제가 겪고 있는 심리적 어려움에 더 깊게 다가갈 수 있으며, 그러한 어려움을 겪게 된 이유에는 어떤 것들이 있었는지 전문 상담사와의 상담을 통해 스스로 알아가고 변화된다. 무엇보다 비장애형제라는 상담의 특수성을 고려하여, 비장애형제가 장애형제의 장애를 이해하고, 장애 대처 능력에 대해서도 함께 다루어 줌으로써, 이해되지 않는 상황에서 오는 불안과 두려움, 당혹감 등을 감소시켜주고, 장애형제가 질투와 미움의 대상이 아닌 보호의 대상임을 인식시켜줄 때 장애아동 형제관계가 더욱 증진될 수 있다.

멘토지원 체계도 이 영역에 포함되는 한 부분으로, 부모에게 나누지 못하는 비장애형제의 어려움을 부모를 대신해, 전문 상담사가 비장애형제가 처해있는 문제 상황에 대해 실질적인 조언을 해줄 수 있으며, 학교생활, 또래관계 등 사회적 관계에서 경험하는 심리 · 정서적 문제에서 전문가들은 더욱 객관적이고 체계적인 사회적 차원에서의 도움을 줄 수 있다. 그러나 대다수의 아동상담에서의 개인상담은, 아동의 발달수준에 따라 아직 인지적 · 언어적 기술이 부족하기 때문에 비언어적 의사소통이 중요하며, 매체(미술, 음악, 놀이 등)를 이용한 정서표현을 통해 아동 내담자의 심리·정서적 어려움을 이해하고, 치료의 목적보다는 상담자가 아동의 성장 발달에 있어 든든한 지원자가 되어줌으로써, 아동이 자라가는 데 있어 주위환경에 더욱 잘 적응하고, 문제 상황에 대처할 수 있는 능력을 길러주는 예방과 교육적 기능에 더 큰 목적을 둔다.

5. 발달장애와 치료 교육

치료 교육은 대체로 초등학교 취학 전 장애아동과 학령기 아동 및 청소년의 발달을 돕기 위한 치료나 교육 등 서비스와 프로그램을 일컫는 포괄적인 용어라고 할 수 있으며, 치료 교육을 위한 재활치료 서비스는 의료, 교육, 사회, 심리적 영역에서 다양한 내용을 포함하고 있다(정민정, 서주은, 2010). 즉, 재활치료 교육 대상자 중에서 장애아동 분야는 학령전기부터 청소년기까지 장애아동의 발달을 돕기 위한 치료나 교육 등 서비스와 프로그램을 일컫는 포괄적인 용어로 사용된다.

치료 교육을 위한 발달 상담은 내담자의 긍정적인 발달이라는 목적을 이루기 위해 다양한 이론과 기법을 통합하는 다중적인 방법으로 강점과 문제의 영역 그리고 계속해서 발달하는 인간의 인지 발달적 지향을 탐색하고 평가하여 내담자에게 적절한 방법을 선택하고 치료·교육의 전략을 수립하여 적용한다(김춘경, 이수연, 이윤주, 정종진, 최웅용, 2016). 기능 향상과 행동발달을 위한 지원 및 정보제공이 필요한 장애아동 가족의 경제적 부담을 경감하기 위해 실시되고 있는 대표적인 사업이 발달재활 바우처 사업이다(문장원, 2015).

우리나라에서는 장애아동 가족의 부담을 줄이기 위해 「장애아동복지지원법」이 2011년 제정되어 2012년 8월부터 시행되었다. 「장애아동복지지원법」 제21조(발달 재활서비스지원)에서는 장애아동의 인지, 의사소통, 적응행동, 감각-운동 등의 기능향상과 행동발달을 위하여 적절한 발달 재활서비스를 지원할 수 있다고 규정하고 있으며, 이것을 근거로 '장애아동 재활치료'사업은 '발달 재활서비스'사업으로 명칭이 변경되어 시행되고 있다. 이는 보건복지부가 지역 사회서비스 혁신사업의 일환으로 2007년 '장애아동 재활치료사업'을 시행하였는데, 장애아동 부모들의 계속적인 정책요구를 바탕으로 하여 2009년도에 바우처 사업의 형태로 전국적으로 확대 실시하게 된 것이다.

발달 재활서비스는 장애아동의 인지, 의사소통, 적응행동, 감각, 운동 등의 기능향상과 행동발달을 위한 재활서비스를 지원하고 관련 정보를 제공하는 것을 목적으로 전국 가구 평균소득의 150% 이하인 만 18세 미만 등록 장애아동을 지원한다. 장애유형은 뇌병변, 지적, 자폐성, 청각, 언어, 시각장애이며 중복장애도 인정한다. 6세 미만의 경우 등록 장애아동이 아니더라도 장애가 예견되어 재활치료가 필요하다는 의사진단서와 검사자료로 등록기준을 대체할 수 있다.

장애아동에게 언어치료, 청능치료, 미술치료, 음악치료, 행동치료, 놀이치료, 심리치료, 감각치료, 운동치료 등 발달 재활서비스를 제공한다.

아동 대상의 대표적인 바우처 사업으로 발달 재활서비스와 함께 아동·청소년 심리지원 서비스가 있다. 아동·청소년 심리지원 서비스는 문제행동의 조기 발견과 개입을 통하여 문제행동을 감소시키고 아동의 건강한 성장을 지원하는 서비스이다. 언어재활사, 청소년상담사, 초등교사, 전문상담교사 및 특수학교 정교사, 정신건강전문요원, 임상심리사 등이 심리상담. 놀이, 언어, 인지, 미술, 사회성 향상 프로그램, 부모 훈련 등을 제공한다.

현재 우리나라 발달장애아동의 치료와 교육의 현황을 살펴보면, 주로 장애인복지관과 아동발달센터 등에서 다양한 프로그램을 제공하고 있다. 장애인복지관은 지역사회 장애인을 대상으로 장애의 사정과 평가, 사회심리, 직업재활, 교육재활, 의료재활, 재가복지서비스 등 종합적인 재활서비스를 제공하며 장애인에 대한 인식 개선을 위해 계몽, 홍보 및 조사 연구 등을 실시하는 시설이다. 발달장애아동에게 언어치료, 인지학습치료, 놀이치료, 사회성 그룹치료, 감각통합치료, 음악치료, 미술치료, 운동치료 등 다양한 치료 서비스와 체계적인 재활치료를 제공한다. 또한 발달장애아동의 잠재능력을 최대한 개발하여 사회 적응력을 향상시키며 재활 및 자립의 기초를 마련한다.

아동발달센터는 정서 발달이나 행동 발달상의 문제와 증상을 평가하고 검사하여 장애를 진단하고 적절한 치료를 제공한다. 부모 상담 등을 통해 아동이 건강하게 성장할 수 있도록 하는 민간이 운영하는 장애아동 재활치료기관이다. 언어치료, 인지학습치료, 놀이치료, 사회성 그룹치료, 감각통합치료, 음악치료, 미술치료, 운동치료, 특수체육 등을 제공하며 장애아동 재활치료 바우처 사업, 발달장애인 부모상담 등 다양한 사업을 실시하고 있다. 정부의 바우처 사업이 본격적으로 시작되기 전에는 장애아동의 부모들이 직접 비용을 부담하면서 사설 치료기관에서 치료를 받고 있었음을 알 수 있다.

전병진, 이지연(2006)의 치료교육에 대한 장애아동 부모의 욕구 조사에 관한 연구에서 실시한 장애아동 치료 교육 현황조사에 의하면, 학교에서 치료 교육을 받는 경우는 27%로 나타나 대다수의 학생이 치료 교육을 공적인 교육체계에서 서비스를 받고 있지 않는 것으로 조사되었다. 이에 반해 사설 기관에서 아동의 재활치료를 받고 있는 아동은 55%였다. 바우처 사업이 2009년에 전국적으로 확대 시행되고 이용자가 확대되면서 공급기관 역시 기존의 장애인복지관 등의 공공기관에서 이루어졌던 치료들도 사설 치료실 중심으로 확대되고 있다(윤형준, 이성진, 김성식, 2015). 사설 치료기관들이 바우처 사업을 통해서 공적인 사업의 영역으로 들어오면서 사설 치료기관의 서비스들이 큰 폭으로 확대되고 있다. 바우처 사업의 확대실시로 인한 긍정적인 평가들은 다음과 같다.

첫째, 장애아동들은 필요한 치료 서비스를 즉각적으로 이용할 수 있게 되었으며, 한 기관에서 2~3가지의 서비스를 이용할 수도 있고, 다양한 기관에서 서비스를 선택하여 이용할 수 있다는 점에서 긍정적으로 평가되고 있다(송은주, 2014). 특히 이용자 측면에서 대기시간이 없어졌으며, 다양한 기관과 서비스 조합이 가능하게 되었으며, 이용자의 선택권이라고 할 수 있는 다양한 소비자 권리가 높아지고, 정보에 대한 접근성이 높아졌다는 긍정적인 측면이 있었다(서동명, 민선화, 2010).

둘째, 장애아동 재활치료사업의 대상자 확대는 매우 큰 성과로 볼 수 있다(양숙미, 2012). 장애아동 발달재활서비스는 사회서비스 부문의 일자리 창출과 함께 장애아동의 치료, 교육 및 각종 지원을 목적으로 하고 있으며 장애아동의 치료 및 교육 서비스를 전국적으로 확대하는 데 크게 기여하고 있다(유영준, 이명희, 백은령, 최복천, 2011). 특히 제공인력 측면에서 자신들이 일할 수 있는 곳이 많아지고 일하는 형태도 다양하게 선택할 수 있게 되었다(서동명, 민선화, 2010).

셋째, 발달 재활서비스 시행의 확대와 제공기관과 제공인력의 증가는 장애아동의 치료에 대한 경제적 부담의 감소와 함께 서비스 접근성의 편리함에 따라 만족도가 높아지고 있다(박대삼, 2014).

발달 재활서비스의 바우처 시행 확대는 이러한 성과와 더불어 많은 문제점도 제기되고 있는데 이에 대해 살펴보면 다음과 같다.

첫째, 바우처 사업 초기에는 바우처 방식의 생소함과 결제시스템의 번거로움이 문제점으로 지적되었다. 단말기와 카드결제가 익숙하지 않았던 시행 초기에는 주로 제기된 문제들이다.

둘째, 소득을 기준으로 서비스 대상자를 제한하는 문제가 있다(서동명, 민선화, 2010). 장애아동 재활치료 서비스 대상자의 소득기준을 완화하여 서비스 이용부담을 경감시키는 방안을 고려해야 한다는 의견도 있다(양숙미, 2012). 발달 재활서비스의 소득기준을 없애서 치료욕구를 가진 모든 장애아에게 동등한 기회를 주어야 한다고 하였다. 소득을 기준으로 서비스 욕구를 제한하는 조치는 당장 없어져야 한다는 주장도 있다(김기룡, 2009).

셋째, 꾸준히 제기되고 있는 문제점으로는 재활치료 서비스의 전문성 및 질 관리의 문제가 있다(김기룡, 2009). 발달 재활서비스를 이용하면서 치료비에 대한 경제적인 부담 감소로 치료를 지속하게 되었지만, 부모의 치료에 대한 긴장과 기대가 감소된 것을 알 수 있었다. 그에 대한 원인으로 아동의 생애주기에 맞는 재활치료가 진행되지 않기 때문이라고 하였다(이경화, 2016). 아동의 연령을 고려하지 않은 바우처 시행기관의 안일한 프로그램 운영 문제로 만 18세 미만의 전 연령에게 시행하기에는 충분하지 않은 서비스 내용으로 초등학교 고학년과 중·고등학생을 대상으로 한 프로그램 운영에 대해 고민해야 할 필요가 있고 발달 재활서비스의 프로그램을 다양화하여 서비스의 질적 향상을 꾀하여야 할 것으로 보았다. 그리고 치료수업 후에 치료사와 부모와의 상담이 원활하게 이루어지지 못하고 있는 문제점도 지적하였다.

치료교육의 문제점을 묻는 질문에서는 72%가 질적인 저하를 지적하고 있다는 연구도 있었다(전병진, 이지연, 2006). 재활치료의 질적인 내용을 강화하기 위해서는 서비스 제공인력의 안정성 확보와 전문성을 강화해야 하며 이를 위해서는 제공인력의 처우를 개선하는 방안의 모색이 필요하며 전문성 강화를 위한 보수교육 체계를 마련하는 것이 필요하다는 주장도 있었다(양숙미, 2012). 또한 전문 인력의 자격기준 강화 등을 통해 장애아동에게 양질의 재활치료 서비스가 제공될 수 있도록 노력해야 함을 이야기하고 있다(최복천, 유영준, 임수경, 조윤경, 2013). 발달 재활서비스의 전문성을 높이기 위한 방안으로 치료사 자격증과 관련하여 법과 제도의 정비가 필요하며 제공인력에 대한 인증제도가 도입되어야 한다는 의견도 제시되었다(권봉목, 2016).

발달장애아동 치료·교육의 내용적인 면인 프로그램을 살펴보면 다음과 같다. 발달 재활서비스 사업이 전국적으로 실시되기 이전인 2015년에 실시된 한 조사에서는, 장애 유형에 상관없이 현재 이용하는 프로그램으로 언어치료가 가장 많았으며, 희망 프로그램으로는 정신장애의 경우 놀이치료, 자폐성 장애의 경우 심리 행동 치료에 대한 욕구가 가장 높았었다. 충분한 정보를 제공할 수 있는 전문가팀과 부모들의 숙의를 거쳐 가장 적절한 재활치료가 제공되어야 할 필요성에 대한 제안이 있었다.

2009년에 발달 재활서비스가 전국적으로 확대 시행된 이후, 2010년의 한 연구에서는 재활치료 서비스를 제공받는 프로그램 중 이용 욕구가 높은 프로그램은 놀이치료였다. 그리고 지원서비스 욕구에서 가장 높게 나타난 것은 무상교육이었으며 장애아동의 치료와 함께 가족의 정신건강을 위한 직접적인 서비스 제공이 시급하다고 하였다.

장애아동 재활서비스 지원 사업 실태 및 개선방안(김정희, 김경란, 강정배, 2015)에서 발달 재활서비스 제공기관 유형은 언어 재활이 가장 많은 것으로 나타나고 있었다.

발달장애와 직업진로상담

제10장

발달장애와 미술치료

1. 미술치료

심리적 문제를 지닌 내담자와 상담할 때 내담자의 마음 상태에 따라 단순히 대화로만 이해하기에는 어려운 경우가 많다. 상담 도중에 내담자의 상태를 보아가며 여러 가지 미술창작활동(그림, 조소, 디자인, 서예) 등 미술의 전 영역이 포함된다고 제시하여 내담자의 마음을 정확하게 읽고 내담자의 마음이 진정되게 하여 내담자 스스로 자신의 마음을 알고 문제를 느끼게 돌보아 주는 것이다. 내담자들의 객관적이고 의식적인 서술만으로는 파악하기 어려운 무의식의 세계를 탐구해 가는 효과적인 치료기법이다(백옥경, 김청자, 2014).

아동미술치료는 발달적 접근을 접목하여 발전시켰다. 아동이 그림을 그리는 일은 지극히 자연발생적이며, 아동은 조형 활동을 통해 표현 욕구를 표출하며 성장한다고 할 수 있다. 미술은 심상(Image)의 표현이며 놀이보다 목표 지향적이다. 비언어적 수단으로 덜 통제적이며, 즉시 구체적인 유형의 자료를 획득한다는 점에서 실제적이라고 할 수 있다. 작품은 보관이 가능하므로 자료가 영속적 특징을 가진다고 할 수 있으며, 필요할 때 작품의 변화과정을 통해 치료과정과 치료의 효과를 확인할 수 있다는 장점을 가진다(강문희, 김매희, 현태옥, 2014).

미술치료의 목표는 크게 세 가지 평가, 정화, 성장으로 나뉜다. 이 세 가지 목적은 모두 치료에 해당한다. 이러한 미술의 치료적 목적에 기반을 둔 비장애형제를 위한 미술치료를 통해 장애아동 형제자매의 감정의 안정과 이완을 가져옴으로써 아동의 행동변화를 가져오게 되었다. 이것은 자기효능감 향상과 우울 감소 그리고 스트레스 감소에 도움이 되며, 미술치료의 지지 환경 속에서 이루어진 창작활동은 비장애형제의 스트레스 증상을 개선해 주는 데 도움이 될 뿐만 아니라, 스트레스의 긍정적 변화에 따른 자아탄력성의 변화에도 긍정적인 영향을 준다. 개인 미술치료가 비장애형제의 스트레스 및 우울함이 장애형제를 대하는 행동에서 유의미한 상관관계를 나타내 결과적으로 프로그램이 장애형제에 대한 태도와 인식이 긍정적으로 변화시키는 데 효과적이었음을 나타내고 있다.

집단미술치료가 장애형제를 둔 비장애형제의 우울 감소에 효과가 있는 것으로 판단되며, 우울의 하위영역 중에서도 우울한 기분 또는 무기력과 외로움을 나타내는 우울 정서와 일상에서의 즐거움의 상실을 나타내는 흥미 상실, 부정적인 자아상에 감소 효과를 나타내고 있다. 자폐성 장애아동의 비장애형제자매에게 집단미술치료 프로그램을 실시한 결과, 자폐성 장애아동의 비장애형제자매로 자라면서 드러내지 못한 솔직한 감정표현을 다양한 미술매체를 통해서 안전하게 표현함으로써 자기 표현력과 상호작용을 통한 사회적 기술의 습득으로 긍정적인 또래관계에 영향을 줄 수 있음을 소개하였다. 이항숙(2012)은 집단미술치료가 장애형제자매를 둔 비장애아동이 자신에 대해 긍정적인 생각을 갖도록 하는 활동으로 자신에 내한 자신감이 생겼으며, 긍정적인 피드백이 낙관적인 성향을 증진해 자아탄력성 향상에 효과적이라는 연구결과를 나타내었다.

〈표 10-1〉 미술의 치료적 목적

목적	하위 목적
평가	• 개념화에 도움을 주는 진단적 정보 • 치료계획에 도움을 주는 진단적 정보 • 역동적인 개인 간 정보 • 갈등과 문제에 대한 인식 • 정서와 욕구에 대한 인식 • 진전을 의미하는 변화에 대한 결정 • 종결 준비 결정
정화	• 정서와 욕구에 대한 자유로운 표현 • 억압되지 않는 과정 최근 사건에 대한 표현과 재창조 • 얘기되는 사건에 대한 표현과 재창조 • 감정과 갈등에 대한 방출과 숙달
성장	• 치료적 라포 형성 • 대안적 문제해결책 탐색 • 창조적 문제해결책 양성 • 기술훈련과 재능발달 • 자아존중감 및 자기 확신 증가 • 목표지향성 증가 • 문제 상황에서 창의적인 접근방식과 해결책 양성

출처: 강문희, 손승아, 안경숙, 김승경(2008). 아동상담. 파주: 교문사.

최은영과 백제현(2005)은 가족미술치료 프로그램을 통해 서로를 이해하고 존중함을 배우며, 그로 인해 상호 간의 적절한 관계가 유지, 발전될 수 있도록 도움을 줌으로써 긍정적인 결과를 얻는다고 보고하였다. 학습장애아동과 일반형제의 정서·행동문제의 감소를 했으며 이는 어머니가 자녀들에게 갖게 된 이해와 수용뿐만 아니라 일반 형제가 스스로 현실을 받아들이고 이에 적응하려는 노력을 할 수 있도록 좋은 계기가 되었다고 보았다.

김주영(2014)은 가족미술치료가 한 부모 가족의 어머니와 지적장애, 비장애 남매의 의사소통에 긍정적 영향을 주어 가족구성원이 바람직한 의사소통에 대한 훈련을 습득함으로써 서로를 신뢰하고 친밀해지며, 서로에 대한 이해와 사랑이 늘어나면서 자신에 대한 존중감이 늘어나고 상대방에 대한 비난과 질책이 줄어들었다고 보고하였다.

신정아(2014)는 협동작업 중심 미술치료가 장애아동의 형제간 상호작용에 긍정적인 영향을 미쳤음을 보고하였고, 더불어 장애아동과 비장애형제가 함께 미술작품을 만드는 과정 중에 다양한 미술매체를 사용하고 다양한 미술 기법을 활용함으로써 상호작용하는 방법을 알아가고, 그들만의 협력을 경험함으로써 서로를 신뢰하게 되고 긍정적으로 상호작용할 수 있게 되어 형제간의 부적절한 상호작용 변화에 긍정적인 영향을 주었다고 발표하였다.

이처럼 비장애형제를 위한 미술치료는 자신의 심리적 어려움을 매체를 이용해 더욱 안전하게 표현함으로써, 그 안에서 얻어지는 지지를 통해 자신의 감정이 존중받고 있다는 것을 경험하게 되고, 자신만의 기회를 가짐으로써 자신의 능력을 좀 더 높게 평가하게 된다. 또한 가족미술치료는 비장애형제의 심리적 어려움을 가정 내에서 이해하게 됨으로써 부모의 양육 태도에 긍정적 변화를 가져와 비장애형제의 심리적 어려운 정도가 줄어들며 장애형제와 함께하는 미술치료를 통해 상호작용하는 법을 배워가며 장애형제를 이해하는데 도움이 된다. 그 안에서 부정적 감정이 감소하고, 형제관계 증진에도 긍정적인 영향을 가져온다.

2. 발달장애인을 위한 미술치료

미술 활동은 아주 원시시대부터 행하여진 표현과 소통의 수단이므로 미술이 가진 이런 역할과 힘이 발달장애 청소년의 표현력과 표현에 대한 의지를 훈련하는 데 도움을 줄 수 있다. 새로운 재료와 다양한 표현방법을 접하면서 시도하고 도전하는 경험을 통해 교육적 접근도 용이할 수 있다.

릭터(Richter, 1984)는 장애를 가지고 있는 대상자에게 일반 미술교육 커리큘럼의 적용이 그들에게 주는 혼란과 무관심 유발, 교사들이 부닥치는 한계를 지적하며 대상자들의 미술수업에 일반 미술교육과 미술교수법과 구별되는 특별한 '심리적, 사회적, 특수 교육적 방식'을 적용한 접근으로 '교육적 바탕을 둔 재활형태, 보수교육형태, 특수교육형태, 예방형태에 미술매체로 치료적 접근'을 제시한다. 또한 박소연(2010)은 발달장애 청소년에 대한 미술치료는 미술이 가지고 있는 고유한 특성과 치료·교육적 필요가 서로 조화를 이루어야 한다고 하였으며 김인자(2012)는 발달장애 및 특수한 상황에 있는 청소년에게 대안적 교육의 역할을 할 수 있으므로 미술 역할이 발달장애 청소년들에게 적합하게 이루어진다고 하였다. 그로 인해 발달장애청소년들에게 미술치료는 개인이 성장하고 문제를 해결하는 데 있어 독특한 기회를 제공하며, 문제행동에 대한 잠재적 치료 효과와 역기능적인 위험에 대한 예방책으로 활용될 수 있다(Reid, 1991).

정여주(2003)는 미술치료는 이론적 관점과 방법적 관점이 학자마다 다르기 때문에, 한 가지의 개념으로 정리하기는 어려우나 대표적으로 심리학적 기준, 교육학적 기준, 인간학적 기준에 따라 분류되며 발전되고 있는 치료영역이라고 하였다. 또한 발달원리에 입각한 미술치료 이론은 일반아동의 발달단계를 기초로 하여 발달장애 연구를 하였다.

이와 같은 경향은 빅터 로웬펠드(Victor Lowenfeld)의 미술치료교육과 많은 미술치료자들(Barlow, 1980)에 의한 발달장애인 연구에 반영되었다(김승국 외, 2001).

발달적 미술치료(Developmental Art Therapy)는 인지능력과 운동능력은 장애가 있는 대상자들에게 발달적 미술치료를 최초로 적용하여 효과를 거둔 바 있다고 하였고, 최은영(1994)은 자폐 장애를 겪고 있는 대상으로 소조활동을 통한 미술치료가 대상관계 변화에 미치는 효과를 분석한 결과 부모 형제와 다른 또래들과의 관계가 증진되었다는 결과를 제시하기도 하였으며 이인영(2005)은 주위환경과 대상에 대한 관찰과 표현을 통해 인지적 발달을 가져오고 치료자와의 관계를 비롯해 대인관계의 형성에 도움을 준다고 하였다.

발달장애인을 위한 미술치료는 미술이라는 창작과정을 통해 승화를 경험하는 치료의 일차적 도구지만 대화를 위한 심리치료에서의 미술도구(김진숙, 2008) 등으로 관점을 달리하더라도 미술이 가진 강점은 발달장애 청소년들의 치료적 접근이 용이하고 발달장애인의 저항을 최소화하여 전반적인 발달에 영향을 준다.

3. 발달장애 미술치료의 특징

미술치료는 미술작업을 통하여 정서적 갈등과 심리적인 증상을 완화함으로써 한 개인이 원만하고 창조적인 삶을 살아갈 수 있도록 도와주는 심리치료법이다.

미술치료는 한 개인을 이해하고 도와주어야 하는 궁극적인 책임이 있기 때문에 미술표현발달과 인간 전체적인 발달을 분리하여 생각할 수 없다. 따라서 미술치료의 발달적 접근은 건강한 발달을 참조로 하여 내담자를 이해하고 치료하고자 하는 데 필요하고 내담자가 상징단계 이전의 수준에 있을 때(즉, 통찰이나 승화가 일어나기 힘들다고 보일 때) 발달적 접근을 고려하는 것은 매우 중요하다.

발달에 있어 어려움을 겪는 발달장애아동은 발달초기인 감각운동기부터 시작되는 경우가 많다. 미술치료에서 발달초기에 해당하는 감각운동기의 아동에게 언어보다는 신체 경험활동이 필요한데 이 시기의 아동은 감각을 통해 정보를 받아들이기 때문이다(김현지, 2006). 미술치료의 활동들은 신체 자극에만 영향을 미치는 것이 아니라 감각능력을 향상시키고 감각통합을 돕는다. 지각을 비롯한 시각, 청각, 후각, 촉각, 미각의 감각은 서로 상호보완적인 관계를 통해 인간의 경험에 영향을 미친다. 그러므로 다양한 감각활동은 어느 하나의 매체를 통한 감각활동보다 극대화되는 치료효과를 기대할 수 있게 된다. 이는 다양한 감각을 활용함으로써 신체적, 정서적, 심리적 조화와 통합을 돕고 장애의 종류와 정도에 따라 적절한 미술매체를 활용하여 치료의 효과를 높여 줄 것이기 때문이다(신은하, 2004).

발달적으로 지체된 내담자들의 요구를 만족시키기 위해서는 흔히 쓰는 미술재료뿐 아니라 미술재료라고 보기 힘든 외적 재료도 미술재료의 하나로 고려할 줄 알아야 한다(주리애, 2003; Rubin, 1987). 미술치료에서 발달장애아동은 상징화 능력이 지체되어 있으며 미술매체를 다루는 방식이 매우 제한적이고 치료사와의 관계에서도 어려움을 가지고 있다. 그러나 유동적인 미술매체를 통해 자신의 흔적을 느끼게 되면서 치료사와의 모방적 활동이 나타나는데 점차 이미지와 상징을 통해 치료사와의 의사제공은 자신의 희망과 욕구를 자연스럽게 표현하고 긍정적인 자아개념을 갖게 하며, 부정적인 감정을 발산시키고 긴장을 이완시켜(김인숙, 2004) 환경에 관해 관심을 두고 표현하게 한다.

발달장애아동들은 다양한 매체를 탐색하는 과정을 통해 주위환경에 대한 관심을 두고 직접적인 표현활동을 통해 다양한 인과관계를 경험할 수 있다. 또한 자신의 내적 욕구나 의사를 표현하는 방법의 하나로 미술표현 활동을 통해서 다른 사람들과 의미 있는 상호작용을 갖게 된다(백민재, 2007).

미술치료사는 창조의 필요성과 권리에 대해서 확신만 한다면 장애아의 감각적, 창의적 잠재력을 발전시킬 기회를 제공할 수 있다고 하였다. 하지만 창조과정은 행위와 행동 없이 이루어질 수 없는 것이며, 행위와 행동은 감각을 통하지 않고서는 불가능하다. 따라서 발달장애아동의 미술치료에서 미술 행위는 놀이와 같은 형태로 이루어진다. 놀이와 탐색을 위한 안전하고 중재적인 미술치료공간은 발달장애아동들에게 재미를 부여하고 자신의 주변 세계를 학습하는 방법이며, 놀이에 수반되는 촉각의 즐거움은 아동의 기억 속에 머물러 계속 비슷한 감각적 경험에 참여하도록 아동을 이끈다(김현지, 2006).

이러한 감각 활동과 놀이 활동을 통해 발달장애아동이 특징적으로 갖는 문제행동을 감소시킬 수 있을 뿐만 아니라 행동발달을 개선할 수 있다. 다양한 미술활동은 긍정적인 정서적 교류를 통하여 정신과 신체가 조화롭게 균형을 이루게 하는 발판이 된다. 특히, 미술치료는 발달장애아동의 기능을 활성화하고 자아인식의 확장을 도와 다양한 미술활동 안에서 사회적 상호작용을 경험하게 한다. 미술치료는 발달장애아동에게 촉감놀이를 중심으로 하여 감각방어를 감소시키고 시각 협응과 소근육 운동을 활성화해 신체감각발달에 도움을 준다(이희연, 2003). 이러한 감각활동 중심 미술치료는 발달장애아동의 신체적 장애를 해소하는 데 그치는 것이 아니라 더 나아가 그들이 심리적, 정서적 문제를 감소시키고 원만한 사회적 관계를 맺도록 도움을 준다(백민재, 2007).

제11장

발달장애와 언어발달

1. 언어발달장애아동의 언어 및 의사소통 발달

언어발달장애아동이란 자신의 생활연령에 비교하여 기대되는 만큼의 언어를 습득하지 못하는 아동을 말하며 의학적 진단에서 평균 범주는 평균으로부터 ±2 표준편차(SD) 이내로 인구의 95%를 차지한다. 그러므로 언어발달장애는 평균으로부터 2SD 이하의 점수(3%ile[1] 이하)를 보인 아동을 발달언어장애(Developmental Language Disorder)로 진단한다(Paul, 1970).

언어발달장애아동은 언어의 영역별로 의미론, 구문론, 화용론적인 결함으로 나눌 수 있다. 전반적으로 모든 언어영역에서 비정상적인 모습을 나타내는데 의미론적 특성이란 언어의 의미 및 내용과 관련 있는 영역으로 레너드, 볼더스와 밀러(Leonard, Bolders & Miller, 1976)에 의하면 은유적 표현, 상대어, 신어 등의 어휘 이해 및 표현에 어려움이 있고 수용어휘 및 표현어휘의 수와 의미관계의 유형이 제한되어 있다. 그리고 낱말의 의미 지식이 제한되어 낱말과 낱말을 연합시키고 의미상으로 범주화하는 능력의 발달에 어려움이 있다(Rice, Buhr & Nemeth, 1990).

구문론적 특성이란 오소정과 김영태(2014)는 말의 언어학적 구조와 관련 있는 영역으로 형태소 및 낱말의 나열 그리고 그것을 이루는 방법이라 하였고, 맥라글린 등(Mclaughlin, Swain, 1998)은 언어의 형식 영역으로서 단어의 배열, 단어 순서 및 문장을 형성하기 위한 단어 연결의 규칙을 다루는 것이라고 하였다. 대개 아동들의 구문론적인 결함으로는 문법형태소 및 복문 이해 및 표현의 어려움, 짧은 평균 발화 길이 등을 보여 이러한 구문을 다양하게 확장해서 사용하는 능력에 결함을 나타낸다(김태숙 외, 2016).

화용론적 특성이란 말의 기능을 의미하며 일반아동은 3세 정도가 되면 대화의 규칙이나 과정의 이해가 많이 발달하는 반면, 언어발달장애아동들은 간접적인 표현 및 제한된 의사소통 기능, 비언어적 의도 이해 부족 등 다양한 의사소통기술들 부분에서 결함이 나타난다.

---

1) 퍼센타일-성장의 정상범위는 3%ile(3번째)미만이면 소아과 성장발달 전문의 진료가 필요함.

2. 언어발달장애아동과 부모의 상호작용 행동 발달

1) 언어발달장애아동의 상호작용 특성

상호작용이란 둘 이상의 개체가 서로 영향을 미치며 관계를 맺는 과정을 말하며 이때 개체는 사람 사물현상 등을 일컫는다(구수연, 2010).

일반아동의 경우에는 인지능력이 발달하고 주변 환경에 대한 탐색이 활발해지며 많은 어휘를 습득하여 타인과의 의사소통도 활발해지며 눈앞에 존재하지 않는 대상이나 사건에 관한 사고를 할 수 있으며 상징을 사용할 수 있는 능력을 갖추게 된다. 이 시기에 습득하게 되는 언어는 상징적 표현의 가장 중요한 수단이 된다. 이러한 발달을 함으로써 아동은 주위를 살펴보며 상호작용하게 되는 것이다. 관계에서의 상호작용은 언어 및 비언어적 행동을 뜻하며 비언어적인 행동을 사용하다가 점차 언어를 사용하여 타인과 상호작용을 시도한다. 그러나 언어발달장애아동의 경우에는 타인에게 관심이 낮은 편이며 타인과의 상호작용기술이 매우 지체되어 있다(Zeanah, 2019). 발달 초기부터 의사소통 의도가 제한적이며 사회적 상호작용의 관심도가 매우 낮고 사물에 대한 집착이 있으며 사회적인 관계도 왜곡되어 있다(Volkmar, Cohen & Paul, 1986).

장애자녀를 가진 부모들은 자녀의 의도를 정확히 이해하지 못하고 적절한 반응을 하지 못하여 상호작용을 유지하는 것에 어려움을 보이므로(김정미, 2000) 부모로서 올바른 상호작용의 실패를 경험하게 된다.

2) 부모의 상호작용 행동의 중요성

언어발달장애아동의 언어 및 상호작용발달을 촉진하기 위한 가장 효과적인 교수는 바로 부모이며 부모와 전문가의 접근이 언어발달장애아동의 발달에 도움을 줄 수 있다. 그중에서도 부모의 역할은 매우 중요한 요인 중 하나로 가족 참여의 중요성이 강조되고 있다. 부모의 참여는 부모와 자녀 간의 관계도 향상할 뿐만 아니라 자녀의 삶에 큰 영향을 미친다. 또한 부모와 아동 간의 상호작용관계는 아동의 발달에 영향을 미친다(Dodici et al., 2003).

이처럼 언어발달장애아동 부모의 상호작용 행동에 따라 자녀의 언어 및 의사소통 그리고 사회적 발달을 위한 매우 중요한 요소라고 볼 수 있다. 부모와 자녀 간의 상호작용에 있어서 부모의 상호작용 정도에 따라 아동의 상호작용 능력이 다르게 발달한다는 연구결과들을 제시한다. 따라서 언어발달장애아동과 부모 간의 상호작용은 언어발달장애아동의 언어발달뿐만 아니라 전반적으로 영향을 매우 미치기 때문에 부모의 상호작용 기술을 발달시켜야 할 것으로 보인다. 부모는 자녀의 생활 속에서 언어발달의 촉진자로서 언어발달장애아동의 상호작용행동 발달을 위하여 부모의 상호작용행동 발달을 고려하는 부모지원방법이 필요하다.

3. 발달장애의 언어발달 및 특성

대부분 인간은 일반적으로 발달단계에 맞는 언어를 습득하고 활용하여 자기 삶의 질을 향상하고 사회적 관계를 원활하게 할 수 있는 능력을 보인다. 그러나 발달장애 청소년들은 발달단계에 맞는 구어 및 비 구어 의사소통과 사회적 상호작용의 문제를 보이므로 또래관계 및 관계기술이 원활하지 않다. 일반적으로 17~36개월은 아이가 아직 말은 잘하지 못해도 언어이해력이 향상되면서 상호작용이 활발해지는 시기이다. 따라서 선천적으로 언어이해력이 떨어지거나 사람들과의 상호작용에 어려움을 보이는 발달장애를 조기발견 할 수 있다. 특히 자폐성 장애인은 제시되는 모델을 모방하지 못하는 어려움을 보인다(Williams et al., 2004). 적절한 자극에 주의집중하지 못하는 것은 의사소통 및 언어발달에 상당히 부정적인 의미를 가질 수 있다(smith & Bryson, 1994). 사회적 상호작용에서의 손상은 부족한 눈 맞춤이나 사회적 시작 행동의 부족처럼 약한 것부터 사회적 단서를 이해하거나 심지어 타인과 의미 있는 상호작용을 하는 데 있어서의 심각한 무능력(inability)처럼 심한 것까지 있을 수 있다. 자폐성 장애인들은 주의 공유하기 능력의 어려움을 보이기도 한다. 이러한 주의 공유하기 능력의 어려움은 사회적, 인지적, 언어발달에 여러 의미를 지니고 있을 뿐 아니라, 이후 표현 언어의 발달을 예측할 수 있게 해주는 것으로 알려져 있다. 자폐성 장애인의 의사소통 문제는 사회적 상호작용에 참여하는 능력에 영향을 미치고, 마찬가지로 사회성 장애는 의사소통적 능력에 영향을 미친다(이상숙, 2007). 그러므로 언어 및 의사소통 교육은 목표행동이 지니는 사회적인 특성으로 인해서 다른 사람과 상호교류적인 형태로 반응하는 능력과 타인과의 감정 교류나 감정 이입 능력에 결함을 보이는 등 사회적 결함을 지니고 있는 발달장애인을 대상으로 하는 경우 특히 언어 및 의사소통의 사회적 측면이 강조되어야 한다.

그러나 자폐범주에 속하는 아스퍼거 장애인의 언어에 있어서는 임상적으로 유의한 일반적인 지체를 보이지 않는다. 예를 들면 2세에는 한 단어를, 3세에는 의사소통적인 어구를 사용하기도 한다(DSM-IV, 2000). 하지만 아스퍼거 아동의 부모들은 이들이 아동기에 적합한 언어출현과 언어 기술에서 지체를 보인다고 하고(Hawlin, 2003), 비언어적 의사소통 사용에서 결함을 가지고 있어서 비언어적 정보를 읽거나 보내는 데 어려움을 보인다(박진원, 권도하, 2009)고 한다. 보통 아스퍼거 장애인은 일반적으로 언어, 구어 면에 문제가 있으나 자폐보다 높은 수준이고 일반아동보다는 낮은 수준을 보인다.

1) 반향어

자폐성 발달장애 청소년의 언어 특성으로 반향어(echolalia)가 대표적이다. 자폐성 장애아동의 약 85% 정도에서 반향어가 나타난다. 반향어란 이전에 들은 낱말이나 문장을 의미나 의도 없이 반복하는 현상으로 대뇌 과정을 거치지 않고 바로 반복되는 즉각 반향어(immediate echolalia)와 일단 저장되었다가 시간이 어느 정도 지난 후에 상기되어 반복되는 지연 반향어(delayed echolalia)로 구분한다. 즉각 반향어는 무엇인가를 이해한다는 증거를 제공하고 있으며(Prizant &

Duchan, 1997), 지연 반향어는 다양한 방식으로 사회적 상호작용하도록 도울 수 있다. 샤얼럽(Charlop, 1986)은 반향어는 친숙하지 않은 상황이나 친숙하지 않은 성인과 함께 있을 때 더 빈번하게 나타난다고 하였다. 이러한 반향어를 사용하는 것은 청소년이 이해가 부족할 수도 있고 새로운 단어나 표현을 연습하는 기능이 있을 수도 있고 행동에 방해받거나 불안할 때 사용하는 것일지도 모른다. 반향어를 수정하려고 시도하기 전에 반향어가 담당하는 역할, 나타나는 상황을 평가하는 것이 중요하다(Prizant et al., 1997). 반향어는 장애의 정도와 전반적인 발달 수준과 연관이 있어 인지 및 언어기술이 증가함에 따라 반향어의 비율이 일반적으로 감소한다.

2) 의미론적 특성

자폐성 장애인들은 자신이 알고 있는 어휘를 매우 제한적으로 사용하며, 상황에 적절하고 다양한 어휘를 구사하는 데 관심을 보이지 않는다고 하였다. 비정상적인 의미로 단어를 사용하기도 하고, 대부분의 청자에게 익숙하지 않은 사건이나 관심에 대하여 관련된 언어를 사용하기도 한다. 자폐성 장애아동들은 낱말 품사에 따라 어휘산출능력에 차이를 나타내는데(Menyuk & Quill, 1985), 명사보다 동사, 형용사, 부사와 같은 수식어, 그리고 전치사와 같은 기능어를 더 적게 산출하는 경향을 보인다고 하였다. 자폐성 장애아동들은 다른 사람을 '너'라고 부르기보다는 그 사람의 이름을 주로 부르고, 자신을 지칭할 경우에도 '나'보다는 자신의 이름을 주로 사용한다고 하였다. 이러한 대명사의 반전은 연령이 증가함에 따라 일부 완화되기는 하지만 일생동안 지속해서 나타난다고 하였다.

그에 반면 아스퍼거 장애인은 음운이나 의미적인 문제 중 음운에서 가장 두드러진 문제를 보이는데 억양이 대표적이다. 일반인들은 보통 대화할 때, 어떤 단어를 강조하거나 감정을 표현하기 위해 음조와 성량을 바꾸지만, 아스퍼거 장애인은 음조, 강세와 리듬, 억양이 단순하여 말이 단조롭고 평이하다는 느낌이 들거나 모든 음절에 강세를 두어 지나치게 정확한 말투로 이야기한다.

또한 신조어를 만들고, 독특한 언어를 표현하기도 한다.

3) 화용론적 특징

자폐성 장애 청소년의 언어 문제는 사회적이고 화용론적인 영역에서 나타난다. 이들은 사회적 정보를 이해하는 데 특별한 어려움을 겪기 때문에 의사소통에서 절대적으로 필요한 요소인 사회적 상호작용 능력을 제대로 발휘하지 못하는 것이다(Wicks-Nelson & Israel, 2003). 이러한 사회적 결함은 의사소통 능력을 제한하여 다른 사람들과 상호작용을 하는 데 어려움을 가지게 한다(Bufkin & Altman, 1995).

또한 특별한 주제에 대하여 반복적으로 이야기하거나, 관련 없는 이야기를 지나치게 자세하게 지속하고 적절하지 않은 상황에서 주제를 바꾸는 일탈적인 구어적 대화기술을 보인다.

정필연(2019)은 화용론적 측면에서 장애를 보일 경우 인과관계에 대한 이해가 부족하며 간접적이며 공손한 표현에 대한 이해가 부족하고 말의 주고받기가 원활히 이루어지지 않는데 상대방의 말에 단순히 반응만을 한다든지 질문만을 하는 현상이 나타난다고 하였다.

반면 아스퍼거 장애인들의 화용적인 문제는 대화 주제를 공유하지 않고 다른 사람들의 이야기를 들으려 하지 않고 자신이 관심을 가진 것에 대해서만 대화 주제로 삼는다(김주영, 2014). 또한 상호 호혜적 대화, 작은 범위의 주제들 및 관심들로 제한된 대화, 대화를 시작하고 유지하는 능력의 결핍, 청자와 '함께' 말을 하는 것으로 보이기보다는 다른 사람들에게 '말을 하는' 것처럼 보이기도 한다(Landa, 2000)고 하였다.

4) 구문론적 특성

일반적으로 자폐성 장애아동들은 일반아동들보다 말하는 시기와 발달의 속도가 느린 편이다. 정필연(2019)은 어느 문법 수준에서라도 언어의 구조를 일반화하고 다양화할 수 있는 완전한 명령 체계를 나타내지 못한다고 하였다. 이들 중 일부 아동들은 처음에는 무 발화를 보이다가, 점차 반향어 형태의 구어를 사용하기도 한다. 자폐성 장애아동의 약 35~40% 정도가 구어가 나타나지 않고(Mesibov et al., 2009), 약 25%가 12~18개월 수준의 말을 가지거나 아니면 상실된 수준을 보인다. 음도는 범위가 좁아서 단조롭게 드리고 다양한 범위의 강도를 사용한다. 아스퍼거 장애인의 의사소통 능력에 대하여 〈표 11-1〉과 같이 정리하였다.

〈표 11-1〉 아스퍼거 장애인의 의사소통 능력

1. 말의 의미를 정확하게 해석하지 못하고 함축적으로 해석하거나 비유어나 관용구 등을 이해하지 못한다.
2. 외국인의 억양처럼 말하고 중요한 단어에 강세를 두지 않는 등 단조롭게 말한다.
3. 사람들과 이야기할 때 상대방의 입장에는 관심 없이 자기 입장만 말한다.
4. 주제와 관련해서 자기 입장으로만 계속 이야기하고, 다른 사람들의 생각이나 의견을 묻거나 그 주제를 따라가지 않는다.
5. 다른 사람들과 상호작용할 때 표정, 몸짓, 목소리, 신체적 접근 등 비구어적 단서를 이해하지 못하고, 대화 도중에 상대방과 눈 맞춤이 적거나 거의 없다.
6. 지나치게 격식을 갖추어 말하고, 세밀하고 어른처럼 말하기 때문에 '꼬마 교수님(Little professor)'이라는 별명을 듣기도 한다.
7. 상대방과의 대화를 주제에 맞게 지속하지 못하고 대답하는 데 있어서 많은 시간이 걸린다.
8. 상대방의 대화를 이해하지 못할 때 다시 말할 것을 요구하지 않고 자신에게 익숙한 주제로 변경한다.
9. 가끔 언어습득이 지체되기도 한다.

출처: 권도하 외(2013). 언어치료학개론. 경산: 물과길.

제12장

발달장애인을 위한 음악치료

1. 음악치료

미국음악치료협회(National Association for Music Therapy)에서는 음악치료는 치료 목적, 즉 정신과 신체 건강을 복원 및 유지하며 향상하기 위해 음악을 사용하는 것이다. 이것은 치료환경 속에서 내담자의 행동을 바람직한 방향으로 변화시키기 위한 목적으로 음악치료사가 음악을 단계적으로 사용하는 것이라 정의하였으며, 한국음악치료학회(Korean Association for Music Therapy)에서는 음악치료는 음악 활동을 체계적으로 사용하여 사람의 신체와 정신기능을 향상해 개인의 삶의 질을 추구하고 보다 나은 행동의 변화를 가져오게 하는 음악의 전문분야라고 정의하였다(강문희, 박경, 강혜련, 김혜련, 2011). 안영진(2015)은 음악치료의 방법은 내담자의 증상과 개인적인 상황에 따라 다양하게 적용되며, 음악이 치료의 도구로 사용되는 원리와 이론을 다음과 같이 제시하였다.

첫째, 음악치료는 적극적인 치료방법으로서 신체적, 인지적, 그리고 사회적인 기능에 현저한 영향력을 가져온다.

둘째, 음악치료는 고통과 스트레스를 조절하는 효과적인 비약물 치료의 방법이다.

셋째, 음악치료는 내담자의 내면세계를 잘 구성시켜 외부세계에 표현시키도록 만든다.

넷째, 음악치료는 사람과의 관계를 교류시키고 사회적인 기능을 극대화할 방법이다.

다섯째, 음악치료는 내담자의 학문적, 사회적, 음악적 훈련 배경에 제약받지 않으면서 치료목적을 달성하도록 한다.

여섯째, 음악치료는 내담자의 생활환경을 보존하면서 치료 목적을 달성하게 하는 가장 경제적인 치료방법이다.

일곱째, 음악치료는 치료를 거부하거나 저항하는 사람에게라도 안전하며, 긍정적인 치료환경을 치료목적을 달성하도록 한다.

이처럼 음악은 자기표현의 수단으로도 사용되지만, 사회성 향상에도 큰 효과를 가져다준다. 음악은 인간의 반응과 동기를 이끌어낼 수 있는 강력한 치료적 도구이다. 특히 아동들은 과업이 아닌 놀이와 같은 음악활동을 통해 참여도가 높아지기 때문에, 음악을 통한 상호작용은 아동들의 반응을 이끌어내기에 가장 적합한 예술적 매체 중 하나라고 할 수 있다. 음악은 듣는 행위뿐만 아니라, 합주와 합창 그리고 춤과 같은 활동을 통해 타인과 함께하는 사회성 증진을 촉진하는 매체이다.

비장애형제 자매의 감정표현을 위한 음악치료는 다양한 음악활동을 통하여 표현하도록 돕는다. 노래는 가사와 멜로디, 화성, 리듬 등 음악적 요소를 이용하여 비장애형제자매의 의식과 무의식, 내적 갈등을 노래 안에서 자연스럽게 투사하도록 유도한다. 구체적인 자기표현을 통해 자기의 현재 상황과 문제들을 노래 안에서 동일시하고 스스로 어떻게 왜곡되게 파악하고 있는지를 알 수 있도록 도와주며 자신은 누구이고 현재 자신의 상태를 스스로 알아차릴 수 있도록 하며 관련된 감정을 느끼고 표현할 수 있다.

김은선(2011)은 언어적, 감정적, 자기표현에 대한 연구를 통하여 감정표현 척도를 사용하였는데 음악의 다양한 활동이 사후 검사 결과 긍정적인 영향을 보였다. 음악치료에서 장애아의 비장애아동의 동생은 회기 흐름에 따라 점차 형에 대한 긍정적 감정을 가지게 되고 형과의 관계가 증진되었으며, 장애아동을 형제자매로 둔 비장애형제 자매의 감정표현 향상에 긍정적인 효과가 있다. 이처럼 음악치료가 비장애아동들의 사회성 향상과 자기표현에 긍정적 효과가 있다.

음악치료는 심리·정서적 어려움을 겪고 있는 비장애형제의 부정적 감정을 음악이라는 매체를 통하여 자유롭게 이끌어냄으로써 카타르시스(catharsis)를 경험하게 되며, 음악을 통해 긍정적 에너지를 발산하며 우울한 감정에서 벗어나 즐거움과 자기 주도적 활동에서 높은 지지를 경험하게 된다. 그로 인해 정서적 안정감을 경험하게 되며 가족음악치료를 통해 음악이 주는 긍정적인 힘과 다양한 악기를 이용한 합주 활동에 참여하며 가족과업 성취를 경험함으로써 역기능적 의사소통 구조를 보완하고 가족탄력성 증진에 효과를 가져올 수 있다. 무엇보다 음악치료는 현재 치료현장에서 장애아동을 대상으로 활발히 이루어지고 있기에, 비장애형제와 장애형제가 함께하는 치료 활동으로도 적극적으로 사용될 수 있다. 이때, 장애형제와 비장애형제의 합주를 통해 협동작업을 경험하게 되고 음악을 통한 긍정적 상호작용으로 기쁨을 함께 나누며 형제관계의 증진에도 많은 치료적 영향을 주게 된다.

2. 음악치료 사정

음악치료 사정(assessment)은 치료의 방향을 설정하고 전략을 구성하기 위해 내담자의 필요를 규명하는 과정이다(정현주, 2015; Bruscia, 2014). 이는 타 분야의 전문가(예: 의사)가 장애나 병 자체를 진단하고 평가하기 위해 행하는 공식적인 진단(diagnosis)이 아닌, 내담자의 전반적인 기능이 음악 외적 환경과 음악 내적 환경에서 어떻게 발현되는지를 수집하여 평가하는 것을 의미한다(Wheeler, Shultis & Polen, 2005). 일반적으로 치료의 가장 첫 번째 단계에 해당하기 때문에 첫 만남에서 내담자의 행동을 관찰하는 것 또한 이러한 과정에 포함된다. 음악치료에서 별도의 사정이 필요한 이유는 다음과 같다.

첫째, 음악이 가지는 독창적인 치료적 기능 때문이다(정현주, 2015). 음악은 다감각 매체이면서 언어 또는 시각적 상징체계를 초월할 수 있게 해주며, 장애의 심각성과 관계없이 경험할 수 있다(Baxter, 2007; Bruscia, 2014; Nordoff & Robbins, 1971). 즉, 음악의 상징적이고 비언어적인 특징으로 인해 때론 저항이 있는 내담자의 내면에 있는 숨겨진 측면에 더 쉽게 접근할 수 있다(Baxter, 2007). 그뿐만 아니라 사람들은 일반적으로 음악을 긍정적인 경험과 연관 짓기 때문에 동기를 부여한다(Thompson, Arnold & Murray, 1990). 따라서 이러한 음악의 본질적인 특성으로 인해 음악치료 사정에서는 내담자의 독특한 기능 혹은 다른 평가 수단에서 드러나지 않은 새로운 모습을 확인할 수 있다(Shuter-Dyson, 1982).

둘째, 음악치료의 타당성 강화를 위해서도 음악치료만의 고유한 사정은 중요하다. 단적인 예로, 미국의 경우 사정이 치료비 청구에 대한 정당성을 제시한다(김경숙, 2008). 사정을 통해 치료적으로 음악을 활용할 수 있는지를 판단하기 때문이다(정현주, 2015). 또한, 음악치료만의 고유한 특성이 반영된 평가결과를 타 분야의 전문가들과 함께 공유하는 것은 음악치료의 정당성은 물론이고 전문성을 제시하며, 이 모든 과정은 치료에 대한 신뢰를 높인다(김경숙, 2008; 정현주, 2015).

셋째, 음악치료가 과정 중심의 개입인 만큼, 음악치료 개입 이전 내담자의 기능 상태에 대한 구체적인 자료는 개입 이후의 성과를 측정할 수 있는 근거를 제공해준다. 즉, 출발지점을 기준으로 나타난 상태의 변화를 판단할 수 있다(Davis, 1999). 따라서 치료사들은 이러한 과정을 체계적으로 계획하고 평가하는 네에 전문적인 방법과 전략을 활용해야 한다. 이러한 인식을 기반으로 한 체계적인 과정은 음악치료가 하나의 전문 영역으로 자리매김하는 데 큰 도움이 된다(김경숙, 2008). 또한, 음악치료를 포함한 모든 치료 분야가 사정에 대한 문서작성뿐만이 아니라 탄탄한 평가 체계를 존속시키지 않는다면 전문 분야로서의 위상을 정당하게 갖출 수 없다(Cohen, Averbach & Katz, 1978).

3. 음악치료 사정 방법

음악치료에서의 사정은 내담자의 배경 정보를 비롯한 여러 영역별 기능을 다양한 형식을 통해 수집하여 평가하는 것과 연관 된다(Wheeler, Shultis & Polen, 2005). 정보 수집 및 평가 형식에는 크게 두 가지가 있는데, 문서 및 기록 열람, 면담, 검사 도구 등을 사용해 음악 외적 환경에서 수집할 수 있는 비음악적 사정 정보를 수집하여 평가하는 것과 음악 내적 환경에서 일어나는 내담자의 반응을 기록하여 음악적 사정 정보 수집을 통해 평가하는 것이 있다(정현주, 2015).

1) 비음악적 사정

비음악적 사정의 경우 보통 음악적 사정 이전에 행해지는 것이 일반적이다. 내담자에 관해 알아야 할 중요 사항들을 미리 숙지하여 이를 바탕으로 음악적 사정을 실시할 때 음악 환경 안에서 일어나는 내담자의 반응을 깊이 있게 이해할 수 있고, 내담자의 시급한 필요를 더욱 효과적으로 규명할 수 있기 때문이다(정현주, 2015; Wheeler, Shultis & Polen, 2005).

문서 및 기록 열람은 여러 전문가로부터 받은 내담자와 관련된 공식적인 문서들을 통해 정보를 수집하는 것을 의미한다(김경숙, 2008). 이러한 공식적인 자료는 내담자의 진단 혹은 질병의 여부, 시행되었거나 현재 진행되고 있는 다른 프로그램(교육, 치료), 금기사항, 투약 여부, 음악 또는 음악치료와 관련된 이전 경험, 다른 전문가들이 설정한 치료 목표 등의 세부사항 등에 대한 정보를 제공한다. 치료사는 이러한 내용을 세션 이전에 숙지함으로써 내담자에 대한 깊이 있는 이해를 바탕으로 음악적 사정 세션을 준비할 수 있게 된다(정현주, 2015; Wheeler, Shultis & Polen, 2005).

면담은 임상적 대화를 통해 내담자 또는 내담자 주변 인물(가족, 친구, 교사, 치료사 등)에게서 내담자에 관한 직접적인 정보 또는 간접적인 정보를 수집하는 것을 의미한다. 현재 내담자의 주요 문제를 상세하게 확인할 수 있고, 주어진 질문에 대한 내담자의 반응(예: 표정, 목소리의 강약, 말의 속도, 신체 동작 등)을 함께 관찰하여 그 의미에 대해 탐색해보는 것 또한 가능하기 때문에 내담자에 관한 전체적인 이해에 도움을 준다(김재환 외, 2014).

검사 도구를 통한 검사는 내담자로부터 얻고자 하는 특정 정보의 표집된 내용 또는 행동을 측정하고 이러한 표집자료를 통해 해당하는 특정 정보의 전체를 잠정적으로 추정하는 것을 의미한다(김재환, 오상우, 황순택, 문혜신, 2014). 검사는 지능, 학습, 적응, 지각 등의 능력을 측정하는 검사와 성격, 흥미, 동기, 자아개념 등의 경향성을 측정하는 검사로 구분된다(서경희, 유문화, 1999). 여기서 표준화 검사도구의 경우 신뢰도와 타당도가 검증되어 있고, 개인마다 공통으로 지니고 있는 특성이나 차원에 대하여 정해진 기준에 따라 상대적으로 비교·평가하기 때문에 보다 객관적이고 포괄적인 차원에서 평가결과를 제공할 수 있다. 발달장애아동을 대상으로 한 표준화 검사도구 중 한국 실정에 맞게 표준화된 도구는 PEP-R(김태련, 박량규, 1996), 사회성숙도 검사(김승국, 김옥기, 1985), 웩슬러 아동 지능검사(곽금주, 오상우, 김청택, 2011), 그림어휘력 검사(김영태, 장혜성, 임선숙, 백현정, 1995), 덴버 발달선별검사(신희선, 권범선, 임성오, 2005) 등이 있다.

2) 음악적 사정

음악적 사정은 가창, 악기 연주, 즉흥 연주, 음악 만들기, 음악과 동작 등의 다양한 음악적 활동을 사용하여 음악에 대한 내담자의 직접적인 반응이나 주변 환경을 향한 반응 등을 관찰 또는 기록하여 평가하는 것이다(정현주, 2015). 이때 측정 방법은 내담자의 치료적 필요, 사정하고자 하는 영역(Cole, 2002) 혹은 치료사의 철학에 따라 달라지기 때문에 상황과 전반적인 목적에 따라 선택하여 사용한다(정현주, 2015). 대표적으로 양적 사정(Quantitative assessment)과 질적 사정(Qualitative assessment)이 있는데, 음악을 통해 내담자의 어떠한 부분을 사정하고자 하느냐에 따라 쓰임이 달라진다(Cassity, 1994).

관찰할 수 있고, 정량화할 수 있는 행동을 사정하고자 할 때는 보다 객관적이고 표준화된 양적 사정을 사용한다. 양적 사정의 경우 기본적으로 숫자나 그래프를 사용하는 보고 체계를 가지고 있어 측정된 결과가 객관적이고 신뢰 높은 정보를 제공하기 때문이다. 그런데도 관찰된 반응의 의미를 충분히 전달하는 데 어려움이 있어 많은 부연 설명이 요구되며(김경숙, 2008), 내담자의 심리·정서적 측면에 관하여 규명하는 데 한계가 있다. 이때 질적 사정을 사용할 수 있다.

질적 사정은 관찰과 상호교류를 이용하는 접근방법으로 평가하는 치료사의 지식 체계, 경험, 판단에 근거하여 서술적 보고 체계를 통해 내담자에 대해 심도 있는 평가를 할 수 있다(김경숙, 2008). 즉, 음악으로 인해 나타난 내담자의 독특한 심리적 반응 혹은 정량화하여 설명할 수 없는 부분들에 대해 분석할 수 있다(Szalma, Taylor, 2011). 그런데도 많은 연구자가 해당 접근법에 대한 문제점을 지적하고 있는데, 이는 신뢰도와 타당도를 증명하기 어렵기 때문이다. 따라서 언제나 동일한 기준으로 평가할 수 있는 분명한 지침과 형식이 필요하다(김경숙, 2008).

이 밖에도, 다양한 치료 철학 혹은 이론에 근거하여 사정이 시행된다. 행동주의적 사정(Behavioral assessment)은 문제행동과 그 행동을 유지하는 요소들을 규명하고, 이에 대한 효과적인 치료를 계획 및 평가하며, 보완하는 방법이다. 이 접근법은 특정한 행동의 원인에 대한 잠재적인 추론 없이 일반적으로 발생한 행동과 그것을 통제하는 주요 요소에 초점을 맞춘다. 따라서 더욱 효율적으로 객관적인 데이터를 수집하고 평가할 수 있어 오랜 시간 동안 음악치료사들에게 널리 사용돼 왔다(김경숙, 2008). 또한, 사정 도구이면서 동시에 치료의 효과를 평가할 수 있는 도구가 될 수 있다. 먼저 목표 행동이 규명되면 사정 과정에서 수집된 행동 데이터가 치료 효과를 측정할 수 있는 사전 준거가 되기 때문이다. 여기서 음악은 내담자의 행동을 사정하는 역할을 하며, 동시에 조작적 조건화를 통해 목표한 행동을 수정하는 요소 혹은 강화물로 사용된다(Taylor, 1997). 심리적 사정(Psychological assessment)은 특정 목표 행동과 그것의 변화에 초점을 맞춘 행동주의적 사정과는 반대로 내담자의 강점과 약점을 서술하고 지능적 기능의 전반적 수준을 설정하는 데 초점을 맞춘다. 즉, 눈에 보이는 행동만으로는 내담자의 상태를 정확히 알 수 없기 때문에 단순한 행동 변화만으로는 문제를 해결하였다고 단정하지 않는다(김경숙, 2008). 이러한 심리적 사정은 특정 영역의 기능을 조사하는 심리검사와는 다르게 임상적 면담, 관찰, 결과 해석, 내담자에 관한 공식적인 문서 검토, 치료를 위한 제언 등을 포괄적으로 포함한다(Hanser, 1999). 또한, 검사를 시행하고, 점수를 매기고, 그 결과를 해석하는 모든 과정이 내담자 개인의 상황에 근거해 이루어진다(Kim et al., 2020).

4. 발달장애 음악치료 효과성

'장애아동'이란 주로 발달적 장애를 가진 아동을 의미하며 미국 장애아 교육법에서는 '정신·신체적 손상을 지니고 있거나 자립 생활, 언어, 학습, 이동능력, 생활 영역 등에서 세 가지 이상의 기능적 제한을 보이는 자로 정의하고 일생 동안 특별한 서비스와 학문적이고 일반적인 보호를 해야 하는 자로 심한 만성적 장애를 일컫는다.'라고 명명하였다. 이러한 장애아동에게 음악치료는 다음과 같은 효과를 제공한다.

첫째, 장애아동 신체의 치료적 목적으로 음악치료를 할 경우 대근육·소근육 및 각종 협응 능력을 강화·훈련하는 데에 음악의 반복적인 리듬과 자유로운 속도 조절 등이 장점이고, 장애아동들이 이러한 행동과 훈련을 지속함에 있어서 동기부여 역할은 물론 부수적인 신체활동의 촉매제 역할을 하기도 한다.

이주영(2004)도 장애아동에게 있어서 재활(rehabilitation)은 길고 지속적인 과정이지만 중요한 것은 회복하고자 하는 의지(will to recover)이며 여기에 음악은 장·단기적으로 장애아동의 동기와 사기(morale)를 북돋아 주는 역할을 수행할 수 있다고 말했다(최경애, 2006). 또한 제임스(James, 1984)는 자폐아동들은 신경 병리학적 장애로 인하여 감각정보를 제대로 처리하지 못하며, 환경에 적절한 적정반응을 할 수 없으므로 음악활동으로 감각을 발달시킬 수 있다고 말했다(천경미, 2007).

둘째, 장애아동에게 음악치료는 인지학습과 행동교정에 유용하다. 발달상에 어려움을 가지고 있는 장애아동의 경우 현재 연령보다 낮은 지적능력이나 본인이 가지고 있는 장애로 인해 후천적으로 겪을 수 있는 학습부진 등이 동반되는 경우가 많다. 이에 음악치료는 동요를 부르고 가사에 맞게 따라 하기 등을 통해 치료적인 목적을 가지고 장애아동에게 각종 색 개념, 형태개념, 글자 개념 등을 인지학습 시킬 수 있다. 또한 아동의 부적응 행동에 대해서도 작곡 등을 통해 실연해보고 그것에 대해 적응적인 방향에 대해 논의할 수 있으며,

음악치료 세션 안에서도 아동이 좋아하는 것과 싫어하는 것을 파악하여 행동교정의 형태로 개입해서 세션을 진행하여 아동의 행동교정을 이끌어낼 수 있다. 이에 토이고(Toigo, 1992)는 자폐성 장애아동에게 음악은 내재적으로 즐거운 동기를 유발하는 동기제 또는 강화제가 된다고 말하였고(천경미, 2007), 부적응적이고 전형적인 행동을 제거하는 강화제로 음악을 사용할 수 있다고 말하였다(천경미, 2007). 또한 진소정(2002)도 음악은 한 개인의 지각 및 지적능력을 개발하고 특히 사회에 더욱 잘 적응할 수 있는 능력을 키워줄 수 있다. 그렇기 때문에 음악치료에 대한 관심은 발달장애아의 교육 및 행동 교정에 있어 당연히 요구된다(천경미, 2007).

셋째, 음악치료는 장애아동의 표현되지 못한 감정을 발산시켜, 카타르시스를 제공하고 이는 통찰을 통해 자신을 다시 볼 수 있게 환기해 준다. 뇌병변장애인의 경우는 타악 즉흥연주 등을 통해 자신의 감정이나 상황 등을 표현하고 이는 음악치료사와 함께 연주됨으로써 의미 있는 음악으로 완성되며, 장애아동은 이를 통해 카타르시스를 느끼고 피해의식에서 벗어나 자신도 할 수 있다는 자신감을 획득함으로써 자신을 돌아볼 기회를 제공하는 것이다. 최경애(2006)는 장애아동은 자신과 타인 그리고 환경에 대해 잘 인식하지 못하는 특징을 가지고 있지만 아동의 음악적 능력은 장애 상태나 지체 정도와 관계없이 치료적인 음악 활동에 참여함으로써 향상되고, 소리의 영향이 의식적인 지각 수준에 한정되는 것이 아닌 자율 신경계의 기능에 영향을 미치므로 지각과 관계없이 피질을 통해서 유발되는 정서는 수용되고 반응되는 것이라고 말했다. 장애아동에게 부적절하게 사용되던 에너지가 소리를 내거나 악기를 연주하면서 목적적이고 생산적인 활동에 쓰이게 되고 음악의 구조 안에서 반복적으로 사용됨으로써 집중력과 기억력을 향상시킬 수 있게 된다고 말했다. 이처럼 장애아동에게 음악치료는 말로 표현하지 못하는 여러 가지 감정적인 부유물을 발산시키기도 하며 자발성을 끌어내는 동기 역할을 하기도 한다.

넷째, 장애아동에게 있어서 음악치료는 의사소통의 수단이 되기도 하고 다양한 세계를 경험할 수 있는 기회를 제공한다. 음악이 가지는 비언어적인 교류 수단은 장애아동들에게 여러 가지 참여와 교류의 기회를 제공할 수 있고 음악치료가 가지는 본질상의 특성을 이해하여 동기를 자극하고 활성화해 경험을 통한 목적을 달성하도록 한다(최경애, 2006). 또한 음악은 가장 오래되고 자연스러운 의사소통의 수단임과 동시에 치료적 관계 형성에 있어 음악이 가진 비언어적 특성은 가장 강력한 치료적 도구가 될 수 있다고 말했다(유미영, 2008).

이처럼 음악치료는 발달상에 어려움 있어 전인적인 서비스 개입이 필요한 장애아동에게 신체적 능력을 향상·복원하고, 인지학습과 행동교정은 물론 감정을 표현하며 의사소통의 수단, 다양한 세계를 경험할 기회를 제공하는 등 복합적인 서비스를 제공할 수 있는 치료영역이라 할 수 있다.

발달장애와 직업진로상담

제13장

발달장애와 놀이치료

1. 놀이치료

놀이에 대한 가장 고전적인 정의를 시도한 최초의 학자는 19세기 영국의 철학자 허버트 스펜서(Herbert Spencer, 1855)의 놀이이론은 보통 '잉여에너지 이론'이라 부르는데 아동들은 생존하는 데 필요한 에너지 이상의 에너지를 갖고 있으며 이같이 남는 에너지가 놀이라는 활동을 통해서 방출된다는 설명이다(홍주란, 김광웅, 2001). 그루스(Groos)에 의하면 '놀이는 아동들에게 미래를 살아가는 데 필요한 사회적 기술을 연습해 보고 발달시키는 기회를 제공한다'라는 것이다. 요한 하위징아(Johan Huizinga, 1955)는 아동의 놀이뿐 아니라 인간의 놀이행동 전체를 포함하는 정의를 내림으로써 인간의 놀이행동을 이해하는 데 크게 기여하였다. 하위징아는 「놀이하는 인간(Homo Ludens)」에서 놀이는 어느 정도 고정된 시간과 공간의 한계 안에서 수행되는 일종의 자발적인 활동 또는 작업으로써 그 놀이 안에서는 참여자가 자유롭게 받아들이기는 하였지만, 절대적으로 따라야 하는 규칙이 있고 놀이 그 자체로서의 내재적 목적이 있으며 모종의 긴장감과 즐거운 그리고 '일상적인 삶'과는 '다른 활동'이라는 참여자의 자각이 수반된다. 또한 아동들에게 누구도 가르칠 수 없는 것을 배우는 방법이 놀이라고 하였다. 아이들은 사물 · 동물 · 구조물 · 사람들을 공간과 시간의 실제 세계에 기초를 두고 탐색한다. 놀이 과정에 몰두함으로써 아동들은 우리의 상징적인 세계의 의미와 가치를 알게 됨과 동시에 자신의 개별적인 방법으로 그것을 탐색하고 실험하고 배우게 된다고 하였다.

하나의 활동을 놀이라고 이야기할 수 있으려면 그것은 다섯 가지 필수적 특성이 있어야 하는데, 놀이는 내적으로 동기화된 것으로 그 자체가 목적이다. 즉 놀이는 그것을 하는 자체가 완전한 만족을 주는 것이며 참여자가 그것을 자유롭게 선택해야 한다는 것으로 놀이는 즐거워야 하며 아동은 그 경험을 즐겨야 하고 그렇지 않으면 그것은 놀이가 아니다. 놀이는 융통성 없는 것이 아니며 놀이자의 흥미에 맞추어 가장과 현실의 왜곡이라는 요소를 포함하고 놀이자가 적극적으로 참여하는 것으로 아동은 진행되는 것에 대해 수동적이거나 무관심하기보다는 신체적으로나 심리적으로 몰입해야 한다(최명선, 김광웅, 2003). 이러한 놀이의 특성을 고려하여 놀이를 통해 아동들의 다양한 심리적·행동적 부적응을 해결하려는 심리치료 방법의 하나로 놀이치료가 실시되어 왔다(김준희·김광웅, 2006).

놀이가 가지는 심리치료적 요인은 다양하다. 우선 놀이는 상담에 대한 저항을 감소시키고, 아동-치료자의 신뢰감 형성을 위해 특별한 관계 발달을 촉진해 준다. 놀이에서 아동은 의식적인 수준의 감정과 경험을 표현하거나 무의식적인 갈등과 소망을 나타내게 된다. 아동은 현실에서 경험한 한계를 놀이 안에서 안선하게 실행하고 경험하면시, 자신을 새롭게 인식하고 자신의 문제에 직면하면서 새로운 해결방법을 모색하며 현실에서 자아존중감과 자기 주도성 향상에 많이 도움을 줄 수 있다. 아동중심 놀이치료는 아동이 이끌어 간다. 상담자들은 아동의 힘과 감정 반영에 중점을 두면서 수용, 온정, 공감적 관계의 힘을 생각한다. 아동중심 놀이치료의 기본원칙은 다음과 같다(김택호, 박제일, 송재홍, 2009).

첫째, 상담자는 아동에게 진심 어린 관심을 두고 따뜻하게 보살피는 관계를 형성한다.

둘째, 상담자는 아동을 무조건 수용하되 실제와 다를 것이라는 기대를 하지 않는다.

셋째, 상담자는 아동과의 관계에서 편안함과 허용적인 분위기를 만들고, 아동의 탐색과 표현을 자유롭게 받아들인다.

넷째, 상담자는 아동들이 자신에 대한 이해를 높이기 위한 방식으로 아동의 감정과 반영에 민감성을 유지한다.

다섯째, 상담자는 아동이 자신의 문제를 해결할 능력과 책임감이 있다는 것을 강하게 믿고, 아동에게 그렇게 하도록 격려해야 한다.

여섯째, 상담자는 아동의 내적 자기관리를 믿으며, 아동이 관계를 이끌어가도록 허락하고 아동의 관리를 무시하지 말아야 한다.

일곱째, 상담자는 치료과정을 서둘러서는 안 된다.

여덟째, 상담자는 아동의 사적이고 적절한 책임감을 돕는 데 필요한 최소한의 제한만을 사용한다.

이러한 놀이치료의 효과는 형제간 구조적 놀이가 형제 모두에게 수용적 태도의 증가를 보였고, 장애형제에 대한 비장애형제의 지지적 태도가 증가함을 알 수 있었다. 반면 장애아동에 대한 당황적, 적대적 태도는 감소한 것으로 나타났으며 구조적 놀이가 비장애형제의 수용적 태도에 효과가 있음을 밝혔다. 장애형제를 둔 비장애아동이 놀이치료를 통해 상징적 모습을 표현할 때 자신의 무의식을 자연스럽게 나타내며 자신을 수용하고 이해하는 긍정적 모습을 보였고, 회기별 비언어적 표현과 언어적 표현이 긍정적으로 변화하였으며, 비장애형제의 자기 표현력과 자이존중감이 향상되었음을 보고하였다.

장애아동의 형제들을 위한 집단놀이치료가 장애아 형제들의 문제행동 및 자아개념에 영향을 주어 심리·사회적인 적응이 향상되었고, 또한 가족 간의 역할 이해와 장애 형제의 어려움에 대해 알게 하여 가족 간의 정서적 친밀감인 응집성이 향상되었음을 보고 하였다. 장애아동의 형제들이 집단놀이치료를 통해 장애형제를 대하는 부정적인 태도·스트레스 감소와 긍정적인 태도의 증진과 스트레스 감소 영향을 주었다.

집단놀이치료 프로그램에 참여한 집단원들은 자신의 감정과 어려움을 탐색하고 표현함으로써 부담감과 분노를 해소하는 데 도움을 주었으며, 활동이 진행되면서 감정을 억제하며 방어하기보다 솔직한 감정을 이야기하는 표현성이 증가하고 분노 조절하는 모습을 보였다. 그뿐만 아니라 비장애형제 집단에서 장애형제로부터 오는 어려움을 이야기하고 공감하면서 장애형제로 인해 어려움을 겪는 것이 혼자만의 문제가 아니며 잘못된 것이 아니라는 생각을 하게 되어, 분노했던 것에 대한 죄책감을 줄일 수 있었고, 심리적 지지를 받을 수 있었다고 하였다.

아동들을 대상으로 하는 놀이치료는 그 역사가 리틀 한스(Little Hans)의 공포반응을 감소시키기 위해서 프로이트(Freud, 1909)가 처음 시작하였다. 한스의 놀이에 대한 한스 아버지의 기록을 근거로 정신분석적 치료를 시도했었다.

그 후 많은 학자는 놀이치료에 대한 효과를 지속해서 강조하여왔다. 허그헬무스(Hug-Hellmuth, 1918)는 놀이가 7세 이하의 아동을 분석하고 치료하는 데 중요하다고 하였다. 또한 안나 프로이트(Anna Freud)는 놀이가 아동의 다양한 반응이나 공격성, 공감받으려는 욕구 등을 잘 표현해 줄 수 있다고 하였다. 아동은 놀이를 통해 어른의 자유연상과 같은 무의식을 표현할 수 있다고 하였다. 특별한 스트레스를 경험했던 아동을 위한 구조화된 놀이 치료접근인 '발산요법(Release Therapy)'을 발달시켰다. 발산요법(Release Therapy)이란 아동이 과거에 경험했던 비참한 경험을 놀이상황에서 그대로 재연함으로써 놀이의 정화작용으로 치료된다는 방법이다. 이 접근에서는 아동이 겪었던 외상적 경험을 재연하기 위해서는 놀이 환경도 의도적으로 구조화되어야 하며 치료자가 아동의 부정적인 생각이나 느낌을 해소하도록 도와준다.

솔로몬(Solomon, 1937)의 '적극적인 놀이치료(Active Play Therapy)'도 구조화된 놀이 치료 방법으로 제시되었으나, 비참한 경험의 재생보다는 긍정적인 방향으로 놀이를 적용한 것이다. 그는 과거의 상처받은 경험을 그대로 재연하지 않더라도 놀이를 통해 공포나 분노를 발산할 수 있으며 놀이방에서 치료자와 새로운 인간관계를 맺음으로써 사회적으로 용납될 수 있는 방향으로 행동하는 것을 배우게 된다는 적극적이고 능동적인 의미의 놀이치료를 강조하고 있다. 즉 치료자는 시간의 개념을 심어 주어 과거의 경험은 현재로 끊을 수도 있고 반드시 미래로 연결되는 것이 아니라는 것을 가르치려고 한 것이다.

1940년대 성인치료에서 내담자 중심의 접근을 발전시켰는데 액슬린(Axline, 1969)은 그것을 놀이치료 기법으로 수정하였다. 아동이 성장을 위해 자연스럽게 노력한다는 것과 정서장애아동들의 경우 그러한 자연스러운 노력이 파괴되었다는 철학에 기초를 두고 있는 비지시적 또는 내담자중심의 놀이치료는 자연스러운 자아 증진의 성장을 육성하기 위하여 아동과 환경 사이의 불균형을 해결하는 목적을 둔다. 따라서 아동이 놀이치료과정을 주도해나가며 치료자는 오직 놀이치료 환경을 준비하고 아동의 행동을 관찰·반응·분석함으로써 아동은 자발적으로 자신을 변화시키려고 노력하게 된다는 입장에서 인간중심·아동중심 놀이치료(Client-centered Play therapy)라 불린다.

액슬린(Axline)을 뒤이어 많은 연구자가 이 기법을 연구하고 활용해 왔다(Sweeney, 2001). 1964년에 버나드 기미(Bernard Guemey)에 의해서 부모놀이치료(Filial

Play Therapy)라는 기법이 처음 적용되었고 이 기법은 감정 문제를 가진 3~10세의 아동들을 위한 구조화된 프로그램으로 액슬린(Axline)의 아동 중심 놀이치료(Client-centered Play therapy)에 기초를 두고 발전하였다(김광웅, 유미숙, 유재령, 2004).

브로디(Brody, 1964)는 발달 놀이치료 기법(Developmental Play Therapy)을 개발하였다. 이 치료에서 신체적인 접촉의 사용과 다소 구조화된 세션을 강조했다. 놀이의 초기 작업을 참조하면서 발달 지향의 놀이치료, 즉 치료놀이(Theraplay)를 가장 간결한 이론 및 기법 모델 중의 하나로 발전시켰다. 치료놀이는 단기간에 아동에게 깊은 효과를 가져다주는 구조화된 놀이치료 형태로 부모가 치료자와 아동 간의 활동적인 상호작용을 관찰한 다음, 직접 아동과 함께 실행해 보는 것을 강조한다. 부모-자녀 간의 상호작용을 기초로 한 개입적이고 신체적이며 재미있는 활동들과 게임들을 포함한다. 치료놀이의 주요 목표는 부모-자녀 간의 애착 및 관계를 강화하고 아동과 부모 모두의 자존감을 높여주며 신뢰를 증대시키는 것이다. 아동의 긍정적인 자질을 강조함으로써 부모가 자신의 아이를 새로운 시선으로 바라보고 고통이 아닌 환희의 원천으로 경험하도록 이끌어 가족관계를 치유하고자 한다.

2. 아동중심 놀이치료

이 모델은 원래 로저스(Rogers, 1961)에 의해 개발되었고 성인치료기법으로 비지시적 치료를 발전시켰으며 이는 이후에 내담자 중심치료로 불리게 되었다. 로저스의 내담자 중심치료는 제자이자 동료인 액슬린(Axline, 1969)에 의해 놀이치료의 아동-중심 모델에 적용되었다. 이 기법은 아동은 스스로 성장하려는 자연스러운 욕구가 있으며 정서장애아동의 경우 이 욕구를 억압하고 있는 것으로 보았다. 따라서 아동중심 놀이치료(Client-centered Play therapy)는 아동과 환경과의 불균형을 해결하여 아동이 스스로의 힘으로 변화할 수 있도록 하는 데 있다. 또한 내담자 중심 치료와 같이 놀이치료의 아동-중심 접근은 하나의 적용절차가 아니라 아동과 함께 존재하는 과정에 기반을 두며 이것은 복구하는 과정이 아니라 되어가는 과정으로 랜드리스(Landreth, 2002)는 놀이치료는 아동(혹은 어떤 연령의 사람)과 놀이치료 과정을 훈련받은 치료자 간의 역동적인 대인관계로 정의된다. 여기서 치료자는 최적의 성장과 발달을 위해 아동의 자연적 의사소통 매개체인 놀이를 통해 아동이 자기(감정과 생각·경험 그리고 행동)를 충분히 표현하고 탐색하도록 선택된 놀이재료를 제공하고 안전한 관계의 발달을 촉진한다. 이러한 정의의 핵심 요소는 관계에 대한 초점으로 치료의 성공이나 실패는 치료적 관계의 발달과 유지에 달려 있다.

아동중심 놀이치료는 드러나는 문제보다는 아동에게 초점을 둔다. 진단과 평가에 중점을 두는 치료자는 아동의 모습을 잃어버릴 가능성이 크다. 증상도 중요하지만, 초점은 반드시 아동에게 유지되어야 한다. 놀이 행동의 해석이 흥미롭긴 하지만 대개 이것은 아동의 욕구가 아닌 치료자의 욕구에 공헌한다. 그러므로 치료적 관계는 현재의 살아있는 경험에 초점을 두어야만 한다(Landreth, 2002).

아동중심 놀이치료는 아동 자신의 문제를 스스로 해결할 힘을 갖고 있다고 생각하기 때문에 치료하는 데 있어서 비지시적인 입장을 취하고 있다. 따라서 놀이치료란 아동에게 그들 자신의 문제를 해결할 기회와 치료 경험을 통해 자신을 알며 자신을 있는 그대로 수용하고 성숙할 수 있도록 도와준다.

아동중심 놀이치료는 어떠한 종류의 평가도 피한다. 아동은 격려될 뿐, 칭찬받지 않는데 그 이유는 칭찬이란 평가적인 형태를 띠기 때문이다. 평가적인 진술은 성인에게 속한 어떤 지점으로 이끌기 때문에 아동의 내적 동기를 빼앗는다. 따라서 치료자는 아동이 이끌도록 허락하고 아동의 놀이에 대한 간섭을 피해야 한다. 이것은 아동의 놀이에 참여하는 것을 박탈하는 게 아니라 이러한 참여가 반드시 아동의 주도에 의해 이루어져야 한다는 것이다. 아동의 놀이를 간섭한다는 것은 질문하거나 해결책이나 충고를 제공하거나 혹은 아동의 치료자가 선생님이 되거나 자신을 위해 무언가를 하도록 조정하는 것을 허용하는 것 등이 있다. 치료자가 평가하거나 해결책을 제공하면 아동은 자기-주도와 자기-평가 그리고 책임을 배우지 못한다(Landreth, 2002).

아동중심 놀이치료는 자연적인 의사소통 매체와 일치되며 발달적으로 적합한 방법으로 아동의 용어를 사용해서 아동과 관계하는 역동적인 과정이다. 이것은 놀이치료자가 수용과 이해를 계속적으로 묘사하는 끊임없는 발견의 과정으로 안정된 관계를 창조하고 아동이 타인과 나누지 않았던 자기의 일면을 자유롭게 표현하고 탐색하는 과정을 통해 내면화된다. 놀이의 내용과 방향은 아동에 의해서 결정된다. 아동중심 접근은 확인된 아동의 문제에 의존하는 진단적인 접근이 아니다. 핵심적인 문제는 그 아동이 스스로에 대해 어떻게 느끼는지가 행동의 열쇠라는 것이다.

3. 아동중심 놀이치료의 기법

아동중심 치료자가 아동에게 사용하는 기법은 다음과 같다(김광웅, 유미숙, 유재령, 2004).

1) 격려

아동의 생각이나 감정을 적극적으로 지지 · 강화하기 위해서 활용한다. 격려는 칭찬과 다르다. 격려는 아동이 잘한 것뿐만 아니라 실수했을 때에도 사용할 수 있다. 즉 아동 행동의 결과보다는 수행 과정에 초점을 두어 반응하는 방법이다. '혼자서도 그 종이 벽돌을 다 쌓았구나. 그래서 네가 원하는 것을 만들었구나.' 실수를 했더라도 다시 시도하거나 일어날 수 있도록 격려한다. '그걸 끼우는 방법을 드디어 알아냈구나'라고 격려해 줄 수 있다. 이런 상황에서 아동은 치료자의 태도를 통해 다른 성인을 비교하게 되고 다름을 경험하게 된다. 이를 통해 아동은 자신감을 느끼게 되고 자신을 조절할 힘을 얻는다.

2) 반영

치료자가 아동의 놀이나 언어에 나타나는 감정과 생각을 읽어 내어 적절한 말로 거울과 같이 다시 비추어 주는 것을 말한다. 이때 치료자는 아동이 표현한 것 이상으로 앞서가지 않는다. 아동이 이젤을 자기 앞으로 바짝 당겨서 치료자 쪽에서는 보이지 않게 놓고 뭔가를 열심히 쓰는 경우 치료자는 이렇게 말할 수 있다. '네가 칠판에 쓰는 것을 나에게 보이고 싶지 않구나.'

3) 명료화

아동이 미처 자각하지 못한 감정이나 생각을 명확하게 해 주는 기법이다. 치료자는 아동이 자신의 모습이나 생각을 보게끔 해 줌으로써 아동이 자신의 세계를 이해하게 도와야 할 때 사용한다. 모든 게임에서 자신이 이겨야만 직성이 풀리고 주사위도 자기 뜻대로만 나오길 바라는 아동이 있다. 트러블 게임에서 원판 주사위가 뜻대로 되지 않아 붉으락푸르락 화난 아동에게 이렇게 말해 줄 수 있다. '주사위가 네 생각대로 나오지 않을 때마다 화가 많이 나는구나.'

4) 개방식 질문

개방식 질문은 아동이 '예, 아니오'라고 답하는 폐쇄적 질문과는 반대되는 질문형태다. 개방식 질문은 아동이 자신의 생각과 감정을 정리해서 이야기해 보도록 하는 방식이다. 개방식 질문은 아동의 감정이나 생각을 존중하고 있음을 보여준다. 질문을 받은 아동은 자신의 생각과 감정 등을 다시 한번 살펴보게 되기 때문에 자신에 대해 탐색하는 기회를 얻게 된다. 예를 들면 '행복하다고 생각될 때는 언제니?, 사람들이 왜 스트레스를 받는다고 생각하니?, 친구가 너한테 큰소리를 치면서 말하면 어떤 기분이 드니?'

5) 침묵

침묵이라는 것은 치료자가 아동에게 관심을 가지고 철저히 집중하는 것을 의미한다. 이는 그냥 입만 다물고 있는 것과는 다르다. 침묵은 언어로 표현하는 것보다 어려운 기법이기 때문에 많은 치료자가 이를 견디지 못해 이야기하게 되고 때로는 아동에게 부담감을 안겨 준다. 치료자가 많은 질문을 던짐으로써 아동의 놀이를 방해해선 안 된다. 굳이 말을 하지 않고 미소만 지어 주더라도 아동을 전적으로 수용한다는 메시지를 전달할 수 있다. 적절한 침묵은 아동이 감정이나 생각을 언어나 놀이로 표현할 때 수용적인 분위기에서 치료자가 여유를 가지고 아동에게 필요한 시간을 제공해 준다.

4. 발달장애아동의 행동특성

1) 정서·사회적 행동문제

정서가 신경체계의 기능이라고 생각하는 사람은 드물다. 그러나 공포, 불안, 슬픔, 기쁨, 사랑까지도 신경적 기초 위에 존재한다. 변연체계는 감정에 근거를 둔 행동을 산출하는 대뇌 반구의 부분이다. 감정이 '균형'을 이루기 위해서는 변연체계가 감각으로부터 잘 조정된 투입을 받아야 한다. 동물 실험에 의하면 신생아 때 전정자극이 없으면 적대적이고, 공격적이며, 움츠러들도록 자라게 되며, 인간에게도 그와 같은 측면에서 일부 자폐증과 정신분열증은 전정체계의 장애와 관련이 있다(양문봉, 2000). 전정체계의 감각통합은 '중력적 안정'을 가져다준다. 이것은 우리가 서 있는 장소가 안전하다는 것을 믿는 것과 같기 때문에 중력적 안정은 상호 인간관계를 이루는 데 기본이 된다.

자폐 성향이 있는 아동은 눈 맞추기와 사회적 접촉 및 협동놀이 등의 문제 때문에 발달 초기에 모자 관계도 발달하지 않아서 어머니와 정서적인 관계가 좋지 않고 시선회피를 포함한 회피 경향은 자폐아동의 발달 초기 단계부터 사람에 대한 두려움과 함께 이후 대인관계의 장애를 유발하게 된다. 발달장애 유아의 경우, 무력적이고 비 통제된 신체적 공격과 언어적 공격으로 타인에게 반응하기도 하고 사람이 가까이 있으면 불안해하여 어떤 상호작용도 거부하고 무시하는가 하면 활동수준이 일반에서 벗어나 끊임없이 움직이고 상황에 대해 목적 없이 도전하는 등의 특성이 있기 때문에 사회적 행동의 문제는 대부분의 발달장애 유아가 또래 간 사회적 상호작용 기술습득을 지체시킬 뿐만 아니라 상호작용의 시작 및 유지능력에도 문제가 된다.

2) 상동행동과 문제행동

자폐 성향의 아동은 동일성에 대해 강하게 주장하는 경향이 있다. 동일성에 대한 집착은 어떤 버릇이 비정상적이거나 부적절한 경우에도 고집을 부리며 옷 입기와 음식 먹기 등이 매일 기계적으로 또는 고정적으로 이루어지기를 바란다. 그리고 특정한 물건에 집착해서 장시간 그것만 가지고 놀려고 한다. 이외에도 자해행위가 있거나, 상동행동을 하거나, 신체 감각적인 반응이 과소 또는 과대한 반응을 보이기도 하는 등, 많은 특징을 가지고 있다(박화문, 2000). 그러나 위에서 언급한 세 가지 특징은 대부분의 발달장애아동에게서 발견된다(주종봉, 2001). 이는 외부의 감각자극에 대하여 아동이 느끼고 반응하는 역치 수준이 지나치게 높기 때문에 아동 스스로 자기에게 계속해서 자기자극을 주므로, 겉으로 드러나는 표출된 행동으로는 상동행동처럼 보일 수 있다.

3) 적응행동 문제

인간의 사회적 능력은 일반적으로 적응행동과 사회적 기술로 구분되며, 외부와의 관계에서 만족과 안정감을 얻기 위해 외부환경에 대한 적절한 적응행동과 기술을 습득하고 이를 통해 외부와의 관계를 원만히 유지하려고 노력한다. 발달장애아는 사회적 능력의 기초가 되는 운동능력과 언어능력의 발달지체뿐만 아니라 적응행동과 사회적 기술습득의 실패로 인해 또래들과의 단체 놀이에 참여하는 능력의 결핍, 또래들을 자원으로 활용하는 능력의 결핍, 상호적인 우정을 발전시키고 유지하는 능력의 결핍, 사회적 교환에 필요한 일상적인 과정의 사용능력 결핍 등의 문제점이 야기된다(이영희, 2001). 감각통합에서는 환경적 도전에 대해 성공적으로 반응해서 나타내는 적응반응의 기초가 이루어지지 않으므로 적응행동이 성공적으로 이루어지지 못하게 된다고 보고 발달장애아동들의 적응반응을 감각통합의 중요한 기전으로 설명할 수 있다.

4) 발달장애아동의 감각기능 특성

발달장애아동들이 보이는 다양한 증상들은 감각통합기능 장애 현상으로 간주하기 때문에 감각통합을 이용한 감각통합치료를 한다. 에어즈(Ayres, 1979)에 의하면 신체감각의 분류에서 전정감각은 흔들리는 감각, 물구나무서는 감각으로 나누며, 피부감각은 촉각 · 압각 · 통각 · 온(냉)각 · 간지러운 감각 · 진동각 · 물감각 등으로 나눈다. 이밖에 고유 감각, 미각, 후각, 청각, 시각으로 나눈다. 이러한 감각은 아동의 상태와 움직임을 보고 반응을 관찰함으로써 진단할 수 있으며 아동이 나타내는 행동 특성에 따라 감각장애의 유형과 둔함, 예민함이 나타난다.

발달장애에서 자폐 성향이 있는 아동의 감각특성은 전정감각(평형감각)에서 흔들리는 감각이 둔한 아동은 트램펄린, 흔들 목마, 그네 놀이를 좋아하고 물구나무서기 감각이 둔한 아동은 철봉에 매달려 흔들기와 앞구르기를 좋아하며, 피부감각에서 촉각이 예민한 아동은 옷 갈아입기를 싫어하고 양말을 신겨주면 즉시 벗어버린다. 또한 머리 감기를 싫어하고 안아주면 도망가고 손잡는 것을 싫어한다. 진동각이 예민한 아동은 진동되는 물체를 싫어하는 경향이 있다. 통각이 둔한 아동은 유리에 머리를 부딪치고 넘어져도 울지 않는다. 공을 몸을 향해 던지거나 솔 같은 것으로 심하게 자극하는 것을 좋아한다. 압각이 둔한 아동은 힘을 주어 꼭 껴안아도 싫어하지 않는다. 물에 대한 감각이 둔한 아동은 수영장과 샤워하기를 매우 좋아한다. 고유감각이 둔한 아동은 체조할 때 '하나-둘, 하나-둘' 하면서 몸동작을 따라 하고, 미각이 예민한 아동은 채소를 먹지 않으며 편식하는 경향이 있으며 후각이 둔한 아동은 무엇이든지 냄새를 맡거나 침을 발라 냄새를 맡기도 하며 크레파스 같은 물건을 콧속에 넣는 경향도 있다.

또한 청각이 예민한 아동은 라디오를 켜면 즉시 끄고, 소리가 나면 즉시 소리 나는 곳으로 오거나 작은 소리로 이름을 부르면 대답하는 경우가 있다. 시각이 예민한 아동은 같은 크기의 책을 바로 놓거나 항상 같은 좌석에 앉기를 고집하고 시선을 맞추지 않거나 어두운 곳을 싫어한다.

5. 발달장애와 감각통합

발달장애아동들은 사회적 상호작용의 발달, 특히 언어적, 비언어적 의사소통 기술의 발달에 질적인 장애가 있다. DSM-IV의 광범위성 발달장애에는 자폐성 장애, 레트 장애, 소아 붕괴성 장애, 아스퍼거 장애, 그 외 달리 분류되지 않는 전반적 발달장애가 포함되어있지만, 생후 첫 3년 동안 보이는 인지, 정서 및 행동장애를 적절하게 설명하지 못한다고 보고 미국의 0세에서 3세/임상유아 프로그램 국립센터(Zero to Three/National Center for Clinical Infant Programs)에서는 생후 초기의 유아가 보이는 정서장애나 행동장애에 대해 다중발달장애(Multi-system Developmental Disorder, MDD)라는 진단명을 사용하였다. MDD의 증상에는 감각전달체계의 이상으로 인한 감각정보전달과 인지과정에서의 장애와 사회적 상호작용에서의 손상의 정도는 아동에 따라 그 정도에 차이가 있고 어느 정도의 의사소통장애를 갖고 있다고 보고하고 있다(Kientz & Dunn, 1997).

DSM-Ⅳ의 진단기준에 의한 전반적 발달장애(Pervasive Developmental Disorder)는 적절한 정서적 반응의 결함, 부적절한 매달림, 대인관계의 심한 결함뿐만 아니라 감각 및 운동의 기이성으로 보이는 격렬한 불안, 극도로 불안정한 기분, 동일한 방식을 주장함, 발끝으로 걷기와 같은 운동의 기이성, 단조로운 음성과 같이 언어의 비정상성, 감각자극에 대한 과잉 또는 과소 감각, 자신을 물어뜯는 등의 자해행위 등 일곱 가지 특성에서 3개월 이상의 증상을 보이며 이러한 특성은 감각통합기능의 이상에서 나온다고 보았으며, 모든 증상이 생후 30개월 후부터 12년 사이에 나타나지만, 망상, 환각, 조리가 없거나 사고의 와해 현상이 보이지 않아야 한다.

발달장애아동은 사회적 상호작용, 상징적 활동, 언어소통과 비언어적 의사소통에서 질적 손상을 보이고, 활동과 관심의 종류가 현저히 제한되어 반복적이고 상동적인 양상을 나타낸다(신석호, 2000). 이러한 특징은 아동의 대뇌 발달이 특정 단계에 멈추어 있거나 발달의 지연, 특히 언어 및 정서 영역에서 미숙함이나 행동상의 일탈행위가 외부의 감각을 받아들이고 감각을 처리하는 과정에서 일반적인 감각통합기능이 이루어지지 않는 감각통합기능의 장애로 보는 측면도 있다(Wilbarger & Wilbarger, 1991). 감각통합은 자신의 신체와 환경으로부터 주어지는 감각들이 조직되고 그 환경에서 신체를 효과적으로 사용할 수 있도록 하는 신경학적 과정이다. 그러나 발달장애아동들은 일반적이지 않은 감각형태를 찾아내려고 하고 다른 형태의 감각에는 극단적으로 과민반응을 보이므로 감각기능과 감각처리 과정에 어려움이 있다.

감각계의 이상은 여러 가지 방법으로 표출된다. 자극에 과민반응을 보일 수도 있고 반응을 잘 보이지 않을 수도 있으며, 활동량이 아주 많거나 적을 수도 있고, 계속해서 움직이거나 쉽게 지칠 수 있고 이 두 극단 사이를 왔다 갔다 할 수도 있다.

언어발달이 지연되고 학습이 부진하거나 행동 측면에서 충동적이고, 행동에 계획성이 없고 새로운 상황에 잘 적응하지 못해서 좌절이나 공격성 또는 위축되기도 한다.

자발적 행동이나 운동계획 역시 이러한 감각기능과 연관되어 있다. 운동계획은 상황에 따라 무엇을 할 것인가를 생각하고, 그것을 하기 위한 운동을 계획하고 난 후에 동작하게 되므로 일련의 흐름이다. 지금까지의 여러 가지 경험과 그때의 감각체험을 기초로 하여 새로운 운동을 계획하며 낯선 상황에 대해서도 대응할 수 있게 한다. 이렇듯 운동계획 능력은 활동을 적절히 수행하기 위해 감각기관들로부터 정확한 정보를 얻고, 이 정보들을 효율적으로 해석하고 조직화하는 능력이 필요하다.

1) 놀이중심의 감각통합치료

발달장애아동을 대상으로 실시된 다양한 치료프로그램들은 아동의 특성을 고려하여 감각기능의 통합능력을 개선해서 자폐적인 상동행동과 문제행동을 감소시키고 사회행동과 적응행동을 향상하기 위해 감각통합적 접근에 의한 치료방법을 적용하여 긍정적인 효과를 얻었다. 놀이중심의 감각통합프로그램을 구성할 때 몇 가지 보완하고 새롭게 재구성해야 할 필요가 있다.

첫째, 감각자극이 단순히 자극으로만 제공되면 통합할 기회가 없으므로 프로그램에서는 감각을 주면서 운동을 기획하고 통합할 수 있도록 촉진해 주어야 한다.

둘째, 훈련과 교육의 목적으로 구성했기 때문에 교육이나 치료자 중심으로 아동을 참여시켜야 하므로 프로그램 구성에서는 아동의 특성을 고려하지 못했다. 아동기라는 특성을 고려하여 아동이 즐겁고 능동적으로 참여할 수 있도록 놀이 활동을 중심으로 구성하여 아동에게 동기유발과 즐거운 활동을 통해서 학습하고(송영혜, 김현희, 2002), 놀이와 운동을 기획하고 수행하도록 감각자극과 병행하여 구성해야 한다.

셋째, 발달장애아동은 낯선 환경이나 새로운 것에 대한 거부감과 적응반응이 낮다는 특성이 있으므로 이점을 고려해야 한다. 그렇기 때문에 아동에게 정서적 이완활동으로 새로운 환경인 치료실 환경과 프로그램에 적응반응이 충분히 활성화되고 편안함을 느낄 수 있도록 반복적인 이완활동이 구성될 필요성이 있다. 즉, 아동은 놀이 활동을 통해 학습하고 외부환경과 관계하는 것을 배워야 하는데 놀이가 이러한 치료적 요인을 제공해 줄 수 있다. 감각통합치료의 일반적 원리는 다음과 같다.

(1) 전신 운동방법

감각통합은 전신을 움직여서 모든 감각과 근육 및 모든 근육연결 부위가 뇌에 적절한 자극을 보내고, 다른 감각조직을 통합하는 데 도움을 주는 전정감각을 자극함으로써 일어난다. 신체의 각 기관으로부터 오는 감각을 조직하고 이에 반응하도록 하는 기능은 뇌가 다른 기능을 조직하는 것도 돕게 된다. 그러므로 감각통합 기능장애는 전신운동에 의해 치료된다.

(2) 참여 유도방법

치료 프로그램은 아동이 자극을 원하고 스스로 활동을 수행할 때 가장 큰 효과가 나온다. 그러나 자폐와 같은 중증장애아동은 외부 지시와 조직이 필요하다(박경숙, 1987). 자폐아동을 적극적으로 활동에 참여시키려면 치료사가 치료에 앞서 몇 가지 원칙을 세워둘 필요가 있다.

첫째, 자폐아동이 나타내는 어떠한 반응도 수용하고 이해하는 태도를 가진다.

둘째, 아동과 신체적 접촉을 늘린다.

셋째, 치료사의 치료환경을 변화시킨다.

넷째, 아동이 치료사에게 주의집중을 했을 때 과제를 수행하도록 치료사는 아동의 각성수준과 몸의 상태에 주의 집중한다.

다섯째, 목소리를 변화시켜가면서 언어적 지시를 한다.

여섯째, 과제수행에 대한 지도는 처음에 많이 관여하고, 관여 정도를 점점 줄여 가도록 하며, 아동이 독립적으로 수행하도록 한다.

일곱째, 동기유발이 아주 잘 되는 강화를 사용한다.

2) 놀이중심 감각통합 치료프로그램

(1) 프로그램의 목표

프로그램의 단계별 목표를 살펴보면 다음과 같다. 초기 단계에는 신뢰하는 관계 형성과 다양한 감각활동을 통한 신체적 자각이 주목표가 된다. 구조화된 감각자극을 통해 아동이 스스로 놀이 활동을 하면서 신체감각 기능이 균형 있게 발달하도록 촉구한다.

중기 단계에서는 신체인식의 확장을 통해 자아인식을 목표로 하며, 이와 함께 놀이 활동에 대한 인식과 목표지향적인 활동을 이끌어주도록 한다. 이 단계에는 치료사와의 치료공간에 대한 안정감이 획득되게 한 다음, 신체감각활동을 통해 자기표현과 치료사와 상호작용을 이끌어낸다. 전반적 발달장애아동들을 위한 활동에서는 무엇보다도 강압적이지 않은 분위기가 중요하며, 흥미를 유발할 수 있는 단순하면서도 목표지향적인 활동이 필요하다. 신체조절은 결국 각 놀이 활동과제에서 수행하는 행동의 질을 확장해 줄 것이다.

종결 단계에서는 놀이 활동을 기획하고 조직화할 수 있어서 구조화된 환경 안에서 활동과제를 스스로 기획하고 조직할 수 있도록 하며, 자기통제와 조절을 익히게 한다.

〈표 13-1〉 단계별 치료목표

치료 단계	단계별 치료 목표
초기 단계	• 관계형성을 한다. • 감각활동 느끼며 체험한다.
중기 단계	• 신체인식을 통해 자아인식을 한다. • 신체인식을 통해 목표활동 확장한다.
종결 단계	• 자기조절과 놀이활동을 기획하고 조직하고 확대한다. • 정서적 상호작용을 한다. • 안정된 과제활동을 수행한다.

출처: 채수경(2007) 놀이중심 감각통합치료프로그램이 발달장애 아동의 행동 및 감각기능에 미치는 효과 대구대학교 박사학위논문.

(2) 프로그램 전략: 치료단계 설정

다음과 같이 치료단계를 설정해서 활동과제를 수행한다.

① 1단계 수준

1단계의 과제는 속도가 있는 운동을 하는 중 자세를 유지해 나가는 것을 목표로 한다. 아동이 스쿠터보드 위에 엎드려 미끄러져 내려가는 동안 거기에서 떨어지지 않게 하는 것을 목적으로 한다. 그 이외의 방법은 평균대 위를 걷기와 같은 아동의 중심 이동을 동반하는 활동을 제공하는 것인데, 이것은 자세유지 운동기능의 촉진을 도모하는 데 적절한 활동이다.

② 2단계 수준

2단계의 활동에는 목적적인 요소를 포함한다. 예를 들면, 공을 던지고, 공을 차고, 천장에 매어 단 공을 배트로 치는 것과 같은 목적적인 요소를 활동 안에 포함하는 것이다. 이처럼 자세유지 운동의 기능을 피질하의 수준에서 의식하지 않고 획득하도록 촉진해 간다. 자세유지 운동의 촉진을 목적으로 한 활동에서는 될 수 있는 한 여러 측면에서 활동을 체험시키는 것이 중요하다. 예를 들면, 엎드린 자세에서 활동을 체험시키고, 네발 기기 자세가 되게 시켜보고, 드러눕게 시키고, 앉은 자세를 취하도록 하는 등 일정한 자세를 고집하지 않고 여러 자세를 체험시킨다.

③ 3단계 수준

3단계로 안구운동과 목운동을 목적으로 훈련을 진행해갈 수 있다. 구체적인 예를 들면, 아동이 회전자극이 있는 놀이 기구에 타고 회전하는 동안에 바닥 위에 어떤 물건을 놓고, 그것을 아동에게 주어 올리게 하고, 목표를 향해 던지게 하는 활동을 생각할 수 있다. 이때는 전정자극 외에 이러한 활동에서 도입된 다른 감각자극을 토대로 안구운동과의 연락, 통합, 조직화를 촉진시켜서 목과 눈 운동이 촉진된다. 여러 종류의 회전요소가 들어간 운동, 돌아눕기 요소가 들어간 운동도 이 목표에 적합한 활동이다.

④ 4단계 수준

3단계 과제가 달성되어 끝나가는 시점에서 시공간 지각에 관계되는 활동을 도입하는 것이 좋다. 시공간 지각은 직접적인 훈련의 목표는 아니지만, 지금까지의 여러 단계를 거치면서 공간 내에서 움직이는 가운데 자연스럽게 시공간 지각의 기능이 좋아질 수 있다. 목적성을 도입한 활동 중에서, 예를 들면 스쿠터보드에 타고 움직이는 도중에 공을 친다든가, 스쿠터보드를 타고 우측으로 회전하거나 혹은 좌측으로 회전하는 과제 상황 중에서 자기의 몸이 공간과 어떠한 관계가 있는가 하는 개념이 형성되게 한다.

⑤ 5단계 수준

정서적 안정을 제공하는 단계로 심호흡과 이완활동으로 신체를 정리하게 한다. 아동이 충분히 이완되고 감정을 조절할 수 있도록 하고 감정을 서로 교류할 수 있게 한다.

(3) 프로그램의 구성 및 내용

치료프로그램의 구성 원칙은 감각통합치료의 일반적인 원리를 기본으로 하여, 도입 부분은 준비단계로 구조화된 환경에서 정서적 안정감을 제공하여 이완시킨 후에 전개 부분에서는 단계별로 1단계 수준에서 2단계, 3단계, 4단계 수준 순으로 목표지향적이고 신체의 조직과 스스로 기획할 수 있는 활동과제를 활성화한다. 또한 5단계 수준에서는 준비단계처럼 이완시키고 정서적 이완활동을 할 수 있도록 구성하여 마무리한다. 또한 회기마다 주제놀이 활동이 있어서 아동이 활동과제에 능동적으로 참여하도록 구성하였다.

도입 단계는 아동이 주변 환경으로부터 거부감이 없고 불안감을 줄여줄 수 있도록 조성한 구조화된 환경에서 아동이 자극을 선택하고 흥미 있는 놀이자극부터 시작하고, 그곳에서 정서적으로 이완할 수 있도록 준비기를 제공해 준다. 일정 시간이 지난 후에 개별적으로 각 아동에게 가장 저하된 촉감각계의 일부를 선택하여 치료사가 제시하거나 유도해 갈 수 있도록 1단계 수준의 활동을 시행하여 자연스럽게 2단계 수준의 활동과제로 연결한다.

전개 부분에서는 2단계 수준, 3단계 수준, 4단계 수준으로 큰 동작을 하면서 계획된 두 가지 연합된 동작을 유도해 낼 수 있는 가속 운동에서 수준을 높인 급격한 가속, 급격한 정지와 같이 속도의 변화를 주는 방식으로 목표지향적인 놀이 활동으로 신체를 인식하고 전정 자극을 극대화하며 운동기획 능력을 촉진하는 놀이 활동을 실행한다. 이 단계에서 아동이 능동적으로 참여하고 즐길 수 있도록 놀이 활동 과제를 수행하도록 한다. 기본적인 활동의 예로 스쿠터보드를 이용한 활동을 함에 따라 감각계의 상태는 상당히 강한 감각의 발판을 구축한다. 신경 생리학적으로 전정계와 고유수용계 사이는 밀접한 상호관계가 있으므로, 스쿠터보드의 활동으로 전정자극이 발달되며, 동시에 고유수용계도 촉진시킬 수 있다. 더욱이 반사수준에서의 적응반응으로서 넘어질 때 몸을 보호하는 반응도 촉진시킬 수 있다.

마무리 단계에서는 도입단계에서 이완시켜 준비했던 것과 같이 이완활동과 상호작용으로 마무리한다.

〈표 13-2〉 각 회기의 구성

각 회기 구성	활동의 구성
도입 단계	• 준비하는 이완활동 • 구조화된 감각자극에서 이완하고 준비하기
전개 단계	• 각 주제별 놀이 활동 • 각 2, 3, 4단계 수준에서 설정한 활동과제로 구성 • 감각기능을 증진시킬 수 있고 촉진시키기
마무리 단계	• 정서적 이완 활동 • 상호작용하기

출처: 채수경(2007) 놀이중심 감각통합치료프로그램이 발달장애 아동의 행동 및 감각기능에 미치는 효과 대구대학교 박사학위논문.

제14장

발달장애인을 위한 모래놀이치료

1. 모래놀이치료

모래놀이치료는 위니콧(Winnicott)이 이야기한 외적 현실과 내적 현실의 중간 영역에 있는 경험을 모래놀이의 기법으로 표현하는 것으로 1929년 영국의 소아과 의사인 마가렛 로웬펠드(M. Lowenfeld)에 의해 '세계 기법(world technique)'으로 시작되었다. 이후 1950년대 칼프(Kalff)는 융(Jung)의 분석심리학 이론을 응용하여 모래놀이치료를 더욱 발전시켰다. 칼프는 마가렛 로웬펠드와는 다르게 치료자와 내담자와의 관계를 중요시하고, 융(Jung) 심리학을 이용하여 모래상자에 표현된 것을 상징적으로 해석함으로써 모래놀이의 본질을 규명하였다. 이는 치료자와 내담자가 '모자단일체성'과 같은 관계로 성립되면서, 내담자의 자기실현 과정이 촉진되는 것이다. 즉, '자기치유'를 의미하는 것으로 내담자가 스스로 자기치유 능력을 발휘하면서 융(Jung)이 말하는 자기의 상징이 생겨나기 시작한다는 것이다. 이러한 모래놀이치료는 외적인 것, 언어 그리고 매일의 일상적인 삶에 균형감을 제공해 주며 더 나아가서는 내담자의 삶을 통합할 수 있도록 이끌어준다(이미영, 2011).

모래놀이치료는 내담자가 정해진 규격의 상자에서 모래, 물, 여러 가지 피겨를 사용하여 삼차원의 창의적이고 상징적인 모래상자를 만든다. 이러한 과정을 통해 내담자는 자신의 내부 세계와 접하고 자신의 무의식의 소망을 표현하게 되면서, 자신의 감정과 삶의 양식을 잘 이해하고 치유될 수 있다. 또한, 모래놀이치료는 개인의 심리적, 생리적 경험과 탐구적 통합 기능을 함께 자극한다. 이는 내담자가 자신의 정체성과 자기의 내적 핵심(inner core)을 일치시키도록 하여 자신이 누구인지를 알게 되는데 이를 통해 내담자는 가장 심연의 신성한 어떤 곳에 다다른다. 이렇듯, 모래상자 안에서 이루어지는 작업은 내담자에게 내면의 느낌을 지각할 수 있게 하며 개인의 독특한 정신내적 현실과 외부세계의 현실을 이어주는 역할을 한다.

모래놀이치료 과정에서의 발달단계를 살펴보면, 각 개인에 따라 다르게 나타나지만, 대략 그 발달단계를 셋으로 나눌 수 있다. 칼프는 모래놀이에서 나타나는 분명한 발달단계를, 첫째 동식물 단계, 둘째 투쟁단계, 셋째 집단 적응단계로 말하였다.

노먼(Neumann, 1973)은 모래놀이치료 과정의 첫 번째 발달단계를 동식물 단계라고 하였다. 초기의 모래상자는 내담자가 현재 인생의 어느 시점에 있는지, 유능한 점은 무엇인지 등을 보여주면서 정신의 모든 면을 드러내므로 쉽게 이해하기 어렵다. 초기 모래상자에는 메마르고 생명이 없는 장면이 나타날 수 있으며 이는 침체 상태를 의미한다. 침체란 움직임이 느린 상태를 의미하며, 동식물 단계에 특히 적절한 표현이라고 하였다. 두 번째는 투쟁단계이다. 이 단계는 싸움 또는 투쟁단계로서 초기의 파괴상황을 묘사한다. 예를 들어, 홍수·불·치열한 선쟁 장면들이 나타나며, 낡은 형태의 삶은 완전히 파괴되기도 한다. 세 번째는 집단 적응단계이다. 이 단계에서는 내담자가 독립적이고 온전한 개인으로써의 자신을 느끼기 시작한다.

웨인립(Weinrib)의 발달단계를 살펴보면, 그는 초기 모래상자는 상담 초기에 나타나는 꿈과 마찬가지로 내담자의 문제점과 가능한 해결책을 암시하고 있다고 하였다. 두 번째 단계에서 모래상자는 그림자(shadow), 즉 개인의 무의식 수준까지 빠르게 뚫고 들어갈 수 있다. 이는 내담자의 내적 세계에 갇혀 있는 미숙한 에너지를 자극하게 되기 때문에 이 시기의 모래상자는 상당히 혼란스럽다. 모래놀이치료과정이 진행되면서 내담자는 자신의 문제점이나 콤플렉스에 대해 다양한 해결책을 얻게 된다. 종결 시점이 다가오면 정신적이고 추상적, 종교적 상징들이 처음으로 나타나거나 혹은 다시 나타나게 된다. 모래놀이치료과정에서 아니마와 아니무스의 분화는 자기의 표현이 이루어지고 새로운 자아가 등장한 시점이나 그 직후에 일어난다. 이러한 특성은 모래놀이가 마음의 심층에서 작용한다는 이론을 뒷받침한다. 즉 모자 단일성(mother-child unity)의 재구성이다. 웨인립은 내담자가 자기 또는 전체성이 자리 잡고 접촉할 수 있는 곳인 정신의 심층부까지 내려갈 수 있도록 하려면 좀 더 많은 에너지를 방출해야 한다고 말하였다. 가장 심층 단계인 세 번째 단계는 모래상자에서 다양한 단계로 묘사되나 대개 중심화(centering)나 대극의 연합(union of opposites) 또는 그리스도나 붓다 그리고 만다라처럼 명백한 종교적인 상징으로 나타난다.

모래놀이치료는 고전적인 언어를 통해 이루어지는 심리치료와 비교된다. 언어를 통한 심리치료에서는 내담자의 발달에 대해 다소간 의식적일 수도 있다. 반면 모래놀이치료는 언어를 거의 사용하지 않을 수 있으며, 대부분 의도 없이 무의식적으로 진행된다. 언어에 의해 희석될 수도 있는 내담자와 치료자의 경험 공유는 시각적인 이미지가 구체적으로 표현되는 것으로 방지할 수 있다. 결국 무의식의 언어가 이미지인 셈이다. 따라서 비언어적인 의사소통을 통해 언어화하지 못하는 내담자들이 내부의 고립에서 벗어나 자기치유력을 발휘할 수 있도록 한다. 이처럼 언어의 표현이 아닌 모래놀이치료의 과정을 통하여 자신을 감정을 무의식적으로 표현할 수 있어, 다른 치료적 접근보다 억눌린 감정의 표현이 자유롭다.

또한 모래를 만지고 움직이며 느끼는 촉감 그 자체로 긴장완화, 심리적 안정감을 느끼게 해주는 동시에 내담자에게 일정한 경계를 제공해 주어 성장을 위한 안정감을 만들어낸다. 이러한 안정감을 토대로 더 깊은 곳에 자리 잡은 자신과 만나게 되고 자신의 고통이나 문제들을 표출함으로써 새로운 가능성의 세계를 창조하게 되며(이미숙, 2010), 이러한 과정을 통해 모-자 단일체의 재구성과 자기의 배열 그리고 새로운 자아가 출현하게 된다.

2. 모래놀이치료 분석범주

융(Jung)은 인지적 수단으로 이해되거나 해결되지 못하는 정서적 경험이 상징물들에 의해서 시각적인 형태로 다루어질 수 있다고 하였다. 모래놀이치료에서도 내담자가 상징물을 사용하여 자신의 깊은 정신에 대한 이미지를 시각적으로 표현하고 치료자는 이를 통해 내담자의 세계를 이해하고 공감할 수 있게 된다.

모래놀이치료에서 표현되고 변화하는 장애아동 어머니의 세계를 이해하기 위해 ① 상자에 대한 이야기, ② 전체 구성양식, ③ 모래상자를 꾸미는 태도, ④ 공간의 배치, ⑤ 관계성, ⑥ 내담자의 주된 심리적 표현, ⑦ 피겨수와 빈도수의 일곱 가지 하위영역으로 구성되어 있다.

오승희(2011)는 모래놀이치료 분석범주를 사용하였다. 이는 이경하(2008)의 모래상자 평가모형의 네 가지 범주와, 모래상자 구성에 대해 19가지의 세부 항목으로 분류한 그러브즈 등(Grubbs, Stauner, Exline, Pargament & Lindberg, 2015)의 체크리스트(The Sandplay Categorical Checklist: SCC)의 상자에 대한 이야기, 내담자의 장면에 대한 반응, 내담자의 주된 심리적 표현, 관계들의 구성과 모래상자 해석법(Ways to Look at Sandpictures)의 잠재적 공간과 모래상자, 시간과 공간의 이미지를 통한 전체론을 참고하여 수정·보완한 것이다.

이경하(2008)의 '모래상자 평가모형'은 피겨 선택, 공간배치형태, 전체 구성, 태도 4개의 범주로 나누어져 있다. 그러브즈 등(Grubbs et al., 2015)의 체크리스트는 모래상자에서 다음 모래상자로 이어지면서 나타나는 변화의 형태들을 강조한 것으로 이야기, 피겨, 세팅, 창조과정/극 놀이, 인간과 동물 피겨의 사용, 모래의 사용, 상자의 사용, 만드는 사람의 반응, 주된 심리적 표현, 인지적 발달과 장면의 진행, 장면 전체와 부분의 조화, 관계의 구조화, 경계선, 움직임/장애물, 부분과 상반된 것의 관계, 치료사의 인상, 중요한 상징적 표현과 주제놀이, 중요한 반복적인 주제와 사용된 피겨, 떠오른 의문 19가지 항목으로 구성되어 있다(오승희, 2011). '모래상자 해석법'은 17개의 주제 개요로 관계, 본질, 패턴, 구조, 형태를 추구할 수 있는데 조율(attunement), 자기조절, 잘못된 조율 및 자기조절, 잘못된 조율과 적절한 조절의 실패, 표상(representations), 구상주의적 과정의 선호(liking of representational processes), 모래놀이 및 단일경험(Sandpaly and Single Experience), 잠재적 공간과 모래상자(potential space and the sandtray), 신성의 그리고 모래놀이(The Divine and Sandplay), 공동(the Void), 풍경(landscape), 시간과 공간의 이미지를 통한 전체론(holism through images of space and time), 음조 및 이미지 구조(tonal and imaginal structures, e.g., using the language of Langer), 모래놀이에서의 활력과 죽음/파괴 효과, 질서와 혼돈, 반대의 표상(representation of opposites(beside order/chaos), 다른 주제 패턴들로 구성되어 있다(오승희, 2011).

3. 모래의 상징

모래는 시간의 흐름으로 가루가 된 물질이나 영원성과 같은 의미가 있다. 모래는 지구상에서 가장 단순하고 일상적인 기본 원소들의 혼합물이다. 그래서 모래는 인간 정신의 조절과 치유에 가장 의미 있는 힘을 발휘한다. 위니콧(Winnicott)은 모래놀이치료에서 모래는 외적현실과 내적 현실의 중간에 위치한 놀이라는 형태로 표현할 수 있는 중간대상이라고 하였다. 내담자는 모래를 만지고 모래가 손에 닿는 순간 손끝의 감각이 되살아나 적절히 퇴행하면서 무의식의 깊은 것이 나타난다. 모래는 여러 가지 상징적인 의미가 있고, 모래 사용은 다양한 방법으로 이루어질 수 있다.

첫째, 모래 표면 작업을 다룬다. 내담자들은 모래를 가지고 선을 그리고, 누르고, 모래를 모으고, 흙무더기를 만드는 것으로 시작한다.

둘째, 모래 표면의 침투, 구멍을 파고, 모래로 터널을 만들기, 무언가를 묻거나 덮기도 한다.

셋째, 넘쳐흐를 정도로 물을 사용하는 등의 통제되지 않은 방식을 포함한다.

내담자들은 모래상자 안에서 모래를 이러한 세 범주의 작업을 자발적으로 창조한다. 의미는 형상 자체와 그것이 발생하는 치료의 단계에 연결될 수 있으며, 상호작용을 하는 동안 떠오르는 문제의 구체적인 상징이 된다(Dolbier, Jaggars & Steinhardt, 2010). 반면 모래를 만지지 않는 것은 초기 발달적 결함을 나타낼 수 있다. 이러한 것들은 심리 및 독창성의 결함들이다. 모래를 만질 수 없다는 것은 심지어 한 개인의 존재에 대한 가장 근본적인 확실성과 연결될 수 있을 것이다. 초기의 유대감 경험의 박탈이나 그것으로 인한 고통은 관계를 맺지 못하는 것으로 나타나게 된다. 그러므로 치료사 곁에서 모래를 만지거나 움직이는 것은 다른 사람과의 관계에서 내담자의 존재에 대한 원동력의 증거가 된다(Crisp & Turner, 2009).

인간의 기본적 애착 욕구의 확장이라 할 수 있는 이러한 필수불가결한 욕구들은 주변 사람들과의 관계나 경험을 통해 충족된다. 모래놀이치료는 내담자에게 이러한 신뢰적 관계와 운동감각적 경험, 두 가지 모두를 제공해 준다. 내담자는 모래를 가지고 아무런 표현을 하지 못하거나 손가락으로 만지작거리는 행동을 취하다가 어느 정도 시간이 지나면 마치 모래로 인하여 감각기관이 자극되어 혀가 풀린 듯, 내면 깊은 곳에 있는 문제들에 관해 이야기하는 것을 자주 볼 수 있다(Feigenson, Carey, & Hauser, 2002).

모래의 건설적인 사용은 중요한 관점을 더한다는 사실을 발견했다. 모래라는 매체는 모래를 치고, 붓고 묻는 것을 통한 감정의 상당한 범위를 표현하고 경험기회를 제공한다고 하였다. 내담자가 모래를 만지는 것에 대한 표현의 풍성함이 증가하면, 치료자는 내담자를 분석할 때 내담자의 다양한 표현을 느낄 수 있다.

모래놀이과정을 범주별 점검표(Sandplay Categorical Checklist)를 사용하여 변화과정을 살펴볼 것이다. 범주별로 상자에 관한 이야기, 피겨의 사용, 꾸며진 상태, 구성과정/극적놀이, 사람과 동물피겨의 사용, 모래사용, 상자의 내용, 내담자의 장면에 대한 반응, 주된 심리적 표현, 인지발달과 장면의 전개, 부분과 전체의 조화 일치, 관계들의 구성/사람과 동물, 경계, 움직임/장애물, 부분 간의 관계와 대극, 장면에 대한 치료자의 인상, 중요한 상징과 표상과 주제가 있는 놀이, 중요하게 반복된 주제와 피겨 등으로 구성되어 있다. 모래놀이 범주별 점검표를 기초로 하여 전체적으로 변화과정을 파악하여 모래상자의 변화패턴을 분석하는 데 초점을 두었다. 특히 모래 사용 범주를 중점으로 하여 모래를 어떤 방식으로 사용하는지 횟수를 체크하여 변화를 파악할 것이다.

1) 모래상자 구성의 상징

모래상자에 나타난 표현은 어떤 의식적인 퇴행 없이 심오한 언어 이전 수준의 의식을 깨운다. 모래상자에는 가로, 세로 치수 사이에 내적 관련성이 있다. 그것은 바로 눈을 통해 식별되지 않지만, 정신적으로 안정감이 느껴지는 시각적 균형을 확립한다. 또한 모래놀이치료에서 모래상자의 공간을 어떻게 사용하는가에 따라 그 의미가 달라질 수 있다. 그 위치에 따라 무의식과 의식, 정신과 육체, 미래와 과거, 아버지와 어머니로 대응시켜 해석할 수 있다(이부연, 장미경, 2015). 만약 모래상자의 1/3이 빈 상태이면 텅 빈 세상은 내담자가 자신의 삶을 행복하지 않고 공허한 것으로 받아들이고 있음을 반영한다. 내담자는 정신적인 자원이 결핍된 상태이다.

내담자는 물리적인 의미를 넘어선 상자라는 공간, 상자에 둘러싼 대상자가 만든 공간, 대상자를 지켜주는 치료사가 만들어 낸 공간, 그것을 감싸고 치료실이라는 겹겹의 공간에 의해 보호된다. 이 같은 모래상자 공간은 치료과정에서 내담자의 내부의 상징성을 촉진할 수 있다. 내담자가 이러한 공간이 가진 상징성을 최대한 발휘한다면 모래상자 속에서 상실된 세계를 보거나 그 세계와 자기와의 연결을 통해 스스로의 존재에 새로운 의미를 부여할 수 있을 것이다(이부연, 장미경, 2015).

2) 피겨의 상징성

모래놀이치료는 내담자의 무의식 세계를 모래놀이치료 과정 중에 다양한 피겨를 통해 상징적으로 나타난다. 심리적인 유형에서 융(Jung)은 상징과 기호는 다르다고 주장하였으며, 언어로 표현될 수 없는 내면의 경험 및 잠재적 이미지를 의미하는 것이 상징이라 하였다. 이처럼 상징은 직접적으로 표현될 수 없기 때문에 그것을 이끌어내는 지름길은 무의식을 표현하는 것이다. 상징을 통해 치료자는 모래놀이치료에서 내담자의 무의식이 일어나는지를 보기 시작한다. 살아서 어떤 것으로 이동하는 상징이 모래상자에서 모래와 피겨의 형태에서 명백히 드러날 수 있다면 내담자의 발달에 영향을 미칠 수 있다. 모래놀이치료에서 피겨의 역할은 내담자의 이미지 표현을 활성화한다. 내담자는 상징물인 피겨를 사용하여 자신의 이미지를 쉽게 표현할 수 있다. 또한 내담자가 의식하지 못하는 이미지를 피겨가 자극하여 그것을 불러내는 역할을 하기도 한다. 상징은 언어로는 잘 설명하지 못하지만, 내담자가 자신의 내면에서 느끼는 이미지를 적당한 형태로 상징화할 수 있도록 돕는다.

모래놀이치료를 하는 내담자들은 피겨를 이용하여 자연적인 삶, 다양한 문화와 종교 또는 신화를 경험하며 이는 치료에 도움이 되는 이미지의 힘을 통하여 의식 속으로 가져간다. 모래놀이치료에서 내담자가 자신을 표현하기 위해 활용하는 피겨들은 그것이 가지는 정체성이 있다. 내담자들이 선택하는 피겨들은 개인의 경험이 관련되어 표현된다는 것을 알 수 있다. 반면 피겨의 부재는 내부 세상과 외부세상으로 피겨를 이끌어내는 능력이 부족하다는 것을 나타낼 수 있다. 피겨의 부재는 초기 발달단계의 애정결핍에서 초래된 결과일 수 있다. 이것은 에너지가 매우 낮거나 우울함을 나타내기도 한다. 그러므로 내담자가 모래상자에 가져온 사물들은 강한 정신세계의 역할을 담당하기 때문에 치료자는 피겨의 종류와 상징적 의미를 아는 것이 중요하다.

모래놀이치료는 모래상자에 나타난 시각적 표현 내용에 대한 분석과정이라고 할 수 있다. 이를 위해 피겨가 본래 지닌 상징적 의미와 내담자가 표현하는 내용을 알아가야 한다. 모래상자는 외면의 세계에 대한 복사이기도 하지만, 내적인 것을 만들어 표현하므로 심리진단이나 척도의 기능에 대한 가능성도 높다. 대표적인 예로 모래를 사용한 최초의 진단도구인 에리카 메소드(Erica Method)에서는 모래장면을 꾸밀 때의 피겨의 선택범주나 수량, 태도의 관찰 분석을 통해 내담자의 문제나 정도뿐만 아니라 인지수준도 평가할 수 있다고 하였다. 또한 내담자가 모래상자 위에 표현하는 피겨의 범주/수량, 공간배치, 표현 특성을 통해 내담자의 현재 문제를 진단할 수 있다고 하였다(O'Connor, 1991). 이렇듯 모래장면의 표현에서 피겨의 수와 각각의 피겨의 범주에는 다양한 상징적인 의미가 있으므로 모래놀이치료에서 범주별 피겨의 수를 파악하는 것은 내담자를 이해하는 데 도움이 된다.

4. 모래놀이의 치료자

모래놀이에서 치료자는 내담자 내면의 변화를 주는 중요한 도구 중의 하나로 모래놀이 심리치료에서는 모래, 물, 상징물이 내부세계와 외부세계를 연결하는 교량역할을 하지만 이것은 치료자가 함께 있을 때 치료적 의미가 있다고 강조하였다. 모래놀이 치료자는 내담자가 작품을 만들 때 촉진자, 적극적 상호작용자로서 치유적이라는 경외심을 가지고 모든 과정을 존중하여 준다.

치료자는 필요한 공간 혹은 안전감을 제공해야 한다. 칼프(Kalff, 2003)는 그것을 자유롭게 보호된 공간이라고 표현하였다. 치료자는 내담자와 치료자 안에 있는 무의식의 힘과 합류한다. 그러므로 치료자가 해야 할 가장 중요한 일은 그러한 공간을 제공하고 유지하는 것이다.

모래놀이의 힘은 내담자가 치료자로부터 침입하지 않는다는 신뢰와 보호받는다는 느낌을 바탕으로 자신이 원하는 것은 무엇이나 할 수 있는 자유를 가지고 작업하는 응집력과 관계가 있다. 모래와 물, 선반 위에 있는 소품들, 그리고 치료자가 제공하는 자유, 보호의 조합은 치유(healing)와 변용(transformation)을 가능하게 돕는다. 모래놀이가 진행될 때, 치료자는 침묵 안에서 지지하는 존재가 되고 또한 모래놀이에서 일어나고 있는 것을 가능한 한 깊이 자신 안에서 이해하는 과정에 동참한다. 내담자는 치료자에 대한 전이를 통해서 유아의 고통스러운 무의식적 감정을 의식적인 것으로 만든다. 모래놀이 치료사는 내담자들이 이런 구체화된 활동경험을 할 때 방해해서는 안 된다. 치료자는 가능한 한 말하지 않고 공감적이고 인지적인 태도로 듣고 관찰하고 참여해야 한다.

치료자의 과제는 내담자 안에서 일어나고 있는 것을 인식하고, 그 과정을 보호하고 지지하며 위급상황에서는 개입하는 것이다. 또한 내담자의 과정이 계속 유지되도록 하기 위해서 필요한 코멘트만 하는 것이다. 치료자는 '한 눈에는 희열을 다른 한 눈에는 주의 깊은 신중함'을 가지고 내담자가 하는 작업을 따라야 한다(Ammann, 2009).

치료자는 즉시 의미 있는 이미지를 성급히 찾기보다는 내담자 내면에서 일어나는 발달을 인내하고 기다리며, 존재할 뿐이라고 했다. 치료자는 적절한 시점에서 상징과 자아와의 대면이 실제로 의식될 수 있도록 연결해주며 필요한 곳에서는 확대 해석을 해 줄 수 있어야 한다.

모래놀이 치료자는 격려할 수 있는 미덕을 소유하여야 한다. 판단과 비평의 안목보다 내담자의 장점을 찾을 수 있는 동기유발적인 안목을 소유해야 한다. 또한 공감, 친밀감, 그리고 관계형성으로 출발한다. 치료자는 유아가 안전감과 편안함을 느끼도록 돕고 놀이실이 유아가 원하는 것을 어느 정도 놀이할 수 있는 안전하고 보호받는 장소라는 친밀한 분위기를 만들어야 한다. 모래놀이에서의 제한은 구체적으로 설정하기보다는 그것들이 필요하게 될 때까지 기다렸다가 안내해준다.

모래놀이 치료과정에서 치료자가 어떤 이해를 하고 지켜보는가에 따라 작품의 질이나 결과는 달라진다. 모래놀이 작품에 나타난 문제를 이해하는 치료자의 자세는 유아와 치료자 사이에 신뢰적 분위기를 만들어 주고 초기의 모자관계를 형성하며 치유적 영향을 발휘한다. 치료자의 통찰력에 의해 언어로 표현된 해석이나 상징 경험은 자신의 인생을 이해하는 데 도움을 주고 유아가 자신의 내부문제에 통찰력을 얻게 하고 다음의 발달단계로 나아가는 데 영향을 주게 된다. 그러므로 모래놀이 심리치료의 작품은 치료자와 내담자의 상호작용 결과라고 볼 수 있다(김유숙, 山中康裕, 2005). 치료자는 자신의 내적 감정상태, 사고, 그리고 빠르게 지나치는 환상을 측정하기 위해, 놀이를 분석하기 위해, 또 유아의 무의식적인 과정을 이해하기 위해, 치료자 자신의 자아를 사용한다. 이러한 점에서 치료자는 전문적인 자질과 인성적인 자질이 필요하다. 전문적 자질은 지식적인 면을 성장시켜가며 이루어지지만, 인성적인 자질은 지속적인 수련을 통해 인간에 대한 세계관을 정립하지 않으면 스스로 한계를 느끼게 된다. 치료자는 인간을 대할 때 경외심을 갖고 대해야 한다. 바람직한 치료자의 모습은 전문적 자질을 성장시켜가면서 인성적 자질 또한 지속해 수련해져 가는 모습을 자신이 느낄 수 있어야 한다.

치료자는 내담자 내면의 세계를 따라가는 안내자이고 동료이다. 변화를 가져오는 것은 상처를 들추어내고 분석하는 것이 아니라 상징을 만들고 행하고 창조하는 행위이다. 유아는 내적으로 자신이 어디로 가야 하는지를 알고 있으며 치료자는 따라간다. 융은 심상과 작업하는 이 과정을 상징의 증폭(amplification of the symbol)이라고 하였다. 치료자는 명료화하기 위한 질문을 함으로써 객관적인 자기통찰을 할 수 있는 계기를 만드는 보호된 공간을 만들어준다. 치료과정에서 치료자는 놀잇감에서 무엇이 선택되었는지, 무시되었는지, 어떤 것이 옮겨지는지, 대치되는지, 놓는 순서와 위치, 작품을 만들 때 집중하는지 혹은 말로 설명을 하면서 하는지 주의 깊게 관찰기록을 함으로써 과정을 평가할 수 있다.

제15장

발달장애와 심리지원서비스

1. 심리지원서비스

심리·정서적 어려움을 겪는 비장애형제가 자신의 내면을 돌아보고 긍정적으로 재구성하게 도와준다. 아동은 놀이 활동을 통해 자연스레 자기 내면의 감정이 드러나고, 그로 인해 치료사는 비장애형제의 내면의 심리적 어려움에 가까이 접근하게 된다. 무엇보다 비장애형제들은 자신이 표현하지 못하고 억눌렸던 분노, 화, 질투, 슬픔 등의 부정적인 감정을 놀이를 통해 표출함으로써 카타르시스와 대리만족을 느낀다. 이를 통해 아동은 자신의 내면을 구체화하고 객관화함으로써 자신을 돌아볼 기회를 얻게 되고, 치료사가 자신의 작품과 놀이를 존중할 때, 스스로 놀이의 주체가 되어 놀이를 이끌어 가는 상황에서, 비장애형제들은 긍정적인 경험을 하게 되고 자신을 삶의 주체로 인식하게 된다.

집단놀이치료는 개인놀이치료보다 자발성을 더 증진하고, 대인관계의 문제를 다룰 수 있고, 대리학습과 카타르시스를 경험할 수 있으며, 즉각적인 피드백이 있다. 또한 새로운 행동들이나 사회적 기술을 연습할 기회가 많으며 아동 간의 치료적 관계의 발전을 촉진할 수 있다는 장점을 가지고 있다. 비슷한 문제를 지닌 집단 구성원들이 모여 진행되는 집단놀이치료에서는, 비장애형제가 정서적인 지지와 공감으로 인한 카타르시스를 경험하게 된다. 대인관계 속에서 발전시켜 나갈 수 있는 사회적 능력을 증진하는 데 매우 적절한 개입이기에 장애아동으로 인한 형제관계에서 오는 어려움과 스트레스를 해결하기 위해 놀이치료 프로그램은 적절한 프로그램이며, 타인으로부터 수용·관심과 존중을 받는 경험은 비장애형제의 자아존중감과 사회성을 높이는 데 더욱 효과적이다.

이와 같이 비장애형제 심리적 지원 서비스는 상담 및 심리치료를 통해 비장애형제의 다양한 심리·정서적 어려움을 다루어 주어, 정서적 기능 회복과 더 나은 삶의 질을 향상시키는 데 효과가 있다. 따라서 비장애형제의 심리적 어려움과 그에 따른 비장애형제 심리적 지원 서비스의 필요성을 강조하고, 비장애형제 심리적 지원 서비스에 대한 장애아동 부모의 실질적인 요구들을 조사하여, 비장애형제를 위한 보다 효율적인 심리적 지원 서비스가 제공되기를 바라는 데 목적이 있다.

2. 발달장애인을 위한 바우처지원

1) 바우처 개념

사회서비스란 일반적인 의미에서 개인 또는 사회 전체의 복지증진 및 삶의 질 향상을 위해 사회적으로 제공되는 서비스를 말하며 공공행정(안전, 환경, 일반행정), 사회복지(아동, 보육, 장애인, 노인 보호), 보건의료(간호, 간병), 교육(방과 후 활동, 특수교육), 문화(도서관, 미술관, 박물관 등 문화시설 운영)를 포괄하는 개념이다(사회서비스 전자바우처, 2016). 이러한 사회서비스의 개념인 바우처는 이용할 수 있는 서비스의 금액이나 수량이 기재된 증표(이용권)이며 전자바우처는 서비스 신청, 이용, 비용 지불/정산 등의 전 과정을 전산시스템으로 처리하는 전달수단이라고 정의하고 있다(사회서비스 전자바우처, 2016).

바우처(Voucher)란 증서나 상품권을 의미하며 구체적으로 정부가 일정한 자격 기준이 되는 개인에게 지급하게 되는 특정 상품에 대한 지불인증권으로서 쿠폰이나 카드 형태로 구매권을 인정해주는 정책수단이며 구매권의 정도와 적용대상은 정부정책에 의해 규정되고, 유한욱(2006)은 바우처를 특정한 재화 혹은 수요자에게 일정한 일정액에 상응하는 구매권을 부여하고 공급자에게는 서비스 제공의 대가를 사후 지불해 주는 서비스 전달체계로 정의하였다.

바우처에 대한 개념을 학자마다 조금씩 다르게 정의하는데, 경쟁시장에서 구입하도록 하기 위해서 수요자에게 국가재정으로 보조금을 지급하는 것으로 보고 있으며, 특정 개인에게 교육과 의료와 같은 특정 상품을 구매할 수 있도록 한 보조금이다.

바우처에 대한 국내 연구로 보건복지부에서는 '노인, 장애인, 산모, 아동 등 사회서비스를 해야 하는 사람들에게 일종의 이용권을 발급하여 서비스를 받을 수 있도록 하는 제도'라고 정의하였다. 바우처란 일정 자격에 해당하는 대상자에게 일정한 금액 내의 이용권을 주어 일정한 이용권 내에서 대상자들이 서비스를 받은 후 정부가 이용 금액을 일괄 정산해 주는 방식이다.

2) 바우처의 도입

우리나라의 바우처 도입 이전은 비영리 민간기관에서 사회서비스 제공을 담당하고, 정부에서는 재정지원을 하는 공급자 지원방식을 오랫동안 유지해 왔다. 서비스 대상자는 요보호계층과 초기 절대빈곤층에서 지역사회의 저소득 주민으로 확대되었지만, 취약계층 중심이라는 틀을 벗어나지 못했다. 대부분의 서비스가 무상으로 제공되었기 때문에 서비스 제공 과정에서 서비스 이용자의 욕구를 반영하는 것은 어려웠으며, 돌봄 인력과 공급기관의 판단에 의해 서비스의 시간, 내용과 양 등이 결정되는 '공급자 주도형'의 서비스가 제공되어 왔다. 민간공급기관과 정부의 관계는 '종속적 대행자형'으로 규정되어 왔다. 비영리 민간기관이 서비스 제공에서 주도적 역할을 담당해 왔지만, 정부로부터 보조금을 지급받으며 동시에 행정적인 규제를 받아왔다(김송이, 2014).

참여정부(2006)에서 사회서비스 확충 전략이 본격화되기 시작하면서, '시장 활성화를 통한, 민간시장을 통한 공급'의 내용으로 정부 재정지원은 사회서비스의 유효수요를 창출하였다. 또한 사회서비스 시장을 형성하여 정부에 의한 인프라 구축이 없이도 민간 공급자들에 의한 서비스 공급이 유발되어 서비스 공급부족을 단기간에 해결하고자 하는 정부의 의도에서 출발하였다.

선진국에서의 사회서비스 효율성 제고를 위한 정책수단의 활용이라는 이유와 같이 우리나라에서도 이용자의 선택권 확대, 공급기관 간 경쟁을 통하여 서비스 질 향상을 도모할 수 있게 '선택과 경쟁'의 정책수단이라는 점을 강조되면서 바우처가 도입되게 된다. 이러한 바우처의 도입은 돌봄 인력과 공급기관의 판단에 의해 서비스의 시간, 내용과 양 등이 결정되는 '공급기관 지원방식' 서비스체계를 허물고 '수요자 지원방식'으로의 전환을 의미하는 것이다.

기존의 수급자 등 저소득층의 수동적인 보호 대상에서 서민 중산층까지 능동적인 구매자로 대상을 확대하고, 전액 국가지원방식에서 수요자가 서비스 이용에 대한 일부를 부담하게 하고, 단일기관독점에서 획일적이며 정형화된 서비스를 제공하던 방식에서 다수기관이 경쟁하여 다양한 서비스를 제공하게 한다는 의도로 바우처가 시행되어 확대된다. 구체적인 차이를 살펴보면, 〈표 15-1〉과 같다.

〈표 15-1〉 기존제도와 차이점

구분	공급기관 지원방식	수요자 지원방식
대상	수급자 등 저소득층 (수동적 보호 대상)	서민 중산층까지 확대 (능동적 구매자)
서비스 비용	전액 국가지원	일부 본인 부담
서비스 시간	공급기관 재량	대상자 욕구별 표준화
공급기관	단일 기관 독점	다수기관경쟁
특징	획일적이며 정형화된 서비스 제공	공급자 간 경쟁을 통하여 다양한 서비스 제공

출처: 보건복지부(2022) 전자바우처 도입배경.

현재 우리나라의 사회서비스 바우처 사업은 '수요자 지원방식'의 도입의 목적과는 달리 '선택과 경쟁'이라는 속성이 성과를 거두지 못한다는 연구결과(신창환, 2013)들이 나타나는데, 우리나라의 사회서비스 바우처 사업은 돌봄서비스 영역을 중심으로 확대되기 시작하였기 때문에 선택과 경쟁이 제한적으로 나타난다. 예를 들어 '제공기관들이 수익을 제대로 창출하지 못한다.', '제공기관 간 서비스 내용과 질적인 면에서 차이가 없다.', '이용자들의 서비스 선택과 만족도 제고에 돌봄이의 관계가 가장 크게 영향을 미친다. 이용자들에게 제공기관 교체 및 돌봄이 교체 권한이 주어졌음에도 불구하고 돌봄이 교체보다는 돌봄이와 지속해서 안정적인 관계 유지를 선호한다'라는 등의 연구결과는 바우처 시행결과 자체로서의 의미도 지니지만 조금 다른 시각에서 본다면 이는 바우처로 시행되는 사업이 돌봄서비스이기 때문에 나타나는 독특성이기도 하다.

따라서 바우처 시행결과와 그 의미를 잘 파악하기 위해서는 돌봄서비스 자체의 속성이 바우처 작동 맥락에 어떻게 영향을 미치는지를 분석하고 돌봄서비스 영역의 바우처 도입의 적절성을 점검해보는 것이 필요하다(김송이, 2014).

3) 바우처의 형태

바우처는 이용할 수 있는 서비스의 금액이나 수량이 기재된 증표(이용권)로 서비스 신청, 이용, 비용 지불/정산 등의 전 과정을 전산시스템으로 처리하는 전달수단으로, 소비자의 선택권을 보장하고, 관리 및 운영비용의 효율성과 투명성을 높이기 위해 사회서비스 전자바우처 제공방식을 도입하여, 서비스 대상자의 바우처카드에 일정량의 서비스를 이용할 수 있는 권한을 부여하는 바우처 카드의 기능을 활성화시켜 바우처를 생성하고 있다.

바우처 형태는 쿠폰형과 포인트형으로 구분되는데 지역사회 서비스투자사업, 발달재활서비스, 언어발달지원사업과 같이 서비스의 종류 및 내용 등의 차이로 서비스의 단가 산정이 곤란하거나 기본서비스의 설정 자체가 곤란한 경우는 포인트 형태로 지급되며, 기본 단가 산정이 가능한 노인 돌봄서비스, 노인단기 가사 서비스, 장애인활동지원, 산모 신생아 건강관리서비스, 가사간병방문 서비스의 경우 쿠폰형으로 지급된다.

3. 장애아동 발달재활서비스

「장애인복지법」 제2조 정의 조항에 따르면 '장애인'이란 신체적·정신적 장애로 오랫동안 일상생활이나 사회생활에서 상당한 제약을 받는 자를 말하며, 「아동복지법」 제3조 정의 조항에 따르면 '아동'은 18세 미만인 자를 말하며 '아동복지'란 아동이 행복한 삶을 누릴 수 있는 기본적인 여건을 조성하고 조화롭게 성장 발달할 수 있도록 하기 위한 경제적·사회적·정서적 지원을 말한다고 정의되어 있다. 하지만, 장애아동은 장애와 아동이라는 중첩적인 개념으로 비장애아동과는 달리 이중적인 사회적 위치에 놓여 있다. 장애아동이 장애를 최소화하고 극복하기 위해 교육 및 관리를 받을 수 있는 시설들이 무엇보다 필요하지만, 현실에선 장애인을 위한 기관 및 복지시설은 대부분 성인 장애인을 대상으로 마련되고 있다.

또한 장애아동을 위한 국가 복지정책은 일반아동 중심의 「아동복지법」이나 성인장애인 중심의 「장애인복지법」 사이에서 소외되어 장애아동과 그 가족들만의 복지적 욕구와 권리가 법적으로 보호되지 못하고 있다. 이에 보건복지부에서는 「장애인복지법」 제18조(의료와 재활치료) '국가와 지방자치단체는 장애인이 생활기능을 익히거나 되찾을 수 있도록 필요한 기능치료와 심리치료 등 재활의료를 제공하고 장애인의 장애를 보완할 수 있는 장애인 보조기구를 제공하는 등 필요한 정책을 강구하여야 한다.' 그리고 제35조(장애유형 장애 정도별 재활 및 자립지원 서비스 제공 등) '국가와 지방자치단체는 장애인의 일상생활을 편리하게 하고 사회활동 참여를 높이기 위하여 장애 유형 · 장애 정도별로 재활 및 자립지원 서비스를 제공하는 등 필요한 정책을 강구하여야 하며, 예산의 범위 안에서 지원할 수 있다'를 근거로 성장기의 정신적 · 감각적 장애아동의 인지, 의사소통, 적응행동, 감각 · 운동 등의 기능 향상과 행동 발달을 위한 적절한 발달재활서비스 지원 및 정보제공을 위한 목적으로 「장애아동재활치료」 사업을 시작하였다. 하지만, 장애아동의 복지를 위한 사업들은 보육사업을 제외하고는 근본적으로 장애아동에 대한 보편적 복지가 아니라 저소득층 장애아동에 대한 선별적인 복지의 성격이 강하고, 복지정책도 주로 성인기 장애인들을 중심으로 수립되고 있으며, 복지지원 전달체계나 연계협력 체계가 미비하여 분절된 복지서비스가 이루어지고 있어서 장애아동과 그 가족에 대한 종합적인 지원 대책이 필요하므로, 국가와 지방자치단체가 장애아동의 특별한 복지적 욕구에 적합한 지원을 통합적으로 제공함으로써 장애아동이 안정된 가정생활 속에서 건강하게 성장하고 사회에 활발하게 참여할 수 있도록 하며, 장애아동 가족의 부담을 줄이는 데 이바지하려는 목적으로 2011년 「장애아동복지지원법」이 제정되었고, 2012년 8월부터 시행되었다.

「장애아동복지지원법」 제21조(발달재활서비스지원) '국가와 지방자치단체는 장애아동의 인지, 의사소통, 적응행동, 감각 운동 등의 기능향상과 행동발달을 위하여 적절한 발달재활서비스를 지원할 수 있다'고 규정하였으며 이를 근거로 '장애아동 재활치료'사업은 '발달재활서비스'사업으로 명칭이 변경되어 시행되고 있다. 「장애아동복지지원법」의 시행으로 장애아동이라는 중첩적인 위치를 이해하고, 장애아동을 양육하고 있는 가족에 대한 제23조(가족지원), 제24조(돌봄 및 일시적 휴식지원 서비스지원) 지원도 법으로 제정하고 있다.

서비스 제공인력은 발달재활서비스 관련 분야 국가자격증 소지자(언어 재활사), 발달재활서비스 관련 분야 국가공인 민간자격증 소지자, 대학 또는 이와 동등 이상의 학교에서 발달재활 관련 과목 중 17과목 이상(50학점 이상) 이수한 자, 발달재활 관련 교육 750시간 이상 이수한 자이며, 발달재활서비스를 제공하는 인력에 대해서는 위의 요건 등에 준하여 해당 제공기관에서 시·군·구와 협의하여 채용하며, 언어, 미술, 음악, 행동·놀이·심리운동 치료 분야 외의 재활치료 서비스를 제공하는 인력에 대해서는 위의 요건 등에 준하여 해당 제공기관에서 시·군·구와 협의하여 채용할 수 있다.

4. 장애인 활동지원서비스

장애인 활동지원서비스란 신체적·정신적 사유로 일상생활과 사회생활을 하기 어려운 장애인에게 활동지원서비스를 제공함으로써, 장애인의 자립생활을 지원하고 가족의 부담을 줄여 장애인의 삶의 질 향상을 위한 목적의 사업이다(보건복지부 사회서비스 전자 바우처).

최초의 활동보조서비스는 1970년 미국 버클리대학에서 신체 장애인들의 독립적인 학교생활을 위해 장애인들이 주체가 되어 운영되기 시작한 신체장애학생프로그램인 'PDSP(The Physically Disabled Student Program)'에서 비롯되었으며, 2년 후인 1972년 장애인의 독립적인 생활의 실현을 목적으로 장애인을 위한 세계 최초의 '장애인 자립생활센터'가 버클리시에 설립되었다. 1973년 자립생활과 장애인자립생활센터 및 해당 서비스를 지원하기 위한 재활법이 제정된다. 장애인 스스로 선택하고 결정하도록 하는 자기결정권을 강조하여 장애인 스스로 활동보조서비스를 선택하게 하였으며, 동료상담이나 센터의 직접운영, 활동보조서비스의 자기선택과 같은 자립생활센터의 운영 원칙은 오늘날까지 그대로 지켜지고 있다.

우리나라의 활동보조서비스는 2001년 정립회관에서 사회복지공동모금회의 지원으로 설립한 '정립동료상담학교'에서 시작되었다. 동료상담학교의 수료생들이 '동료상담서포터'라는 지지모임을 만들었고, 정립회관의 자체 예산으로 활동보조서비스를 바우처 형태로 제공하기 시작하였으며, 2002년 서울시가 5개의 장애인자립생활센터에 공적인 지원을 시작하게 되었으며, 이후 2003년 사회복지 공동모금회는 전국에 7개의 장애인 자립생활센터에 활동보조서비스의 사업을 지원하기 시작하였다.

2005년 4월 보건복지부 사업 일환으로 전국 10개 장애인자립생활센터에서 활동보조인에 의한 활동보조서비스 사업이 시범으로 시작되었고, 이 시범사업의 효과성을 바탕으로 2007년 4월 바우처로 활동보조서비스 제도가 전국사업으로 본격화되었다. 우리나라의 활동 지원서비스는 2007년 「장애인복지법」 제4장의 "자립생활지원"에 '국가와 지방자치단체는 중증 장애인의 자기결정에 의한 자립 생활을 위하여 활동보조인의 파견 등 활동 지원서비스 또는 장애인 보조기구의 제공, 그 밖의 각종 편의 및 정보 제공 등 필요한 시책을 강구해야 한다.'라는 제53조 조문이 신설되면서 법적인 근거를 갖게 되었다.

참고문헌 REFERENCE

강문희, 김매희, 유정은(2011). 아동발달론. 고양: 공동체.

강문희, 김매희, 현태옥(2014). 아동상담의 이론과 실제: 사례 중심. 고양: 공동체.

강문희, 박경, 강혜련, 김혜(2011). 가족상담 및 심리치료. 서울: 신정

강문희, 손승아, 안경숙, 김승경(2009). 아동상담. 파주: 교문사.

강상경(2014). 자존감 궤적 예측요인의 연령 차이에 대한 연구: 다중집단 잠재성장모형. 사회과학 담론과 정책, 7(1), 65-84.

강성리, 이병인(2011). 효과적인 비장애형제지원의 실행요소 탐색. 특수교육저널: 이론과 실전, 12(4), 153-185.

강정배, 유경민, 송기호(2016). 장애인활동지원 주간활동시범사업 분석 및 제도개선 연구. 세종: 보건복지부.

공남호(2004). 지각운동 프로그램이 발달상 학습장애를 수반한 뇌성마비아의 기초운동능력에 미치는 효과. 창원대학교 대학원 석사학위논문.

곽금주, 오상우, 김청택(2011). K-WISC-IV 전문가 지침서. 서울: 학지사.

교육과학기술부(2007/2010/2012/2013/2019/2020). https://www.moe.go.kr/

교육부 국립특수교육원(2010/2012). https://www.nise.go.kr/

교육부(2021). 2021 특수교육통계. 아산: 국립특수교육원.

구수연(2010). 보육교사들이 인식하는 다문화 가정 영유아의 기본생활습관 특성. 열린유아교육연구, 15(3), 119-146(28).

국가평생교육진흥원(2021). 2021 평생교육백서. 서울: 국가평생교육진흥원.

국립특수교육원(2018). 특수교육학 용어사전. 서울: 하우.

권도하, 신후남, 이무경, 전희숙, 김시영, 유재연, 신명선, 황보명, 박선희, 신혜정, 안종복, 남현욱, 이명순, 박상희, 김효정(2013). 언어치료학개론. 경산: 물과길.

권봉목(2016). 장애아동 발달재활서비스 제공인력 자격기준 개선방안에 관한 연구: 언어, 미술, 놀이제공서비스를 중심으로. 공주대학교 대학원 석사학위논문.

김경숙(2008). 전반적 발달 장애아를 위한 음악치료 진단평가 도구의 개발 연구. 한국음악치료학회지, 10(1), 1-18.

김경혜, 조윤경(2006). 장애아동 가족 기능강화 프로그램의 이론과 실제(실제편·이론편). 서울: 파라다이스복지재단.

김광웅, 유미숙, 유재령(2004). 놀이치료학. 서울: 학지사.

김기룡(2009). 장애아동 재활치료서비스바우처 사업의 현황과 향후 과제. 월간 복지동향,

124, 19-22.

김기룡(2016). 장애인 평생교육 지원 체계 구축 방안. 현장특수교육, 24(4), 35-37.

김동배, 권중돈(2009). 인간행동이론과 사회복지실천. 서울: 학지사.

김명선(1988). 정신지체아(정신박약아)의 형제들이 갖게 되는 사회적, 심리적 갈등에 관한 연구. 숭실대학교 대학원 석사학위논문.

김미옥, 정민아(2018). 탈시설 발달장애인의 자립을 위한 지역사회 지원체계 모색: 미국과 호주의 지원생활 경험을 중심으로. 한국사회복지학, 70(3), 51-79.

김미혜, 류주연, 김수진(2016). 성인의 노인인권의식과 노인이미지가 노인학대인식에 미치는 영향 연령층과 노인동거경험의 조절효과. 노인복지연구, 71(4), 449-476.

김보영(2005). 어머니 양육태도, 영아의 성(性), 보육기간에 따른 영아의 문제행동. 이화여자대학교 교육대학원 석사학위논문.

김삼섭(2016). 발달장애인 부모의 가족생활 어려움. 발달장애연구, 20(4), 1-25.

김선영(2007). 초등학교 취학 월령에 따른 1학년 아동의 사회성 발달과 학교적응 비교. 유아교육연구, 27(2), 119-138.

김성천, 정수연, 장혜림(2002). 해결중심 부모집단상담이 발달장애아동과 부모의 상호작용에 미치는 효과. 한국사회복지학, 48, 179-213.

김성화(2003). 자아존중감 증진 집단상담이 아동의 자아개념과 학교생활적응에 미치는 효과. 부산대학교 교육대학원 석사학위논문.

김송이(2014). 환경영화 수업을 통해 나타난 고등학생의 환경태도, 환경관 및 반성적 사고 유형 분석. 이화여자대학교 교육대학원 석사학위논문.

김수정(2011). 지적장애 청소년 어머니의 양육경험에 관한 현상학적 연구. 중앙대학교 대학원 박사학위논문.

김수정(2011). 지적장애 청소년 어머니의 양육경험에 관한 현상학적 연구. 중앙대학교 대학원 박사학위논문.

김수희(2002). 장애아동의 비장애형제를 위한 형제지원프로그램이 비장애형제의 우울감과 장애아동을 대하는 행동에 미치는 영향. 가톨릭대학교 심리상담대학원 석사학위논문.

김승국, 김옥기(1985). 사회성숙도검사(수정판), 서울: 중앙적성출판사.

김승국, 송영혜, 유미숙, 신현기, 이유섭, 이장호, 신희천, 정보인, 전병운, 하은경, 강승아, 박경애, 남민(2001). 행동장애와 심리치료. 파주: 교육과학사.

김승연, 장동열(2017). 서울시 발달장애인 생애주기별 욕구와 정책과제. 서울: 서울연구원.

김언아, 김동일(2005). 특수학급 장애학생의 자기결정력이 전화성과에 미치는 영향. 한국특수교육학연구, 39(4), 25-41(17).

김영태, 장혜성, 임선숙, 백현정(1995). 그림 어휘력 검사: 실시요강. 서울: 서울장애인종합복지관.

김영희, 이병인(2014). 발달지체유아의 초등학교 입학 시 부모의 학교선택기준에 관한 연구. 특수교육논총, 29, 41-70.

김용현, 김종표, 문종철, 이복희(2010). 평생교육프로그램개발론. 파주: 양서원.

김웅기(2018). 발달장애 청소년 자녀를 둔 어머니의 양육경험에 대한 현상학적 연구: 문제행동 대처경험을 중심으로. 연세대학교 교육대학원 석사학위논문.

김유숙(2006). 재혼가정에 대한 단기가족놀이치료의 적용 사례. 한국심리학회지 여성, 11(3), 311-325(15).

김유숙, 山中康裕(2005). 모래놀이 치료의 본질. 서울: 학지사.

김은선(2011). 음악치료가 다문화가정 아동의 언어적 · 감정적 자기 표현력 증진에 미치는 효과. 성신여자대학교 대학원 석사학위논문.

김인숙(2004). 장애유아 통합보육에 관한 종사자 의식 조사. 인천대학교 대학원 석사학위논문.

김인자(2012). 뇌졸중 환자 가족 간호제공자의 불안과 부담감의 예측 요인: 자기효능과 돌봄에 대한 지식을 중심으로. 성인간호학회지, 24(1), 1-10.

김자경, 정세영(2011). 학습장애아동 어머니의 양육 스트레스와 지원 요구에 관한 연구. 학습장애연구, 8(3), 149-173.

김재익(2011). 가구특성에 따른 주거입지 및 주거이동의향에 관한 연구: 울산광역시 사례연구. 주택연구, 19(1), 97-115.

김재환, 오상우, 황순택, 문혜신(2014). 임상심리검사의 이해. 서울: 학지사.

김정미(2000). 신체활동 프로그램이 유아의 사회성 발달에 미치는 영향. 용인대학교 교육대학원 석사학위논문.

김정은, 강영심, 김재은(2007). 장애유아의 연계교육에 대한 유치원과 초등학교 교사의 인식 비교. 특수교육저널: 이론과 실천, 8(4), 519-538.

김정은, 박경아, 백은희, 오진영, 이민경, 이재일, 정대영, 정동영(1995). 발달장애아 조기교육의 이론과 지도방법. 아산: 국립특수교육원.

김정은, 손영수, 김채은(2012). 장애유아의 초등학교적응기술 척도 개발과 적응기술 중요도에 대한 교사와 부모의 인식. 통합교육연구, 7(2), 53-80.

김정희, 김경란, 강정배(2015). 장애아동 재활서비스 지원 사업 실태 및 개선방안. 한국정서행동장애학회, 31(2), 251-281.

김종민(2012). 지적장애아 어머니의 양육경험에 대한 질적 연구. 단국대학교 대학원 박사학위논문.

김종인, 이상진, 이종길, 우주형(2001). 지원고용 실태조사 및 한국적 모형개발에 관한 연구. 서울: 사단법인 한국장애인단체총연맹.

김주영(2014). 가족미술치료가 한부모 가족의 지적장애와 비장애 남매의 의사소통과 형제 관계에 미치는 영향. 경기대학교 미술디자인대학원 석사학위논문.

김준희, 김광웅(2006). 짝 치료의 주요 원리와 활동에 대한 개관. **한국놀이치료학회지, 9**(2), 1-15.

김진숙(2008). 일반 위탁가정 부모의 역할 경험 연구. **한국가족관계학회지, 13**(1), 135-164.

김진화, 고영화, 권재현, 정민주(2009). 한국 평생교육 프로그램 분류체제 개발 연구. **한국평생교육학회, 16**(3), 211-236.

김천국, 김진희(2012). 장애아동 아버지와 어머니의 요구. **특수아동교육연구, 14**(3), 279-296.

김춘경, 문혁준, 신유림, 심미경, 옥경희, 위영희, 이경희, 이정희, 정계숙, 정현숙, 제경숙, 조성연, 천희연(2004). **아동학개론**. 서울: 학지사.

김춘경, 이수연, 이윤주, 정종진, 최웅용(2010). **상담의 이론과 실제**. 서울: 학지사.

김춘경, 이수연, 이윤주, 정종진, 최웅용(2016). **상담학 사전**. 서울: 학지사.

김충기(1989). **진로교육의 이론과 실제**. 대구: 배영사.

김태련, 박량규 역(1996). **아동기 자폐증 평정척도 지침서**. 서울: 특수교육.

김태숙 정승문, 권순우(2016). 4-6세 아동의 문장 따라 말하기 수행력과 오류 유형 분석. 특수교육 저널: 이론과 실천.

김택호, 박제일, 송재홍, 안이환, 양재혁, 윤호열, 은혁기, 이동훈, 이상민, 이승희, 이영순, 이희백, 천성문, 최명식, 허재홍(2009). **아동상담**. 서울: 시그마프레스.

김향지(2001). 발달장애아동을 위한 협동학습의 원리와 수업적응방안. **발달장애연구, 5**(1), 157-173.

김현지(2006). 발달장애아동의 촉각중심 감각활동을 위한 미술치료 매체 활용방안. **한국예술치료학회지, 45**, 1-20.

문장원(2015). 발달재활서비스의 현황과 개선방안. **발달장애연구, 19**(1), 1-18.

박경옥(2011). 중도·중복장애학생을 위한 학교 교육과정 운영의 어려움과 운영 방향에 대한 교사의 인식. **특수교육연구, 18**(2), 259-282(24).

박광옥, 이동석, 김은서(2017). 발달장애인의 도전적 행동에 대한 종사자 인식 연구: 장애인거주시설 종사자를 중심으로. **한국장애인복지학, 35**, 151-176.

박대삼(2014). 장애아동 발달재활치료 바우처 서비스 이용에 대한 부모 만족도에 미치는 영향요인. 동국대학교 대학원 석사학위논문.

박명화(2011). 장애아동 가족지원정책의 현황과 개선방안. **부산장신논총, 11**, 314-338.

박미진, 김두영, 강명희(2015). 발달장애자녀를 위한 부모의 평생계획 현황 및 요구. **특수교육연구, 50**(1), 211-233.

박소연(2010). 한국화매체를 이용한 집단미술치료가 발달장애 청소년의 사회성 및 정서발달에 미치는 영향. 한양대학교 산업경영디자인대학원 석사학위논문.

박승희, 박현숙, 박지연, 이숙향(2012). 발달장애인의 성공적 성인기 전환에 영향을 준 요소와 전환 지원방안에 관한 질적 연구. 특수교육학연구, 47(2), 141-175.

박원희(2002). 중도·중복 장애인 여가활동 프로그램의 방향: 평생학습차원을 중심으로. 중앙대학교 대학원 박사학위논문.

박원희, 오영석(2008). 산학협력 중심의 직업교육이 정신지체 전공과 학생의 직업능력에 미치는 효과. 한국특수교육학회, 42(4), 121-142(22).

박원희, 오영석(2008). 정신지체인 평생교육의 필요성과 지원방안. 평생교육학연구, 14(4), 83-101.

박은송, 박경옥, 박희찬(2011). 최중도 지체장애학생의 진로·직업교육에 대한 특수교사들의 인식. 지체. 중복. 건강장애연구. 54(1), 164-184.

박은주(2005). 장애인 평생교육 필요성에 관한 연구. 단국대학교 특수교육대학원 석사학위논문.

박주영(2017). 발달장애인근로자 고용현황과 직업유지 요인. 발달장애연구, 21(1), 51-68.

박진원, 권도하(2009). 단어 범주에 따른 아동과 성인 말더듬집단의 말더듬 산출 비교. 언어치료연구, 18(3), 1-18.

박혜주(2006). 발달장애성인을 위한 장애인복지관 프로그램 운영실태 및 프로그램 개선에 관한 담당자 인식조사. 이화여자대학교 대학원 석사학위논문.

박희찬(2016). 장애학생 진로 · 직업교육 정책의 변천. 지체·중복·건강장애연구, 59(2), 59-81.

방명애(1999). 자폐아 교육의 최상의 실제. 정서·행동장애연구, 15(1), 149-172.

백민재(2007). 감각중심 예술치료활동이 발달장애아동의 사회성 발달에 미치는 영향. 원광대학교 대학원 석사학위 논문.

백연옥, 심혜숙(2015). 고등학생의 자기결정성이 진로장벽지각과 진로태도성숙에 미치는 영향. 교육혁신연구, 25(1), 59-74.

백옥경, 김청자(2014). 대학생들의 삶의 만족여부에 영향을 주는 성격적 강점 요인. 한국산학기술학회논문지, 15(1), 228-236.

백은령, 이민규, 유연희, 임효순(2019). 발달장애인을 위한 지역사회 지원체계 및 서비스 탐색: 미국 뉴햄프셔주(State of New Hampshire) 사례를 중심으로. 장애인복지연구, 10(1), 1-38.

백종남(2015). 발달장애인 평생교육에 대한 특수학교 학부모의 요구 분석. 특수교육저널: 이론과 실천, 16(3), 407-427.

변용찬, 김성희, 윤상용, 권선진, 조흥식, 조성열, 강종건, 최승희(2006). 생애주기별 장애인의 복지욕구 분석 연구. 서울: 한국보건사회연구원.
보건복지부 국립재활원 장애인 건강 및 재활 정보포털(2023). https://www.nrc.go.kr/
보건복지부(2003/2011/2018). https://www.mohw.go.kr/
보건복지부(2017). 2017 장애인실태조사. 세종: 보건복지부.
보건복지부(2020). 발달장애인 활동서비스 사업안내. 세종: 보건복지부.
보건복지부(2021). 2021년 장애등록심사 관련 법령 및 규정집. 세종: 보건복지부.
보건복지부(2021). 주간활동서비스 사업안내. 세종: 보건복지부.
서경희(2002). 고기능 자폐아와 아스퍼거 장애아의 마음 이론 결손과 중재. 정서·행동장애연구, 18(3), 37-64.
서경희, 유문화(1999). KISE 정서·행동장애학생 선별척도. 아산: 국립특수교육원,
서경희, 윤점룡, 윤치연, 이상복, 이상훈, 이효신(2006). 발달장애의 진단과 평가. 대구: 대구대학교출판부.
서동명, 민선화(2010). 장애아동 재활치료사업의 현황과 발전방향에 관한 연구. 한국장애인복지학, 1(12), 75-93.
서미경(2014). 정신장애인과 가족 함께 살아가기. 파주: 양서원.
서은주(2022). 성인발달장애인의 평생교육과정 개발에 관한 연구. 위덕대학교 대학원 박사학위논문.
석말숙(2009). 임금근로 장애인의 근속기간에 영향을 미치는 요인 분석. 한국장애인복지학, 1(11), 243-276.
석말숙(2013). 장애인가족과 비장애인가족의 가족기능 비교연구: McMaster Model의 적용. 한국아동가족보지학회, 18(2), 105-131(27).
설진화(2009). 지적장애인 직업유지의 영향요인에 대한 직업재활서비스 제공자의 인식. 직업재활연구, 19(1), 75-96.
성명진(2019). 발달장애인의 탈시설 과정. 성공회대학교 대학원 석사학위논문.
손동현(2006). 인문교양교육의 의미와 과제. 인문과학, 37, 203-231.
손훈희(2000). 음악활동이 뇌성마비아동의 상지의근력과 운동능력에 미치는 영향. 숙명여자대학교 대학원, 석사학위논문.
송영혜, 김현희(2002). 부모-아동 자유놀이 상호작용 평가 모형. 놀이치료연구, 6(1), 29-44.
송은주(2014). 바우처 기관에 근무하는 인지학습치료사가 겪는 어려움. 공주대학교 대학원 석사학위논문.
신석호(2000). Adjunctive Donepezil in Attention Deficit Hyperactivity Disorder Youth: Case Series. Journal of Child and Adolescent Psychopharmacology, 10(3): 217-222.

신은하(2004). 감각활동중심 통합예술치료가 전반적 발달장애아동의 사회성 기능 향상에 미치는 효과. 원광대학교 보건환경대학원 석사학위논문.

신인수(2015). 발달장애아동 부모의 행복증진 부모교육프로그램 개발 및 효과. 경성대학교 대학원 박사학위논문.

신창환(2013). 사회서비스 제공기관 운영자들의 바우처 사업에 대한 평가: 경쟁조건의 제도화에 대한 인식을 중심으로. **한국사회복지학회 학술대회, 2013**(11), 901-923.

신현기, 임소인(2005). 경도장애 학생을 위한 문제중심학습 연구: 프로그램 개발 및 적용을 중심으로. **특수교육학연구, 39**(4), 1-23.

신현옥, 주혜영, 이병인, 유지성(2009). 장애유아 형제지원프로그램 실시현황 및 가족의 요구. **특수아동교육연구, 11**(3), 117-201.

신혜용(2002). 발달장애인 형제를 가진 비장애 청소년의 문제행동 및 형제관계 연구. 연세대학교 대학원 석사학위논문.

신희선, 권범선, 임성오(2005). 발달문제 위험 아동 선별을 위한 한국형 Denver II 검사의 타당성에 관한 연구. **한국아동간호학회, 11**(3), 316-321.

심경순(2001). 정신분열병 환자의 직업유지에 영향을 미치는 요인에 관한 연구. 대구대학교 대학원, 박사학위논문.

심혜숙, 송종원(2004). 장애자녀를 둔 부모 상담모형 개발을 위한 상담 욕구 분석. **교육연구, 14**(1), 31-51.

안병즙(1978). **지체부자유아교육**. 대구: 대구대학교출판부.

안영진(2015). **이론과 실제 아동상담**. 서울: 동문사.

양문봉(2000). 자폐성 장애아동의 의사소통 특성과 지도방법. **자폐성 장애연구, 1**(1), 27-44.

양숙미(2003). 장애형제가 있는 비장애인을 위한 지원 프로그램 고찰. **한국가족복지학, 8**(1), 69-84.

양숙미(2012). 장애아동 재활치료사업의 성과. **남서울대학교 논문집, 18**(1), 299-315.

어용숙, 김문정(2009). 양육스트레스와 임파워먼트가 장애아동 주양육자의 삶의 질에 미치는 영향. **아동건강간호학지, 15**(4), 409-416(7).

여광응, 김광섭(2002). 다운증 아동과 일반아동의 시지각 발달특성 비교. **특수교육재활과학연구, 41**(1), 81-101.

여광응, 임지향. (2000). 정신지체아 부모와 일반아 부모의 가족기능에 따른 스트레스 대처방식에 관한 비교 연구. **특수교육재활과학연구, 39**(2), 271-306.

여문환(2008). **자폐아동의 이해와 프로그램 적용**. 파주: 양서원.

여형남, 박혜인, 신정순(2018). 발달장애아동 어머니의 양육 경험. **한국산학기술학회논문지, 19**(8), 283-294.

오길승(2003). 직업재활 분야에서 본 발달장애 학생 위한 특수학교 직업교육의 문제점과 개선방안. 한국특수교육학회, 38(3), 99-132.

오소정, 김영태(2014). 학령기 다문화가정 언어장애 아동의 어휘지식 및 구어처리 과제 수행 특성, 언어치료연구, 23(1), 55-88.

오승혜(1998). 발달장애아동 어머니들의 심리사회적 적응을 위한 지지집단프로그램에 관한 연구. 가톨릭대학교 대학원 석사학위논문.

오승희(2011). 모래놀이치료가 재한 중국 유학생의 외로움, 불안, 생활 스트레스 및 학교 적응능력에 미치는 효과. 상징과 모래놀이치료, 2(1), 55-75.

오영석, 외(2019). 장애인 백서 서울: 한국장애인개발원.

오혜경(2001). 장애아동 가족지원에 관한 고찰. 사회복지리뷰, 6, 53-75.

유미영(2008). 초등학생을 위한 진로지도 프로그램이 진로 성숙도와 진로자기 효능감에 미치는 효과. 한국교원대학교 교육대학원 석사학위논문.

유영준, 이명희, 백은령, 최복천(2011). 장애아동 청소년 가족의 양육부담 및 가족지원욕구에 관한 연구. 특수교육, 10(1), 209-234.

유한욱(2006). 재정효율성 제고를 위한 시장원리 활용방안: 바우처 제도를 중심으로. 서울: 한국개발연구원.

육영화(2012). 비장애형제를 위한 집단상담프로그램이 장애형제를 대하는 태도와 주관적 행복감에 미치는 효과. 한양대학교 대학원 석사학위논문.

윤재영, 박정현, 전경철(2015). 해석학적 근거이론에 기반한 성인 지적장애인의 자립생활 과정 경험 탐색. 지적장애연구, 17(2), 229-254.

윤점룡, 이상훈, 문현미, 서은정, 김민동, 문장원, 이효신, 윤치연, 김미경, 정대영, 조재규, 박계신(2017). 정서 및 행동장애아 교육. 서울: 학지사.

윤정인, 김영근(2018). 지적장애자녀를 둔 어머니의 장애수용 경험에 관한 현상학적 연구. 재활심리연구, 25(4), 643-665.

윤형준, 이성진, 김성식(2015). 재활치료사의 발달재활서비스 제공과정 경험에 대한 질적 연구. 특수교육재활과학연구, 54(3), 365-380.

이경하(2008). 구조화 모래상자를 이용한 성학대아동의 면접 평가 도구 개발. 대구대학교 대학원 박사학위논문.

이경화(2016). 가정연계 창의성 프로그램. 삼성복지재단.

이달엽(2004). 직업평가와 진로개발. 경산: 대구대학교출판부.

이미선, 김경진(2000). 장애영유아 가족지원 방안 연구. 아산: 국립특수교육원.

이미숙(2010). 초등학교 교육과정 편성, 운영 컨설팅 사례 연구. 진천: 한국교육개발원.

이미영(2011). 불안장애아동을 위한 아동CBT집단과 아동CBT집단/모CBT집단 간의 효과 비교. 명지대학교 대학원 박사학위논문.

이민희, 정태연(2008). 자기결정이론을 토대로 한 학습동기 경로 모형 검증. 한국심리학회

지: 문화 및 사회문제, 14(1), 77-99.

이복실, 박주영, 이율희(2013). 성인 발달장애자녀 가족의 욕구 및 지원방안 연구. 서울: 한국장애인개발원.

이부연, 장미경(2015). 북한이탈청소년과 남한청소년의 모래놀이치료에서의 표현 상태 비교. 상징과 모래놀이치료, 6(2), 31-45.

이상숙(2007). 전래동요지도가 발달장애아와 지적장애아의 수용언어와 표현언어 습득에 미치는 효과. 공주대학교 대학원 석사학위논문.

이상진(2000). VITAS 작업표본과 전환기 발달장애 청소년 진로 의사결정 연구. 대구대학교 대학원 박사학위논문.

이석진, 김삼섭(2004). 한국 특수교육 입법정책의 변천에 관한 연구. 특수교육학연구, 39(3), 25-53.

이성용, 김경화(2010). 장애청소년의 전환교육 및 서비스에 대한 학부모의 인식 및 요구. 특수교육학연구, 45(3), 155-187.

이소현(1995). 자폐아 언어교육: 기능성 중심의 방향 정립을 위한 제언. 인간발달연구, 23, 69-93.

이신화(2014). 자폐성 장애아동 어머니의 양육경험에 대한 현상학적 연구. 경성대학교 대학원 박사학위논문.

이영희(2001). 사회적 상호작용 훈련이 발달장애유아의 초기 의사소통 기술에 미치는 효과. 공주대학교 대학원 석사학위논문.

이원숙(2007). 가족복지론. 서울: 학지사.

이유리(2011). 지적장애 청소년 어머니의 자녀양육에 대한 긍정적 인식 수준과 영향 요인. 청소년학연구, 18(1), 297-321.

이유훈, 김경진, 박정연(2000). 특수학급 교육과정의 편성과 운영. 교육과정의 편성과 운영, 3, 1-123.

이윤진(2007). 경직형 뇌성마비 유아의 초보운동단계 발달을 위한 음악치료활동 프로그램 개발: 신경학적 음악치료의 기법을 활용하여. 이화여자대학교 교육대학원 석사학위논문.

이은경(2002). 초등학생의 대인문제 해결능력에 따른 대상표상. 단국대학교 교육대학원 석사학위논문.

이은숙(2004). 고등학생의 소외감에 영향을 미치는 요인. 대한간호학회지, 34(1), 45-52.

이은정(2021). 발달장애인 가족의 부양부담이 삶의 질에 미치는 영향: 충청남도 지역을 중심으로. 공주대학교 대학원 석사학위논문.

이인영(2005). 유네스코 '생명윤리와 인권보편선언'의 권고사항과 국내 실천을 위한 제언. 과학기술법연구, 12(1), 9-54.

이종범(2005). 초등학생 진로발달 검사도구의 개발 및 타당화. 서울대학교 대학원 박사학위논문.

이주은(2012). 미술의 치유적 관점과 그 교육적 활용 가능성. 성신여자대학교 교육문제연구소, 54(4), 87-104.

이주은(2013). 의료기관 평가제도 영양부문 기준 및 결과의 시계열 변화 분석. 대한영양사협회학술지, 19(4), 317-342.

이주희, 정현주(2009). 가족스트레스가 자폐성 장애아동의 사회적응에 미치는 영향: 가족탄력성과 사회적 지지의 조절효과 검증. 아동학회지, 30(4), 15-31.

이준상, 박애선, 최형임(2021). 성인 발달장애자녀를 둔 어머니의 주간보호센터 이용 경험에 관한 현상학적 연구. 상담심리교육복지, 8(1), 179-199.

이지수(2008). 장애아동 가족의 자녀 양육부담 및 서비스 욕구. 한국장애인복지학회지, 8, 71-100.

이채식(2005). 청소년 리더십기술 영향요인에 관한 구조 분석. 서울대학교 대학원 박사학위논문.

이철수(2008). 사회복지학사전, 서울: 비상.

이항숙(2012). 집단미술치료가 장애형제자매를 둔 비장애아동의 자아탄력성에 미치는 영향. 대구대학교 재활과학대학원 석사학위논문.

이현규(2009). 구매자의 고객리뷰와 판매기업의 신뢰도가 구매의도에 미치는 영향: 온라인 여행상품을 중심으로. 경영교육연구, 55, 201-219.

이혜진, 장석진(2012). 다문화가정 자녀의 자아탄력성 향상을 위한 집단미술치료 프로그램의 효과. 미술치료연구, 19(4), 837-858.

이희연(2003). 미술치료프로그램이 특수학급아동의 소 근육 발달에 미치는 영향. 청주교육대학교 교육대학원 석사학위논문.

임경아, 김건희(2017). 자폐성 장애아동 어머니의 양육 경험에 대한 질적 연구. 한국특수교육학회 학술대회, 2017, 536-547.

임승주, 박은영(2013). 「사티어 의사소통 교육」에 참여한 간호대학생들의 의사소통과 인간관계 변화 경험. 한국간호교육학회지, 19(2), 151-162.

임지연, 임경원(2018). 심각한 문제행동을 보이는 발달장애아 부모의 양육경험. 특수교육논집, 23(1), 1-32.

임진선(2018). 중증장애아 부모의 삶에서의 여가제약. 연세대학교대학원 석사학위논문.

임혜경, 박재국, 김민경, 장재성(2018). 부모 집단면담을 통한 성인기 발달장애자녀의 도전적 행동 유형과 특성 분석에 관한 연구. 교육혁신연구, 28(1), 333-359.

장미희(2011). 가족탄력성이 성인 발달장애인의 비장애 형제자매 관여에 미치는 영향 중앙대학교 석사학위논문.

장숙(2010). 성인 지적장애인 남동생을 돌보는 비장애 누나들의 부양 경험. 재활복지, 14(3), 121-149(29).

장영실(2017). 발달장애아동을 둔 여성 한부모의 양육경험. 중앙대학교 대학원 박사학위논문.

장재형(2012). 발달지체 유아 가족지원 서비스 확대를 위한 부모 요구 분석. 단국대학교 특수교육대학원 석사학위논문.

전금면(2005). 정신지체 특수학교 전공과 활성화 연구. 단국대학교 대학원 박사학위논문.

전미현(2012). 가정폭력 피해여성의 자존감과 사회성에 관한 질적 연구. 경북외국어대학교 복지상담대학원 석사학위논문.

전미현(2017). 맞춤형 신체메뉴얼프로그램이 성인발달장애인의 지각-운동능력에 미치는 효과. 부산교육대학교 교육대학원 석사학위논문.

전병진, 이지연(2006). 치료교육에 대한 장애아동 부모의 욕구 조사에 관한 연구. 대한작업치료학회, 14(1). 65-74(10).

전혜인, 정평강(2009). 장애아의 형제자매. 서울: 한울림스페셜.

정귀옥, 이종렬, 박천만(2005). 장애아동 양육을 위한 어머니의 정보요구에 관한 연구. 보건교육건강증진학회지, 22(2), 195-213.

정민정, 서주은(2010). 장애아동 특성에 따른 재활치료 서비스 현황 및 욕구조사에 관한 연구: 바우처 사업 수혜자를 중심으로. 한국가족복지학, 15(4), 157-173.

정여주(2003). 미술치료의 이해. 서울: 학지사.

정연수(2017). 대학 기반 비학위과정으로 운영된 발달장애성인 평생교육프로그램 실천 사례연구: D대학 평생교육 프로그램을 중심으로. 지적장애연구, 19(1), 185-207.

정영숙, 이상복, 정보인(2003). 발달장애아동과 가족복지의 실제. 파주: 현학사.

정인숙(2005). 정신지체 성인의 평생교육 요구 분석. 특수교육학연구, 40(2), 207-232.

정인숙, 김언아, 김형일, 박재국, 임소인(2007). 특수교육기관 진로·직업교육 실태 및 요구조사. 아산: 국립특수교육원.

정종희, 강찬성, 김재호, 장현진(2020). 학교급별 진로교육과정에 따른 진로교육 프로그램 체계화. 수원: 경기도교육연구원

정필연(2019). Speech Language Profile Group(SLPG) 분류체계에 근거한 뇌성마비 아동의 하위그룹 분포 및 판별요인분석. 이화여자대학교 대학원 박사학위논문.

정해동, 이성봉(2007). 충남지역 장애인 평생교육 요구 분석. 지체·중복·건강장애연구, 50(3), 23-39.

정현주(2008). 주의력 결핍 및 과잉행동 문제를 가진 아동의 주의집중력 증진을 위한 음악인지프로그램의 효과 연구. 한국열린교육학회, 16(3), 55-71(17).

정현주(2015). 음악치료학의 이해와 적용(2차 개정판). 서울: 이화여자대학교출판부.

조석영(1997). 정신지체인 직업영역 확대를 위한 사례분석. 장애인고용97 가을호. 한국장애인고용촉진공단.

조윤경, 강지현, 이경아(2014). 특수아상담 및 가족지원. 고양: 공동체.

조은영(2008). 발달장애인의 지원고용을 위한 전환계획과 사정체계 탐색. 대구대학교 교육대학원 석사학위논문.

조인수(1997). 중증장애인의 지원고용을 위한 프로그램 구성과 방략. 직업재활연구, 7, 1-29.

조재현(2011). 일반교육 전공 초등예비교사들의 장애관련 독서 감상문에 나타난 장애아동과 그 부모에 대한 인식. 한국통합교육학회, 6(1), 89-113.

주리애(2003). 미술치료 요리책. 파주. 아트북스.

주종봉(2001). 감각통합훈련 프로그램 적용이 자폐성 아동의 사회성 발달에 미치는 효과. 서울: 한국특수교육총연합회.

진소정(2002). 장애아동의 음악치료에 대한 인식도 연구: 음악치료사와 학부모를 중심으로. 이화여자대학교 교육대학원 석사학위논문.

차혜경(2008). 발달장애아동 어머니의 양육경험: 끝없는 긴장의 재구성. 중앙대학교 대학원 박사학위논문.

천경미(2007). 음악치료에 대한 특수교사와 장애아동 부모의 인식도 조사연구. 한세대학교 대학원 석사학위논문.

최경애(2006). 장애아동 음악치료의 효과성 제고를 위한 장애아동부모의 만족도 조사. 한세대학교 대학원 석사학위논문.

최명선, 김광웅(2003). 아동상담에서 부모와 치료자간 치료관계에 대한 연구. 아동학회지, 26(3), 111-125.

최복천, 유영준, 임수경, 조윤경(2013). 장애아동 및 가족 실태조사. 서울: 한국장애인개발원.

최선경(2019). 보육교사가 인식하는 일반 어린이집 이용 장애위험아동의 개별화교육의 필요성과 필요한 지원에 관한 탐색적 연구. 예술인문사회융합멀티미디어논문지, 9(12), 1255-1263.

최옥희, 김용미(2008). 아동의 개인적 특성에 따른 초등학교 1학년 아동의 학교적응과 학업성취 차이에 대한 연구. 아동교육, 17(2), 275-285.

최은영(1994). 소조 활동을 통한 미술치료가 자폐성 아동의 대상관계에 미치는 효과. 대구대학교 재활과학대학원 석사학위논문.

최은영, 백제현(2005). 가족미술치료가 어머니의 훈육태도와 학습장애아동 및 일반형제의 정서, 행동문제에 미치는 영향. 정서행동장애연구, 21(3), 341-362.

최중옥, 박희찬, 김진희(2004). 정신지체아 교육. 파주: 양서원.

최현진(2008). 어머니와 아동의 기질 유사성이 어머니의 양육태도에 미치는 영향. 숙명여자대학교 대학원 석사학위논문.

추연구(2011). 발달장애아동의 연구 동향 고찰: 한국 · 미국 · 일본을 중심으로. 발달장애연구, 15(4), 21-43.

특수교육법(2023). https://www.law.go.kr.

평생교육진흥원(2009). 평생교육프로그램 분류체계. 서울: 평생교육진흥원.

한경근, 송승민, 홍성두, 송만호(2019). 중도 · 중복장애학생의 정의 및 교육지원에 대한 특수교사의 인식. 지체·중복·건강장애연구, 62(3), 75-97.

한국장애인개발원(2019). 장애인주간보호시설 운영 현황 실태조사.

한국장애인개발원(2022). 2022 장애인백서. 서울: 한국장애인개발원.

한국장애인고용촉진공단(1996). 장애인고용 1996 봄호. 장애와 고용.

한국진로교육학회(1999). 4차 산업혁명을 대비한 청소년 진로교육의 방향. 65-96(32).

한미애, 장기연, 곽내화(2011). 긴장의 연속: 일반초등학교에 장애아동을 입학시킨 어머니들의 일 년간의 경험과 변화. 대한작업치료학회지, 19(3), 35-50.

한신영(2009). 특수학교 교육과정. 서울: 희소.

홍두성, 김도현, 김수현, 김원호, 주교영, 지은, 김혜련(2018). 발달장애인 평생교육과정 개발 기초연구. 아산: 국립특수교육원.

홍주란, 김광웅(2001). 놀이치료자의 수퍼비젼 현황 및 만족도 연구. 한국놀이치료학회지, 4(2), 69-78.

황미애(2013). 특수교육기관의 전환교육프로그램 실행 수준과 연계성에 관한 연구: 현장 종사자를 중심으로. 대구대학교 대학원 박사학위논문.

Abel, M. F. & Damiano D. L. (1996). Strategies for increasing walking speed in diplegic cerebral palsy. *Journal of pediatric orthopedics, 16*(6), 753-758.

APA. (2000). *Diagnostic and Statistical Manual of Mental Disorders Fourth Edition Text Revision(DSM-IV-TR).* Washington DC: American Psychiatric Association.

Arnould, C., Seddas, P. M., Tollot, M., Arias, C. M. & Gianinazzi-Pearson, V. (2008). Corrigendum to Spatial monitoring of gene activity in extraradical and intraradical developmental stages of arbuscular mycorrhizal fungi by direct fluorescent in situ RT-PCR. *Fungal genetics and biology, 45*(11), 1155-1165.

Aspinwall, L. G., & Taylor, S. E. (1997). A stitch in time: Self-regulation and proactive coping. *Psychological Bulletin, 121*(3), 417-436.

Axline, V. M. (1947). *Play therapy; the inner dynamics of childhood.* Houghton Mifflin.

Axline, Virginia Mae. (1969). *Play Therapy.* New York(State): Ballantine Book.

Ayres, A. J. (1979). *Sensory Integration and the Child. Los Angeles.* CA: Western Psychological Services.

Barlow, D. H. (1980). Behavior therapy: The next decade. Behavior Therapy, 11(3), 315-328.

Baxter, H. T., Berghofer, J. A., MacEwan, L., Nelson, J., Peters, K., & Roberts, P. (2007). *The individualized music therapy assessment profile*: IMTAP. Jessica Kingsley Publishers.

Ben-Zur, H., Duvdevany, I., & Lury, L. (2005). Association of social support and hardiness with mental health among mothers of adult children with intellectual disability. *Journal of Intellectual Disability Research, 49*(1), 54-62.

Blacher, J., Kraemer, B. R., Howell, E. J. (2010). Family expectations and transition experiences for young adults with severe disabilities: Does syndrome matter?. *Advances in Mental Health and Intellectual Disabil, 4*(1), 3-16.

Bottcher, L. (2010). Children with spastic cerebral palsy, their cognitive functioning, and social participation: A review. *Child Neuropsychology, 16*(3), 209-228.

Bradley, D. F., King-Sears, M. E. & Tessier-Switlick, D. M. (1997). *Teaching students in inclusive settings.* Needham Heights: Allyn and Bacon.

Brody, N. (1964). Anxiety, induced muscular tension, and the statistical structure of binary response sequences. *The Journal of Abnormal and Social Psychology, 68*(5), 540-543.

Bronfenbrenner's (1979). emphasis on 'phenomenological' aspects of systems, nevertheless, is not a 'predilection' for existential-phenomenological approaches.

Bruscia, K. E. (2014). *Defining music therapy. (3rd ed.).* Gilsum, NH: Barcelona Publishers.

Bruscia, K. E., Hesser, B. & Boxill, E. H. (1981). Essential competencies for the practice of music therapy. *Music Therapy, 1*(1), 43-49.

Bufkin J a & Altman, R. (1995). A development study of non-verbal pragmatic communication in students with and without mental retardation. *Education and Training in Mental Retardation and Developmental disabilities, 30,* 199-207.

Carlson, S. M., Mandell, D. J., & Williams, L. (2004). Executive Function and Theory of Mind: Stability and Prediction From Ages 2 to 3. *Developmental Psychology, 40*(6), 1105-1122.

Cassity, M. D., & Cassity, J. E. (1994). Psychiatric music therapy assessment and treatment in clinical training facilities with adults, adolescents, and children. *Journal of Music Therapy, 31*(1), 2-30.

Chambers, M. & Rehfeldt, R. A. (2003). Assessing the acquisition and generalization of two mand forms with adults with severe developmental disabilities. *Research in Developmental Disabilities, 24*(4), 265-280.

Charlop, M. H., & Walsh, M. E. (1986). Increasing autistic children's spontaneous verbalizations of affection: An assessment of time delay and peer modeling procedures. *Journal of Applied Behavior Analysis, 19*(3), 307-314.

Charman, T., & Howlin, P. (2003). Research into early intervention for children with autism and related disorders: Methodological and design issues. *Autism, 7*(2), 217-225.

Chin, D., & Kameoka, V. A. (2006). Sociocultural influences. In F. Andrasik (Ed.), *Comprehensive handbook of personality and psychopathology: Adult Psychopathology, 2,* 67-84. John Wiley & Sons, Inc..

Cohen, G., Averbach, J., & Katz, E. (1978). Music therapy assessment of the developmentally disabled client. *Journal of Music Therapy, 15*(2), 88-99.

Cole, C. L., & Levinson, T. R. (2002). Effects of within-activity choices on the challenging behavior of children with severe developmental disabilities. *Journal of Positive Behavior Interventions, 4*(1), 29-37, 52.

Crisp, R. J. & Turner, R. N. (2009). Can imagined interactions produce positive perceptions?: Reducing prejudice through simulated social contact. *American Psychologist, 64*(4), 231-240.

Davis, W. B. (1999). Music therapy for mentally retarded children and adults In W. B. Davis, K. E. Gfeller & M. H. Thaut (Eds.), An introduction to music therapy: Theory and practice (2nd ed.). Boston, MA: McGraw-Hill

Deci, E. L. & Ryan, R. M. (2000). Self-determination theory and the facilitation of intrinsic motivation, social development, and well-being. *American Psychologist, 55*(1), 68-78.

Dodici, B. J., Draper, D. C. & Peterson, C. A. (2003). Early Parent-Child Interactions and Early Literacy Development. *Topics in Early Childhood Special Education, 23*(3), 124-136.

Dolbier, C. L., Jaggars, S. S. & Steinhardt, M. A. (2010). Stress-related growth:

Pre-intervention correlates and change following a resilience intervention. *Stress and Health: Journal of the International Society for the Investigation of Stress, 26*(2), 135-147.

Eagly, A. H., & Chin, J. L. (2010). Diversity and leadership in a changing world. *American Psychologist, 65*(3), 216-224.

Ehlers, S., Gillberg, C. & Wing, L. (1999). A screening questionnaire for Asperger syndrome and other high-functioning autism spectrum disorders in school age children. *Journal of Autism and Developmental Disorders, 29*(2), 129-141.

Emerson, E. (2003). Mothers of children and adolescents with intellectual disability: social and economic situation, mental health status, and the self-assessed social and psychological impact of the child's difficulties. *Journal of Intellectual Disability Research, 47*(4), 385-399.

Feigenson, L., Carey, S. & Hauser, M. (2002). The Representations Underlying Infants' Choice of More: Object Files Versus Analog Magnitudes. *Psychological Science, 13*(2), 150-156.

Freud, S. (1909). *Analysis of a phobia in a five-year-old boy.*, S. E., 10: 5-149.

Goldstein, H., & Morgan, L. (2002). *Social interaction and models of friendship development. In H. Goldstein, L. A. Kaczmarek, & K. M. English (Eds.), Promoting social communication: Children with developmental disabilities from birth to adolescence.* Paul H. Brookes Publishing Co.

Grossman, S. P. (1972). *The role of the amygdala in escape-avoidance behaviors. In B. E. Eleftheriou (Ed.),* The neurobiology of the amygdala. Plenum.

Grubbs, J. B., Stauner, N., Exline, J. J., Pargament, K. I., & Lindberg, M. J. (2015). Perceived addiction to Internet pornography and psychological distress: Examining relationships concurrently and over time. *Psychology of Addictive Behaviors, 29*(4), 1056-1067.

Hallahan, D. P., Pullen, P. C. & Ward, D. (2014). *A brief history of the field of learning disabilities. In H. L. Swanson, K. R. Harris, & S. Graham (Eds.), Handbook of learning disabilities.* The Guilford Press.

Hanser, S. B. (1999). *Using music therapy in treating psychological problems of older adults. In M. Duffy(Ed.), Handbook of counseling and psychotherapy with older adults.* John Wiley & Sons, Inc.

Harland, P. & Cuskelly, M. (2000). The responsibilities of adult siblings of adults with dual sensory impairments. *International Journal of Disability, Development and Education, 47*(3), 293-307.

Hastings, R. P. & Taunt, H. M., (2002). Positive impact of children with developmental disabilities on their families: A preliminary study. *Education & Training in Mental Retardation & Developmental Disabilities, 37*(4), 410-420.

Havstam, C., Dahlgren Sandberg, A. & Lohmander, A. (2011) Communication attitude and speech in 10-year-old children with cleft(lip and) palate: an ICF perspective. *International Journal of Speech Language Pathology, 13,* 156-164

Heller, T. & Kramer, J. (2009). Involvement of adult siblings of persons with developmental disabilities in future planning. *Intellectual and Developmental Disabilities, 47*(3), 208-219

Hewstone, M., Rubin, M. & Willis, H. (2002). Intergroup bias. *Annual Review of Psychology, 53*(1), 575-604.

Horowitz, M. J. (1993). *Stress-response syndromes: A review of posttraumatic stress and adjustment disorders. In J. P. Wilson & B. Raphael (Eds.), International handbook of traumatic stress syndromes.* Plenum Press.

Horowitz, S. V. & Boardman, S. K. (1994). Constructive conflict management and social problems: An introduction. *Journal of Social Issues, 50*(1), 1-12

Howlin, P. & Charman, T.,(2003). Research into early intervention for children with autism and related disorders: Methodological and design issues. *Autism, 7*(2), 217-225.

Hug-Hellmuth, H. Von. (1918). A Study of the Mental Life of the Child. *The Psychoanalytic Review, 5,* 291-323.

Huizinga, J. (1955). *Homo Ludens A Study of the Play-Element in Culture.* Beacon Press. Boston, USA Chapter 12(Eng)

James, L. R., Demaree, R. G., & Wolf, G. (1984). Estimating within-group interrater reliability with and without response bias. *Journal of Applied Psychology, 69*(1), 85-98.

Johnson, S. M., Hunsley, J., Greenberg, L. & Schindler, D. (1999). Emotionally focused couples therapy: Status and challenges. *Clinical Psychology: Science and Practice, 6*(1), 67-79.

Jorgenson, D. O., & Dunnette, M. D. (1973). Effects of the manipulation of a performance-reward contingency on behavior in a simulated work setting. Journal of Applied Psychology, 57(3), 271-280.

Kalarchian M. A., Wilson G. T., Brolin R. E.. Bradley L. (1998). Binge eating in bariatic surgery patients. Int. *J. Eating Disord., 23,* 89-92.

Kalff, D. (2003). *Sandplay: A psychotherapeutic approach to the psyche.* Cloverdalc, CA: Temenos Press.

Kientz, M. A., & Dunn, W. (1997). A comparison of the performance of children with and without autism on the Sensory Profile. *American Journal of Occupational Therapy, 51*(7), 530-537.

Kiernan, W. E. & Schalock, R. L. (1989). *Economics, industry and disability: A look ahead.* Baltimore: PaulH. Brookes.

Kiernan, W. E. & Schalock, R. L. (1989). *Economics, industry and disability: A look ahead.* Baltimore: PaulH. Brookes.

Kim, J. Y., Campbell, T. H., Shepherd, S. & Kay, A. C. (2020). Understanding contemporary forms of exploitation: Attributions of passion serve to legitimize the poor treatment of workers. *Journal of Personality and Social Psychology, 118*(1), 121-148.

Kurz, A., Thone-Otto, A., Cramer, B., Egert, S., Frolich, L., Gertz, H.-J., Kehl, V., Wagenpfeil, S., Werheid, K. (2012). CORDIAL: Cognitive Rehabilitation and Cognitive-behavioral Treatment for Early Dementia in Alzheimer Disease: A Multicenter, Randomized, Controlled Trial. *Alzheimer Disease and Associated Disorders, 26,* 246-253.

Landa, R. (2000). *Social language use in Asperger syndrome and high-functioning autism.* In A. Klin, F. R. Volkmar, & S. S. Sparrow (Eds.), Asperger syndrome. The Guilford Press.

Landreth, G. L. (2002). *Play therapy: The art of the relationship(2nd ed.).* NY: Brunner-Routledge

Leonard L. B., Bolders J. G. & Miller J. A. (1976). An examination of the semantic relations reflected in the language usage of normal and language-disordered children. *Journal of Speech and Hearing Research, 19,* 371-392.

Levine, T. R., Bresnahan, M. J., Park, H. S., Lapinsky, M. K., Wittenbaum, G. M., Shearman, S. M., Lee, S. Y., Chung, D. & Ohashi, R. (2003). Self-construal scales lack validity. *Human Communication Research, 29*(2), 210-252.

Lewis, D., Johnson, D. Bruinks, R., Kallsen, L., & Guillery, R. P. (1991). *Costs and benefits of supported employment in Minnesota Minneapolis: University of Mimmesota, Institute on Community Integration.*

Liptak G S, & Accardo P J. (2004) Health and social outcomes of children with cerebral palsy. *Journal of Pediatrics, 145,* S36-S41.

Lynch. D. & Bordieri. J. (1994). Supported employment as avocational option for hard-to-employ youth. *Joural of Job Placement, 10,* 17-22.

Mackeit. (1973). Effects of Children's Disabilities on Parental Time Use. *Physical Therapy 61*(2), 196-201.

Mahaudens, P., Thonnard, J. L., Detrembleur, C. (2005). Influence of structural pelvic disorders during standing and walking in adolescents with idiopathic scoliosis. *Spine Journal, 5*(4), 427-433.

Mank, D. Cioffi, A. & Yovanoff, P. (1997). Patterns of support for employees with severe disabilities, *Mental Retardation, 35*(6), 433-447.

Marcus, L. M., Garfinkle, A. & Wolery, M. (2001). *Issues in early diagnosis and intervention with young children with autism.* In E. Schopler, N. Yirmiya, C. Shulman, & L. M. Marcus (Eds.), The research basis for autism intervention. Kluwer Academic/Plenum Publishers.

McLaughlin, T. F. & Swain, J. C.(1998). The effects of bonus contingencies in a classwide token program on math accuracy with middle-school students with behavioral disorders. *Behavioral Interventions, 13*(1), 11-19.

Menyuk P. & Quill K. (1985). *Semantic problems in autistic children. In Schopler E. & Mesibov G.(Eds.), Communication problems in autism.* NY: Plenum Press.

Mesibov, G. & Shea, V. (2009). The TEACCH program in Era of Evidence - Based Practice. *Journal of Autism and Development Disoders, 40,* 550-570.

Neumann, M. (1973). Urinary pH in maladjusted, psychiatric & normal patients: An analytical pilot study of hospitalized & outpatient populations. *Proceedings of the Annual Convention of the American Psychological Association,* 375-376.

Nordoff, P., Robbins, C. (1971). *Music therapy in special education.* New York: J. Day Co.

O'Shea, P. (2009). So you think you can learn: An evidence based guide to improving learning. Brisbane, Australia: Cadamon.

O'Connor, B. P. (1991). Construction et validation de l'Échelle de Motivation pour les Personnes Âgées (EMPA). *International Journal of Psychology, 26*(2),

219-240.

Olssen, M. B., & Hwang, C. P. (2008). *Depression in mothers and fathers of children with intellectual disability.* University of Trollhättan.

Paul, L. (1970). The cruel inner critic. *Psychotherapy: Theory, Research & Practice, 7*(3), 178-180.

Paulhus, D. L., & Reid, D. B. (1991). Enhancement and denial in socially desirable responding. *Journal of Personality and Social Psychology, 60*(2), 307-317.

Prizant, B. M., Meyer, E. C. & Lobato, D. J. (1997). Brothers and Sisters of Young Children with Communication Disorders. *Seminars in Speech and Language, 18*(3), 263-282.

Rice, M. L., Buhr, J. C. & Nemeth, M. (1990). Fast mapping word-learning abilities of language-delayed preschoolers. *Journal of Speech & Hearing Disorders, 55*(1), 33-42.

Richter, E. A. (1984). Influence of the sympatho-adrenal system on some metabolic and hormonal responses to exercise in the rat with special reference to the effect on glycogenolysis in skeletal muscle. *Acta Physiologica Scandinavica. Supplementum, 528,* 1-42.

Rogers, C. R. (1961). *On Becoming a Person: A Therapist's View of Psychotherapy.* Houghton Mifflin, Boston.

Rubin, Judith Aron. (1987). *Approaches to art therapy: theory and technique.* New York: Brunner. 주리애 역. (2003). 이구동성 미술치료. 서울: 학지사.

Rutter, M. (1978). *Diagnosis and Definition.* In: Rutter, M. and Schopler, E., Eds., Autism: A Reappraisal of Concepts and Treatment. NY: Plenum Press.

Rutter, M. (1978). Diagnosis and definitions of childhood autism. *Journal of Autism & Childhood Schizophrenia, 8*(2), 139-161.

Schlaug, Norton, A., Overy, K. & Winner, E. (2005). *Effects of music training on the child's brain and cognitive development.* Annals of the New York: Academy of Sciences.

Seligman, M. E. P. (2007). Coaching and positive psychology. *Australian Psychologist, 42*(4), 266-267.

Shuter-Dyson, R. (1982). *The Psychology of Ability.* London: Routledge.

Smith, I. M., & Bryson, S. E. (1994). Imitation and action in autism: A critical review. *Psychological Bulletin, 116*(2), 259-273

Solomon, J. C. (1937). The emotional reactions of psychotic individuals: a new and simple test. *The Journal of Abnormal and Social Psychology, 32(3-4),* 395-426.

Sweeney, D. S. (2001). Legal and ethical issues in play therapy. In G. L. Landreth(Ed.), Innovations in play therapy: Issues, process, and special populations (pp. 65-81). Brunner-Routledge.

Szalma, J. L. & Taylor, G. S. (2011). Individual differences in response to automation: The five factor model of personality. *Journal of Experimental Psychology: Applied, 17*(2), 71-96.

Thompson, A. B., Arnold, J. C. & Murray, S. E. (1990). Music therapy assessment of the cerebrovascular accident patient. *Music Therapy Perspectives, 8,* 23-29.

Toigo, D. A. (1992). Autism: Integrating a personal perspective with music therapy practice. *Music Therapy Perspectives, 10*(1), 13-20

Volkmar, F. R., Cohen, D. J., & Paul, R. (1986). An evaluation of DSM-III criteria for infantile autism. *Journal of the American Academy of Child Psychiatry, 25*(2), 190-197.

Weeks, S. J. & Hobson, R. P. (1987). The salience of facial expression for autistic children. *Child Psychology & Psychiatry & Allied Disciplines, 28*(1), 137-151.

Wehman, P. & Moon, M. S. (1988). *Vocational rehabilitation and supported employment.* Baltimore: PaulH. Brookes Publishing Co.

Wehman, P. & Moon, M. S. (1988). *Vocational rehabilitation and supported employment. Baltimore: PaulH.* Brookes Publishing Co.

Wehman, P. (1986). *Competitive employmentin Virginia. In F. R. Rusch (Ed.),* Competitive employment issue sand strategies. Baltimore: Paul H. Brookes Publishing.

Wehman, P. (2003). Work placeinclusion: Persons with disabilities and coworkers working together. *Journal of Vocational Rehabilitation,18,* 131-141.

Wheeler, B. L., Shultis, C. L. & Polen, D. W. (2005). *Clinical training guide for the student music therapist.* Australian Journal of Music Therapy: Gale Academic One File.

WHO. (2014). *Technical Working Group Meeting on Parent Skills Training for Developmental Disorders.*

Wicks-Nelson, R. & Israel, A. C. (2003). *Behavior disorders of childhood(5th ed.).* Prentice Hall/Pearson Education.

Wilbarger, P. & Wilbarger, J. (1991). *Sensory Defensiveness in Children Ages 1 - 12: An Intervention Guide for Parents and Other Caretakers.* Santa Barbara, CA: Avanti Educational Programs.

Will, M. C. (1984). *OSERS programming for the transition of youth with disabilities: Bridges from school to working life.* Washington, DC: Office of Special Education and Rehabilitation Services.(U.S. Department of Education. Yhompsonetal. 1992).

Wolberg, L. R. (1977). *The technique of psychotherapy APA (6th ed.)*

Wood, R. W., Sette, W. F. & Weiss, B. (1975). Interfacing the experimenter to the computer: Languages for psychologists. *American Psychologist, 30(3),* 230-238.

Woollacott M, Shumway-Cook A. (2002). *Attention and the control of posture and gait: a review of an emerging area of research.* Gait Posture.

Zeanah, C. H. (2019). *Handbook of infant mental health.* NY: Guilford Publications

Zerr, C. L., Berg, J. J., Nelson, S. M., Fishell, A. K., Savalia, N. K. & McDermott, K. B. (2018). Learning efficiency: Identifying individual differences in learning rate and retention in healthy adults. *Psychological Science, 29*(9), 1436-1450.

Zetlin, A. G. (1986). Mentally retarded adults and their siblings. *American Journal of Mental Deficiency, 91*(3), 217-225.

AUTHOR 저자소개

주은하

교육학박사

현) 은하수심리상담센터 센터장
광주광역시 서부교육지원청 학교폭력심의위원
대한적십자사 재난심리회복지원센터 상담사
굿네이버스 상담치료사

이미나

상담심리학/아동가족학/문화학박사

현) 광신대학교 교수
휴먼서비스행복연구소 소장

저서 및 관심분야: 다문화가족복지 및 상담(공동체), 부모교육(공동체), 생애주기별 부모교육(교육과학사), 영유아발달(학지사), 문화예술교육론(동문사), 세계시민교육론(동문사), 청소년 심리 및 상담(지식공동체), 임상미술치료이론과 실제(공동체), 모래상자치료입문(박영스토리), 중독상담과 재활(정민사), 청소년 심리 및 상담(지식공동체), 행복코칭심리의 이론과 실제(동문사) 외 다수

김동일

교육학박사

현) 광신대학교 초빙교수
주식회사 토브컴퍼니 전임강사

전) 광신대학교 교학과장 및 평생교육원 팀장
광주인재개발원, 초당대, 광주대 강사

발달장애와 직업진로상담

초판 1쇄 인쇄 / 2023년 9월 25일
초판 1쇄 발행 / 2023년 9월 30일

•

공저자 / 주은하 · 이미나 · 김동일
발행인 / 이 중 수
발행처 / 동 문 사

•

서울특별시 서대문구 홍제원 1길 12
(홍제동 137-8)
Tel: 02)736-3718(대), 736-3710, 3720
Fax: 02)736-3719
등록번호: 1974.04.27. 제9-17호
가격: 22,000원

•

ISBN: 979-11-6328-549-6 (93370)
E-mail: dong736@naver.com
www.dongmunsa.com